高等职业教育"数字贸易技能型人才培养工程"系列教材

# 报关报检实务

主　编　杨建国

电子工业出版社
Publishing House of Electronics Industry
北京·BEIJING

## 内 容 简 介

本书在分析报关报检典型工作任务的基础上，按照报关报检业务环节设计学习项目，并引入源自报关企业的业务背景及材料，设置仿真的工作任务情境，提供必要、够用的基础理论知识，让学习者学习报关报检审单、审证及填制报关单等操作技能，提升其报关报检岗位的工作能力。

本书学习项目的安排按照能力递进、先主后次的原则展开。结合报关报检工作流程，安排了8个学习项目，依次为认识报关活动、一般进出口货物通关、保税货物通关、特定减免税货物通关、暂准进出境货物通关、其他进出境货物通关、其他海关事务办理及报检业务办理。

本书既可作为高职高专国际贸易实务、国际经济与贸易、国际商务、服务外包、经济信息管理等经济贸易类相关专业的教学用书，也可作为外贸制单、国际贸易从业人员的参考用书。

未经许可，不得以任何方式复制或抄袭本书之部分或全部内容。
版权所有，侵权必究。

**图书在版编目（CIP）数据**

报关报检实务 / 杨建国主编. —北京：电子工业出版社，2022.8
ISBN 978-7-121-44238-4

Ⅰ. ①报… Ⅱ. ①杨… Ⅲ. ①进出口贸易－海关手续－中国－高等学校－教材②国境检疫－中国－高等学校－教材 Ⅳ. ①F752.5②R185.3

中国版本图书馆 CIP 数据核字（2022）第 158157 号

责任编辑：朱干支
印　　刷：北京盛通数码印刷有限公司
装　　订：北京盛通数码印刷有限公司
出版发行：电子工业出版社
　　　　　北京市海淀区万寿路 173 信箱　邮编 100036
开　　本：787×1 092　1/16　印张：13.75　字数：352 千字
版　　次：2022 年 8 月第 1 版
印　　次：2024 年 3 月第 2 次印刷
定　　价：49.00 元

凡所购买电子工业出版社图书有缺损问题，请向购买书店调换。若书店售缺，请与本社发行部联系，联系及邮购电话：(010) 88254888，88258888。
质量投诉请发邮件至 zlts@phei.com.cn，盗版侵权举报请发邮件至 dbqq@phei.com.cn。
本书咨询联系方式：(010) 88254573，zgz@phei.com.cn。

# 前　言

　　党的十八大以来，我国对外贸易政策和有关国际贸易的一些惯例发生了许多新变化。重大的变化内容包括：2018年4月20日起，为落实国务院机构改革方案，我国原出入境检验检疫部门正式并入中国海关，我国对外贸易货物检验检疫的管理制度和机构发生变化；2018年8月我国海关启用新版报关单，新版报关单对布局结构进行了优化，增减或修改了部分栏目，版式由竖版改为横版；等等。因此，我们在编辑过程中，努力将这些新政策体现在书中。

　　本书的内容导图如下：

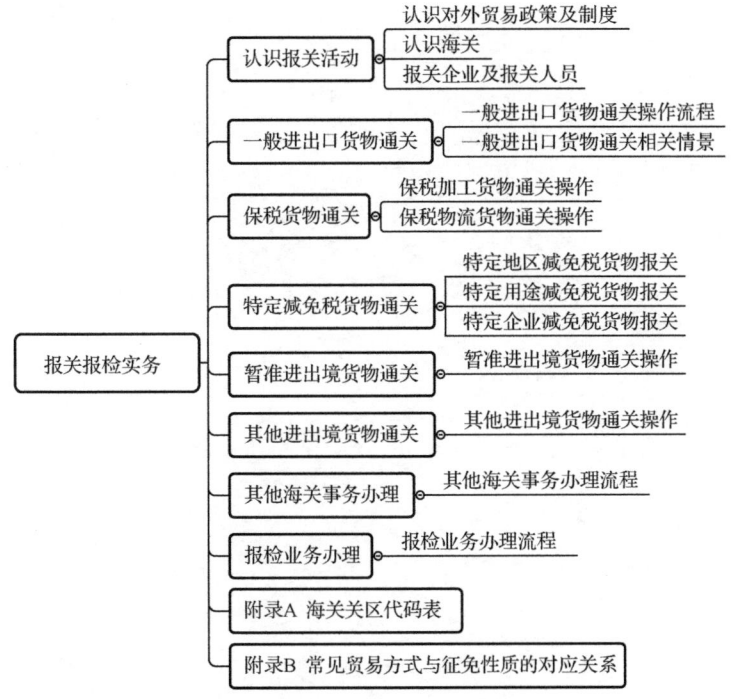

　　本书的主要特点如下：

　　1．采用时新的报关业务资料和案例，体现知识的前沿性和时代性。

　　2．根据有关政策的变化，按教学需求设置教学内容。

　　3．学习项目的安排按照能力递进、先主后次的原则展开。

　　本书由嘉兴职业技术学院杨建国担任主编并负责统稿。本书提供丰富的教学资源包，需要者可登录华信教育资源网（www.hxedu.com.cn）免费下载。

　　本书在编写过程中，借鉴了相关专家学者的论著和观点，也参考了同行的相关教材，并得到了嘉兴淞海报关有限公司的大力支持，在此表示诚挚的谢意。

我们尽了最大的努力，但仍难免出现一些疏漏和不足，在此恳请各位读者予以批评指正，以便今后进一步修订完善。

编者联系方式：69275235@qq.com。

编　者

2021 年 7 月

# 目　　录

**项目1　认识报关活动** ································································ 1
　**任务1.1　认识对外贸易政策及制度** ············································ 1
　　1.1.1　对外贸易政策 ······················································· 2
　　1.1.2　对外贸易管制 ······················································· 4
　　1.1.3　进出口许可管理制度 ············································· 5
　**任务1.2　认识海关** ······································································ 12
　　1.2.1　海关的性质和任务 ··············································· 12
　　1.2.2　海关的法律体系和权力 ········································ 13
　　1.2.3　海关的管理体制和组织机构 ·································· 16
　**任务1.3　报关企业及报关人员** ··················································· 18
　　1.3.1　报关企业 ······························································ 18
　　1.3.2　报关人员 ······························································ 23

**项目2　一般进出口货物通关** ··················································· 25
　**任务2.1　一般进出口货物通关操作流程** ···································· 25
　　2.1.1　单证准备 ······························································ 29
　　2.1.2　申报 ···································································· 30
　　2.1.3　查验 ···································································· 61
　　2.1.4　缴税 ···································································· 61
　　2.1.5　放行 ···································································· 63
　**任务2.2　一般进出口货物通关相关情景** ···································· 64
　　2.2.1　补充申报 ······························································ 64
　　2.2.2　转关运输 ······························································ 66
　　2.2.3　溢卸货物和误卸货物 ············································· 68
　　2.2.4　滞报金的缴纳与减免 ············································· 69
　　2.2.5　超期未报关货物 ···················································· 71
　　2.2.6　放弃货物 ······························································ 71
　　2.2.7　退运货物 ······························································ 72
　　2.2.8　进出境修理货物 ···················································· 73
　　2.2.9　无代价抵偿货物 ···················································· 74
　　2.2.10　退关货物 ····························································· 76

**项目3　保税货物通关** ······························································ 77
　**任务3.1　保税加工货物通关操作** ··············································· 77
　　3.1.1　合同备案 ······························································ 78

| | | |
|---|---|---|
| 3.1.2 | 料件进口报关及其他料件处置情形海关手续 | 85 |
| 3.1.3 | 成品出口报关及其他成品处置情形海关手续 | 106 |
| 3.1.4 | 合同报核 | 117 |
| 任务 3.2 | 保税物流货物通关操作 | 119 |
| 3.2.1 | 保税物流货物概述 | 119 |
| 3.2.2 | 保税物流货物报关 | 122 |

## 项目 4  特定减免税货物通关 ............................................. 141

| | | |
|---|---|---|
| 任务 4.1 | 特定地区减免税货物报关 | 141 |
| 4.1.1 | 特定减免税货物及特定地区概述 | 141 |
| 4.1.2 | 特定地区减免税货物报关的操作程序 | 144 |
| 任务 4.2 | 特定用途减免税货物报关 | 148 |
| 4.2.1 | 特定用途减免税货物概述 | 148 |
| 4.2.2 | 国内投资项目报关操作程序 | 149 |
| 4.2.3 | 科教用品报关操作程序 | 154 |
| 4.2.4 | 残疾人专用品报关操作程序 | 157 |
| 任务 4.3 | 特定企业减免税货物报关 | 159 |
| 4.3.1 | 特定企业概述 | 159 |
| 4.3.2 | 外资设备用品报关操作程序 | 159 |

## 项目 5  暂准进出境货物通关 ............................................. 165

| | | |
|---|---|---|
| 任务 5.1 | 暂准进出境货物通关操作 | 165 |
| 5.1.1 | 暂准进出境货物概述 | 166 |
| 5.1.2 | 使用 ATA 单证册的暂准进出境货物报关操作 | 167 |
| 5.1.3 | 不使用 ATA 单证册的展览品报关操作 | 172 |
| 5.1.4 | 集装箱箱体报关操作 | 174 |
| 5.1.5 | 其他暂准进出境货物报关操作 | 174 |

## 项目 6  其他进出境货物通关 ............................................. 180

| | | |
|---|---|---|
| 任务 6.1 | 其他进出境货物通关操作 | 180 |
| 6.1.1 | 过境、转运、通运货物报关操作 | 181 |
| 6.1.2 | 货样、广告品报关操作 | 183 |
| 6.1.3 | 租赁货物报关操作 | 184 |
| 6.1.4 | 进出境快件报关操作 | 185 |

## 项目 7  其他海关事务办理 ............................................. 187

| | | |
|---|---|---|
| 任务 7.1 | 其他海关事务办理流程 | 187 |
| 7.1.1 | 海关事务担保 | 187 |
| 7.1.2 | 海关知识产权保护 | 192 |

## 项目 8  报检业务办理 ............................................. 197

| | | |
|---|---|---|
| 任务 8.1 | 报检业务办理流程 | 197 |

  8.1.1 出入境检验检疫概述 …………………………………………… 197
  8.1.2 出入境检验检疫报检流程 ………………………………………… 199

**附录 A 海关关区代码表** …………………………………………………… 203

**附录 B 常见贸易方式与征免性质的对应关系** ……………………………… 209

# 项目 1

# 认识报关活动

## 任务 1.1 认识对外贸易政策及制度

### 学习目标

1. 了解对外贸易政策的概念、构成及类型。
2. 熟悉我国对外贸易管制的基本框架。
3. 了解我国进出口许可管理制度。

### 知识导图

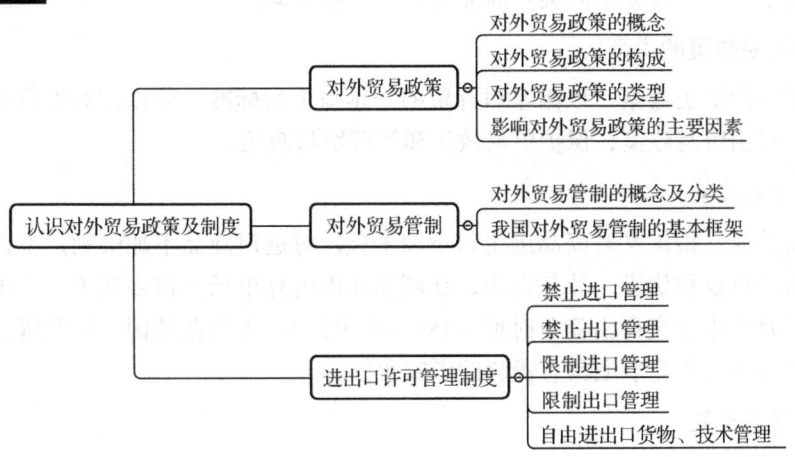

# 任务实施

## 1.1.1 对外贸易政策

**1. 对外贸易政策的概念**

对外贸易政策是指一国政府根据本国的政治经济利益和发展目标而制定的在一定时期内的进出口贸易活动的准则。它集中体现为一国在一定时期内对进出口贸易所实行的法律、规章、条例及措施等。它既是一国总经济政策的一个重要组成部分,又是一国对外政策的一个重要组成部分。

对外贸易政策是一国政府在其社会经济发展战略的总目标下,运用经济、法律和行政手段,对对外贸易活动进行的有组织的管理和调节的行为。它是一国对外经济和政治关系政策和措施的总体。它为发展经济服务,并随着国内外的经济基础和政治关系的变化而变化。

**2. 对外贸易政策的构成**

对外贸易政策一般由三个部分构成:

(1)对外贸易总政策。对外贸易总政策包括进口总政策和出口总政策。这是根据本国国民经济的总体情况,本国在世界舞台上所处的经济和政治地位,本国的经济发展战略和本国产品在世界市场上的竞争能力,以及本国的资源、产业结构等情况,制定的在一个较长时期内实行的对外贸易基本政策。

(2)对外贸易国别(或地区)政策。这是根据对外贸易总政策及世界经济政治形势、本国与不同国别(或地区)的经济政治关系,分别制定的适应特定国家(或地区)的对外贸易政策。

(3)对外贸易具体政策,又称进出口商品政策。这是在对外贸易总政策的基础上,根据不同产业的发展需要、不同商品在国内外的需求和供应情况及在世界市场上的竞争能力,分别制定的适用于不同产业或不同类别商品的对外贸易政策。

**3. 对外贸易政策的类型**

从国际贸易的历史考察,以国家对外贸的干预与否为标准,可以把对外贸易政策分为三种基本类型:自由贸易政策、保护贸易政策和管理贸易政策。

1)自由贸易政策

自由贸易政策是指国家对商品进出口不加干预,对进口商品不加限制,不设障碍;对出口商品也不给予特权和优惠,放任自由,让商品在国内外市场上自由竞争。自由贸易政策产生的历史背景是资本主义自由竞争时期(18—19 世纪),主要在英国、荷兰等首先进入资本主义政策、在经济上和竞争上具有优势的国家实行。

2)保护贸易政策

保护贸易政策是指国家对商品进出口积极加以干预,利用各种措施限制商品进口,保护国内市场和国内生产,使之免受国外商品竞争;对本国出口商品给予优待和补贴,鼓励扩大出口。保护贸易政策,在不同的历史阶段,由于其所保护的对象、目的和手段不同,可以分为重商主义政策、幼稚工业保护政策、超保护贸易政策等。

2008 年的金融风暴对世界经济造成巨大影响,随后一段时间全球经济得到缓慢复苏。但新型冠状病毒肺炎的爆发使得世界经济陷入衰退，许多国家的保护贸易政策迅速抬头。尽管在目前全球一体化的时代，单纯的贸易保护主义已经行不通，但新的贸易壁垒将以知识产权、环保、汇率、人权、公平等形式出现。

3）管理贸易政策

管理贸易政策，又称协调贸易政策，是指国家对内制定的一系列的贸易政策、法规。加强对外贸易的管理，实现一国对外贸易有秩序、健康的发展；对外通过谈判签订双边、区域及多边贸易条约或协定，协调与其他贸易伙伴在经济贸易方面的权利与义务。管理贸易政策是20世纪80年代以来，在国际经济联系日益加强而新贸易保护主义重新抬头的双重背景下逐步形成的。在这种背景下，为了既保护本国市场，又不伤害国际贸易秩序，保证世界经济的正常发展，各国政府纷纷加强了对外贸易的管理和协调，从而逐步形成了管理贸易政策。管理贸易政策是介于自由贸易政策和保护贸易政策之间的一种对外贸易政策，是一种协调和管理兼顾的国际贸易体制，是各国对外贸易政策发展的方向。

**4．影响对外贸易政策的主要因素**

不同的贸易政策在各国经济发展的历史过程中曾有不同的作用，同一国家在不同的历史阶段会选择不同的贸易政策。一个国家在一定时期采取何种贸易政策，主要取决于以下三个方面的因素。

1）经济发展水平及其在世界市场上的地位和力量对比

这一点包含两个方面的含义：一方面是指一个国家在经济发展的不同阶段，其国内的生产力水平和发展目标不同，制约着对外贸易政策。一般来说，处于工业经济发展初期阶段的国家，采取保护贸易政策；而处于工业经济发达阶段的国家，采取自由贸易政策。另一方面是指一个国家在世界市场上的地位和力量对比制约着对外贸易政策。一般来说，处于劣势地位、商品竞争力弱的国家，采取保护贸易政策；而处于优势地位、商品竞争力强的国家，采取自由贸易政策。上述两个方面互相联系，但不完全一致。第一方面仅从自身发展所处的阶段考察，第二方面强调的是国与国之间的实力对比。

2）国内经济状况和经济政策

从资本主义经济发展的规律来看，资本主义各国的经济发展是呈周期性变化、波浪式前进的。资本主义经济发展的周期性变化，在不同阶段其国内经济状况不同，总经济政策也不同，必然引起对外贸易政策的调整。一般来说，在资本主义经济发展的繁荣阶段，各国经济普遍高涨，如19世纪中叶和20世纪中叶，贸易自由化倾向就占上风；在资本主义经济发展的危机、萧条阶段，如20世纪30年代和20世纪70年代，保护贸易倾向就会蔓延和加强。

3）统治集团内部的矛盾和斗争

一个国家的对外贸易政策是代表统治阶级中占上风的利益集团的利益的。因此，统治集团内部的矛盾和斗争、政权的更迭，也会带来对外贸易政策的变化。一般来说，商品市场主要在国外的一些资产阶级利益集团主张贸易自由化；相反，商品市场主要在国内，并受到进口商品激烈竞争的资产阶级利益集团，则主张限制进口，实行保护贸易政策。

## 1.1.2 对外贸易管制

### 1. 对外贸易管制的概念及分类

对外贸易管制又称进出口贸易管制，是指一国政府从国家宏观经济利益、国内外政策需要，以及为履行所缔结或加入国际条约的义务出发，为对本国的对外贸易活动实现有效的管理而颁布实行的各种制度，以及所设立的相应机构及其活动的总称，简称贸易管制。对这一概念的理解有以下几方面：

（1）对外贸易管制是制度、相应机构及其活动的总称。

（2）对外贸易管制的目的是发展本国经济、保护本国经济利益，达到其国家政治或军事目的，实现其国家职能。

（3）对外贸易管制制度是国家的一项强制性措施。它主要是针对进出口的货物和技术的管理。简单来说，就是不让国外的某些货物进口，以免影响本国经济或卫生安全；也要限制本国的货物出口，以免本国的某些宝贵资源流到国外。

对外贸易管制通常有三种分类形式：一是按照管理目的分为进口贸易管制和出口贸易管制；二是按照管制手段分为关税措施和非关税措施；三是按照管制对象分为货物进出口贸易管制、技术进出口贸易管制和国际服务贸易管制。

海关监管是实现贸易管制的重要手段。报关是海关确认进出口货物合法性的先决条件。海关执行贸易管制政策的监管方式为"单单相符""单货相符""单证相符""证货相符"。

### 2. 我国对外贸易管制的基本框架

我国对外贸易管制制度是一种综合管理制度，主要由海关监管制度、关税制度、对外贸易经营者管理制度、进出口许可制度、出入境检验检疫制度、进出口货物收付汇管理制度、贸易救济制度构成。

由于贸易管制是一种国家管制，其法律渊源不包括地方性法规、地方性规章及各民族自治区的地方条例和单行条例，所以贸易管制所涉及的法律渊源只限于宪法、法律、行政法规、部门规章及相关的国际条约。我国主要以《中华人民共和国对外贸易法》（简称《对外贸易法》）为核心，国际公约主要包括以下几种：

➢ 世贸组织（WTO）所签订的双边或多边的各类贸易协定；
➢ 《京都公约》——关于简化和协调海关的制度；
➢ 《蒙特利尔议定书》——关于消耗臭氧层物质的国际公约；
➢ 《鹿特丹公约》——关于在国际贸易中对某些危险化学品和农药采用事先知情同意程序的公约；
➢ 《濒危野生动植物种国际公约》——管制野生物种国际贸易的公约；
➢ 《伦敦准则》——关于化学品国际贸易资料交流的国际公约；
➢ 《精神药物国际公约》——管制精神药物国际贸易的公约；
➢ 《巴塞尔公约》——关于控制危险废物越境转移及其处置的国际公约；
➢ 《国际纺织品贸易协定》——主要的纺织品进出口国家和地区通过谈判达成的有关纺织品和服装贸易的国际多边协议；
➢ 《建立世界知识产权组织公约》——促进在世界范围内保护知识产权的国际公约。

## 1.1.3 进出口许可管理制度

进出口许可是国家对进出口的一种行政管理程序，既包括准许进出口的有关证件的审批和管理制度本身的程序，也包括以国家各类许可为条件的其他行政管理手续，这种行政管理制度称为进出口许可制度。

**1. 禁止进口管理**

我国是以《禁止进口货物目录》的形式进行管理。商务部门会同国务院有关部门，制定、调整并公布《禁止进口货物目录》《中国禁止进口和限制进口技术目录》，海关实施监督管理。

禁止进口包括禁止进口货物和禁止进口技术两个方面。列入《禁止进口货物目录》的货物和列入《中国禁止进口和限制进口技术目录》的技术，以及其他法律法规规定的禁止进口的货物和技术，不得经营进口。

1) 禁止进口货物

（1）《禁止进口货物目录》共七批。

第一批、第六批：根据保护生态环境的国际条约而制定，如破坏臭氧层的四氯化碳、虎骨、犀牛角等属于禁止进口货物。

第二批：旧机电——压力容器类、电器医疗设备类、汽车工程及车船机械类（安全、环保与节电）。

第三、四、五批：固体废物类。2020 年 11 月 24 日，生态环境部、商务部、国家发展和改革委员会、海关总署发布《关于全面禁止进口固体废物有关事项的公告》（2020 年第 53 号），自 2021 年 1 月 1 日起，禁止以任何方式进口固体废物。

第七批：为履行《关于持久性有机污染物的斯德哥尔摩公约》和《关于汞的水俣公约》，公布《禁止进口货物目录（第七批）》，自 2021 年 1 月 1 日起实施。

（2）国家有关法律法规明令禁止的货物，如不符合《中华人民共和国进出境动植物检疫法》的动植物病源、疫区的动植物及产品、动物尸体、土壤等。

（3）其他各种原因禁止进口的商品，包括但不限于以下几种：

- 以 CFC—12 为制冷工质的汽车及汽车空调器、空调压缩机；
- 右置方向盘的汽车；
- 旧服装、Ⅷ因子制剂等血液制品、黑人牙膏；
- 国产手表复进口；
- 氯酸钾、硝酸铵；
- 进口货物及其包装上带有违反一个中国原则内容的，不得进口。

阅读材料：2021 年 1 月 1 日起，我国禁止以任何方式进口固体废物——洋垃圾禁入将有效减轻生态压力

2) 禁止进口技术

《中国禁止进口限制进口技术目录》（商务部令 2007 年第 7 号）于 2007 年修订。修订后的《中国禁止进口限制进口技术目录》列入了进口后将危害国家安全、影响社会公共道德和

社会公共利益、影响人和动植物生命健康、破坏生态环境等方面的技术 126 项，涵盖农业、食品制造业、纺织业、化学原料及化学制品制造业、医药制造业、金属冶炼加工业、设备制造业、电力热力生产供应业及环境管理业等 19 个行业。修订后的《中国禁止进口限制进口技术目录》细化了控制要点和技术规格，更加规范化，更具操作性。

**2. 禁止出口管理**

1）禁止出口货物

（1）《禁止出口货物目录》共六批。

第一批、第三批：保护生态环境和资源的货物禁止出口，如四氯化碳、犀牛角、虎骨、麝香、防风固沙用发菜和麻黄草。

第二批：保护森林资源的货物，如木炭。

第四批：硅砂、石英砂、天然砂及其他。

第五批：未经化学处理的森林凋落物（包括腐叶、腐根、树皮、树叶、树根等）；经化学处理的森林凋落物（包括腐叶、腐根、树皮、树叶、树根等森林凋落物）；泥炭（草炭），包括沼泽（湿地）中、地上植物枯死、腐烂堆积而成的有机矿体（不论干湿）。

第六批：为履行《关于持久性有机污染物的斯德哥尔摩公约》和《关于汞的水俣公约》，公布《禁止出口货物目录（第六批）》，自 2021 年 1 月 1 日起实施。

（2）有关法律法规规定禁止出口的货物，如新发现、有重要价值或濒危的野生动植物。

（3）其他如劳改产品、原料血浆，以及商业性出口的野生红豆杉及其部分产品。

2）禁止出口技术

《中国禁止出口限制出口技术目录》于 2001 年首次公布实施，2008 年首次修订，2020 年第二次修订。主要涉及核技术、测绘、地质、药品生产、农业等技术领域。

**3. 限制进口管理**

限制进出口管理是指为维护国家安全和社会公共利益，保护人民的生命健康，履行我国所缔结或者参加的国际条约和协定，国务院商务主管部门会同国务院有关部门，依照《中华人民共和国对外贸易法》的规定，制定、调整并公布各类限制进出口货物、技术目录。海关依据国家相关法律、法规对限制进出口目录货物、技术实施监督管理。

1）限制进口货物管理

限制进口货物管理的方式有许可证件管理和关税配额管理两种。其中，关税配额管理又分为关税绝对配额管理和关税相对配额管理。自 2005 年起我国依据加入 WTO 的承诺，取消了绝对数量限制，所以限制进口商品的管理分为许可证件管理和关税配额管理。

（1）许可证管理。

① 许可证管理概述。

A. 许可证定义。许可证指国家批准对外贸易经营者进出口某些货物或技术的证明文件——由商务部配额许可证事务局（以下简称许可证局）及其各特派员办事处、各省、自治区、直辖市（简称各特办）以及经国务院批准的计划单列市的对外经贸行政管理部门，实行按商品、按地区分级发证。

B. 发证机构。商务部授权配额许可证事务局统一管理、指导全国各发证机构的进出口许可证签发及其他相关工作，许可证局对商务部负责。

许可证局及其委托发证的商务部驻各地特派员办事处和各省级外经贸主管部门为进出口许可证发证机构（简称地方发证机构，统称发证机构），在许可证局的统一管理下，负责授权范围内的发证工作。

各发证机构按照商务部发布的年度《进口许可证管理商品目录》和《进口许可证管理商品分级发证目录》的规定，签发相关商品的进口许可证。全国各类进出口企业进口《进口许可证管理商品目录》中的商品，到《进口许可证管理商品分级发证目录》指定的发证机构申领进口许可证。

进口许可证实行"一关一证"和"一批一证"管理。一般情况下，进口许可证为"一批一证"，如要实行"非一批一证"，同时在进口许可证备注栏内打印"非一批一证"字样。"非一批一证"的在有效期内可多次报关使用，但最多不超过12次。

对外商投资企业作为投资和自用进口许可证管理的非机电产品，发证机构凭外经贸外资主管部门签发的外商投资企业特定商品进口登记证明签发进口许可证。

对外商投资企业进口光盘生产设备，发证机构凭国家新闻出版总署的《复制经营许可证》、商务部批准证书、进口合同和进口设备清单签发进口许可证。

C．进口许可证的有效期、延期、更改、遗失处理及查询。

➢ 进口许可证的有效期为一年，逾期自行失效。进口许可证应在进口管理部门批准文件规定的有效期内签发；进口许可证当年有效。特殊情况需跨年度使用时，有效期最长不得超过次年3月31日。

➢ 进口许可证的延期。进口许可证因故需要延期的，进口企业应在进口许可证有效期内向原发证机构提出延期申请；进口许可证只能延期一次，延期最长不超过三个月。

➢ 进口许可证的更改。进口许可证如需更改，进口企业应在许可证有效期内到原发证机构提出更改申请，重新换发许可证。

➢ 进口许可证的遗失处理。进口许可证如丢失，领证单位应立即向公安机关报案，登报声明作废。发证机构凭遗失报告、声明作废报样等材料，经核实后，可撤销原进口许可证并核发新证。

➢ 进口许可证的查询。海关、市场监督管理、公安、监察、法院等单位需要向发证机构查询或调查进口许可证，应依法出示有关证件，发证机关方可接受查询。

D．其他有关管理规定。

➢ 进口许可证管理商品中的机电产品作为我国台湾、香港、澳门侨商企业投资额度内进口自用设备；以暂进复出、展览品、保税仓库、转口贸易、修理物品、无代价抵偿货物以及来料（进料）余料结转、来料（进料）成品退运等贸易方式进口的许可证商品；来料加工和进料加工合同项下进口用于生产出口产品的料件或外商投资企业为履行产品出口合同所需进口的料件（棉花除外）；保税区和供应国际航行船舶、航空器用燃料可免领进口货物许可证。

➢ 上述商品中的光盘生产设备、监控化学品、成品油、易制毒化学品、消耗臭氧层物质无论任何贸易方式进口均须申领进口许可证。

➢ 进口机电产品成套散件或零部件每套价格总额达到同型号产品整机价格的60%及以上的，视同整机，进口时须申领许可证。

➢ 对散装货物进出口溢短装数量按照国际惯例在5%范围内，原油、成品油、化肥、钢材在3%范围内免于领证；对分批进口实行许可证管理的大宗商品，每次货物进口时，按其实际进出口数量核扣许可证额度，最后一批货物进口时，其溢装数量按许可证实际剩余数量及规定允许按溢装上限计算。

② 许可证件管理。具有许可性质的证明、文件主要指国家各相关主管部门所签发的准许特定种类的货物进出口的证明文件——由专业职能部门（如生态环境部、林业局、药监局、农业部、质检总局、人民银行、外汇管理局等）负责发证。我国对许可证件实施目录管理，由商务主管部门会同其他部门，制定、调整并公布目录，海关依法监督管理，包括进口许可证、濒危物种进口、可利用废物进口、进口药品、音像制品、黄金及制品等管理。下面对主要的许可证件管理说明如下：

A. 音像制品进口管理。为了加强对音像制品进口的管理，促进我国音像市场健康有序地发展，丰富人民群众的文化生活，根据《音像制品进口管理办法》，对音像制品的进口经营实行许可制度。

B. 濒危物种管理。为保护、拯救珍贵、濒危野生动植物，维护生态平衡，国家根据《濒危野生动植物种国际贸易公约》、《中华人民共和国野生动物保护法》、《中华人民共和国野生动植物保护条例》及其他有关的法律、法规，制定和实施了濒危物种进出口管理措施。野生动植物资源属于国家所有，国家对珍贵、濒危的野生动植物实行重点保护。

C. 化学品首次进口及有毒化学品进出口管理。为了保护人体健康和生态环境，加强化学品进出口环境管理和执行联合国《关于化学品国际贸易资料交流的伦敦准则》，国家环保局、海关总署和外经贸委于 1994 年联合颁发了《化学品首次进口及有毒化学品进出口环境管理规定》。2007 年 8 月 10 日国家环境保护总局令第 41 号修改有关内容。

在《化学品首次进口及有毒化学品进出口环境管理规定》里，化学品首次进口是指外商或其代理人向中国出口其未曾在中国登记过的化学品，即使同种化学品已有其他外商或其代理人在中国进行了登记，仍被视为化学品首次进口。因此"首次"是针对外商或其代理人而言的，并非针对某种化学品的第一次进境而言。

有毒化学品是指进入环境后通过环境蓄积、生物累积、生物转化或化学反应等方式损害健康和环境，或者通过接触对人体具有严重危害和具有潜在危险的化学品。在该规定里，有毒化学品的范围不包括食品添加剂、医药、兽药、化妆品和放射性物质。

D. 金银铂及其制品管理。金、银、铂是贵金属，价值高、资源有限，为稳定金融市场和维护国内经济秩序，国家对金银铂及其制品实施严格的管理，所有金银铂及其制品进口均需中国人民银行批准，并凭人民银行的批件验放；出口时按许可制度予以管理。

旅客携带、佩戴出境黄金饰品重量在 50 克（含 50 克）以下的，海关不作为重点管理，免予验核签章；超出 50 克的，应按货物办理海关通关手续。

旅客携带进境旅途自用黄金饰品，包括身上佩戴、旅途备换及少量馈赠亲友的黄金饰品，经审核在合理数量范围内的，可予放行。超出合理数量范围的，应按货物办理通关手续。

E. 人民币和外币现钞出入境管理。

调运外币现钞进出境管理。为贯彻落实国务院《优化口岸营商环境促进跨境贸易便利化工作方案》（国发〔2018〕37 号印发），创新监管方式，提高通关效率，国家外汇管理局会同海关总署联合制定了《调运外币现钞进出境管理规定》。

旅客携带货币进出境管理。出境人员携带不超过等值 5 000 美元（含 5 000 美元）的外币现钞出境的，无须申领《携带证》，海关予以放行；出境人员携带外币现钞金额在等值 5 000 美元以上至 10 000 美元（含 10 000 美元）的，应向外汇指定银行申领《携带证》，海关凭加盖外汇指定银行印章的《携带证》验放；出境人员原则上不得携带超过等值 10 000 美元的外币现钞出境，对属于下列特殊情况之一的，出境人员可以向外汇局申领《携带证》：

人数较多的出境团组；出境时间较长或旅途较长的科学考察团组；政府领导人出访；出境人员赴战乱、外汇管制严格、金融条件差或金融动乱的国家；其他特殊情况。

进出境人员携带人民币不得超过 2 万元。进境人员携带超过等值 5 000 美元的外币应依法申报——填写《进出境旅客行李物品申报单》，并选择"申报通道"向海关工作人员申报，并将有关物品交海关验核，办理有关手续。

F. 无线电进口管理。根据《中华人民共和国无线电管理条例》(2016 年)、《进口无线电发射设备的管理规定》，无线电发射设备的范围包括无线电通信、导航、定位、测向雷达、遥控、遥测、广播、电视等各种发射无线电波的设备，不包含可辐射电磁波的工业、科研、医疗设备、电气化运输系统、高压电力线及其他电器装置等。

凡向我国出口的无线电发射设备，外商须持有工业和信息化部核发的"无线电发射设备型号核准证"。企业进口无线电发射设备须向海关递交工业和信息化部无线电管理局签发的《无线电设备进关审查批件》和有关《机电产品进口证明》或《机电产品进口登记表》，海关凭"双证"验放。

G. 药品进口管理。国家药品监督管理局于 2004 年开始实施新的《进口药品管理办法》，进口药品必须取得国家药品监督管理局核发的《进口药品注册证》(或《医药产品注册证》)，或《进口药品批件》。2000 年发布的《关于加强进口药品管理有关问题的通知》明确了具体的《进口药品目录》，2012 年进行了新的调整。

H. 兽药进口管理。依据《兽药管理条例》(2020 年修订)，兽药指用于预防、治疗、诊断禽畜类动物疾病，有目的地调节其生理机能并规定作用、用法、用途和用量的物质（含饲料药物添加剂）。

海关对报关进口兽药或企业申报人畜公用的药品，凭农业部指定的口岸兽药监察所在进口报关单上加盖的"已接受报验的印章"验放。

（2）关税配额管理。

关税配额管理是指一定时期内（一般是 1 年），国家对部分商品的进口制定关税配额税率并规定该商品进口数量总额，在限额内，经国家批准后允许按照关税配额税率征税进口，如超出限额则按照配额外税率征税进口的措施。一般情况下，关税配额税率优惠幅度较大。国家通过这种行政管理手段对一些重要商品，以"关税"这个成本杠杆来实现限制进口的目的。因此，关税配额管理是一种相对数量限制的措施。

2020 年实施关税配额管理的农产品有食糖、羊毛、毛条、小麦等。

2）限制进口技术管理

限制进口技术实行目录管理。根据《对外贸易法》、《中华人民共和国技术进出口管理条例》（简称《技术进出口管理条例》），以及《禁止进口限制进口技术管理办法》的有关规定，国务院商务主管部门会同国务院有关部门，制定、调整并公布限制进口的技术目录。属于目录范围内的限制进口的技术，实行许可证管理，未经国家许可的，不得进口。

属于限制进口技术的，应当向国务院商务主管部门提出技术进口申请。国务院商务主管部门收到技术进口申请后，应当会同国务院有关部门对申请进行审查。技术进口申请经批准的，由国务院商务主管部门发给技术进口许可意向书，进口经营者取得技术进口许可意向书后，可以对外签订技术进口合同。进口经营者签订技术进口合同后，应当向国务院商务主管部门申请技术进口许可证。经审核符合发证条件的，由国务院商务主管部门颁发技术进口许可证，企业持证向海关办理进口通关手续。

经营限制进口技术的经营者在向海关申报进口手续时，必须主动递交技术进口许可证，否则将承担由此而造成的一切法律责任。

**4．限制出口管理**

国家实行限制出口管理的货物、技术，必须依照国家有关规定，经国务院商务主管部门或者经国务院商务主管部门会同国务院有关部门许可，方可出口。

1）限制出口货物管理

根据《货物进出口管理条例》的规定：有数量限制的出口货物，实行配额管理；有其他限制的出口货物，实行许可证件管理。实行配额管理的限制出口货物，由国务院商务主管部门和国务院有关经济管理部门按照国务院规定的职责划分进行管理。

目前，我国货物限制出口按照其限制方式划分为出口配额限制和出口非配额限制。

（1）出口配额限制。出口配额限制系指在一定时期内为建立公平竞争机制、增强我国商品在国际市场上的竞争力、保障最大限度收汇及保护我国产品的国际市场利益，国家对部分商品的出口数量直接加以限制的措施。我国出口配额限制有两种管理形式，即出口配额许可证管理和出口配额招标管理。

① 出口配额许可证管理。出口配额许可证管理是国家对部分商品的出口，在一定时期内（一般是 1 年）规定数量总额，经国家批准获得配额的允许出口，否则不准出口的配额管理措施。出口配额许可证管理是国家通过行政管理手段对一些重要商品以规定绝对数量的方式来实现限制出口目的的措施。出口配额许可证管理是通过直接分配的方式，由国务院商务主管部门或者国务院有关部门在各自的职责范围内根据申请者需求并结合其进出口实绩、能力等条件，按照效益、公正、公开和公平竞争的原则进行分配。国家各配额主管部门对经申请有资格获得配额的申请者发放各类配额证明。申请者取得配额证明后，凭配额证明到国务院商务主管部门及其授权发证机关申领出口许可证。

② 出口配额招标管理。出口配额招标管理是国家对部分商品的出口，在一定时期内（一般是 1 年）规定数量总额，采取招标分配的原则，经招标获得配额的允许出口，否则不准出口的配额管理措施。出口配额招标管理是国家通过行政管理手段对一些重要商品以规定绝对数量的方式来实现限制出口目的的措施。国家各配额主管部门对中标者发放各类配额证明。中标者取得配额证明后，凭配额证明到国务院商务主管部门或其授权发证机关申领出口许可证。

（2）出口非配额限制。出口非配额限制是指在一定时期内根据国内政治、军事、技术、卫生、环保、资源保护等领域的需要，以及为履行我国所加入或缔结的有关国际条约的规定，经国家各主管部门签发许可证件的方式来实现的各类限制出口措施。目前，我国非配额限制管理主要包括出口许可证、濒危物种出口、两用物项出口、黄金及其制品出口等许可管理。

2）限制出口技术管理

根据《对外贸易法》《技术进出口管理条例》《中华人民共和国生物两用品及相关设备和技术出口管制条例》《中华人民共和国核两用品及相关技术出口管制条例》《中华人民共和国导弹及相关物项和技术出口管制条例》《中华人民共和国核出口管制条例》《禁止出口限制出

口技术管理办法》等有关规定，限制出口技术实行目录管理，国务院商务主管部门会同国务院有关部门，制定、调整并公布限制出口的技术目录。属于目录范围内的限制出口的技术，实行许可证管理，未经国家许可的，不得出口。我国目前限制出口的技术目录主要有《两用物项和技术进出口许可证管理目录》和《中国禁止出口限制出口技术目录》等。

出口属于上述限制出口的技术，应当向国务院商务主管部门提出技术出口申请，经国务院商务主管部门审核批准后取得技术出口许可证件，企业持证向海关办理出口通关手续。

经营限制出口技术的经营者在向海关申报出口手续时，必须主动递交相关技术出口许可证件，否则将承担由此而造成的一切法律责任。

阅读材料：专家解读《中国禁止出口限制出口技术目录》的调整发布

拓展知识：出口配额

**5. 自由进出口货物、技术管理**

除禁止、限制管制外的货物、技术，都属于自由进出口管理的范畴。但基于监测进出口情况需要，我国对部分货物实行自动进口许可管理，对技术进出口实行合同登记管理。

（1）货物自动进口许可管理。自动进口许可管理是在任何情况下对进口申请一律予以批准的进口许可制度。自动进口许可管理实行目录管理，由商务部会同有关部门对目录进行适时调整。自由进口货物在进口前，须向有关主管部门提交自动进口许可申请，有关部门一律核发《自动进口许可证》，凭以向海关办理报关手续。

（2）技术进出口合同登记管理。属于非禁限的、自由进出口的技术，应当向商务部办理合同备案登记，国家对自由进出口技术合同实行网上在线登记管理。技术进出口经营者应登录"商务部业务系统统一平台"进行合同登记，并持技术进（出）口合同登记申请书、技术进（出）口合同副本（包括中文译本）和签约双方法律地位的证明文件，到商务主管部门履行登记手续。商务主管部门在收到上述文件起 3 个工作日内，对合同登记内容进行核对，并向技术进出口经营者颁发《技术进口合同登记证》或《技术出口合同登记证》。申请人凭技术进出口合同登记证，办理外汇、银行、税务、海关等相关的手续。

## 思考与练习

1. 什么是对外贸易政策？它由哪三个部分构成？
2. 什么是对外贸易管制？
3. 我国限制进口货物的管理方式有哪两种？

## 任务 1.2　认识海关

### 学习目标

1. 了解海关的任务和性质。
2. 了解海关的法律体系和权力。
3. 了解海关的管理体制与机构。

### 知识导图

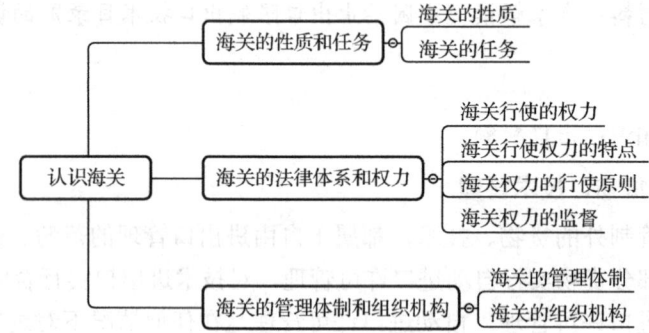

### 任务实施

### 1.2.1　海关的性质和任务

**1. 海关的性质**

中华人民共和国海关（简称海关）是国家行政机关、国务院直属机构，对内对外代表国家行使行政管理权。

海关是国家进出关境监督管理的机关。海关监督管理对象是所有进出关境的运输工具、货物、行李物品、邮递物品和其他物品（以下简称运输工具、货物、物品）。实施监督管理的范围是进出关境及与之有关的活动。关境是指适用同一海关法或实行同一关税制度的领域。包括领水、领陆和领空。我国除大陆外，单独关境还有香港、澳门和台、澎、金、马单独关税区。欧盟的关境大于国境。

海关的监督管理是国家行政执法活动。海关执法是依据《中华人民共和海关法》（简称《海关法》）和其他法律、法规。事务属于中央立法事权，立法者为全国人大、全国人大常委会、国务院。各级省、市、自治区、直辖市人大和政府不得制定海关法律法规。地方法规、规章不是海关执法的依据。

扩展知识：关检融合

**2. 海关的任务**

海关依照《海关法》和其他有关法律、行政法规，监管进出境的运输工具、货物和物品，征收关税和其他税、费，查缉走私，并编制海关统计和办理其他海关业务。海关的任务除了监管、征税、缉私和统计这四项基本任务，还包括商品检验检疫、知识产权海关保护、海关对反倾销及反补贴的调查等。

（1）监管。海关监管是海关的最基本任务，是一项国家职能；海关监管不是海关监督管理的简称，而是海关全部行政执法活动的统称；海关监管即监管进出境的运输工具、货物、物品三大体系。

（2）征税。海关代表国家征收关税和其他税、费（增值税、消费税、船舶吨税等）。征税的基本法律依据是《海关法》、《中华人民共和国进出口关税条例》（简称《关税条例》）。关税的征收主体是国家。我国的关税平均税率逐年降低。

（3）缉私。国家实行联合缉私、统一处理、综合治理的缉私体制。海关是打击走私的主管机关，海关缉私警察负责走私犯罪的侦查、拘留、执行逮捕和预审工作。

公安、市场监管、税务等部门都有缉私权利，他们查获的案件要行政处罚的统一移交海关处理。例如，上海海关应用辐射成像等现代化先进技术，查获某一集装箱内挟带文物的图片，如图 1-1 所示。中间部分即为走私文物的图像。借助这一技术，海关人员无须开箱便可了解集装箱内装载货物的装箱方式和物理性质，具有穿透力强、图像清晰的特点。

图 1-1　上海海关查获某一集装箱内挟带文物的图片　　　　　高清图

（4）统计。凡能引起我国境内物质资源储备增加或减少的进出口货物，超过自用、合理数量的进出境物品均列入海关统计。不列入海关统计的货物、物品，实施单项统计。海关统计以实际进出口货物、物品为统计对象，以税号为依据而非产品，不同于商务部统计。

## 1.2.2　海关的法律体系和权力

海关法律体系根据制定的主体和效力的不同分为三个基本组成部分：法律、行政法规及部门规章和规范性文件。我国对海关法律体系采取了国家最高权力机关、国务院和海关总署三级立法体制。以《海关法》为母法，以国务院制定的行政法规和海关总署制定的部门规章和规范性文件为补充的三级海关法律体系。《海关法》于 1987 年 1 月 22 日第六届全国人民代表大会常务委员会第十九次会议通过，2017 年进行了第五次修订。

**1. 海关行使的权力**

根据《海关法》第一章总则的第六条，海关可以行使下列权力：

（1）检查进出境运输工具，查验进出境货物、物品；对违反本法或者其他有关法律、行政法规的，可以扣留。

（2）查阅进出境人员的证件；查问违反本法或者其他有关法律、行政法规的嫌疑人，调查其违法行为。

（3）查阅、复制与进出境运输工具、货物、物品有关的合同、发票、账册、单据、记录、文件、业务函电、录音录像制品和其他资料；对其中与违反本法或者其他有关法律、行政法规的进出境运输工具、货物、物品有牵连的，可以扣留。

（4）在海关监管区和海关附近沿海沿边规定地区，检查有走私嫌疑的运输工具和有藏匿走私货物、物品嫌疑的场所，检查走私嫌疑人的身体；对有走私嫌疑的运输工具、货物、物品和走私犯罪嫌疑人，经直属海关关长或者其授权的隶属海关关长批准，可以扣留；对走私犯罪嫌疑人，扣留时间不超过二十四小时，在特殊情况下可以延长至四十八小时。

在海关监管区和海关附近沿海沿边规定地区以外，海关在调查走私案件时，对有走私嫌疑的运输工具和除公民住处以外的有藏匿走私货物、物品嫌疑的场所，经直属海关关长或者其授权的隶属海关关长批准，可以进行检查，有关当事人应当到场；当事人未到场的，在有见证人在场的情况下，可以进行检查；对其中有证据证明有走私嫌疑的运输工具、货物、物品，可以扣留。

海关附近沿海沿边规定地区的范围，由海关总署和国务院公安部门会同有关省级人民政府确定。

（5）在调查走私案件时，经直属海关关长或者其授权的隶属海关关长批准，可以查询案件涉嫌单位和涉嫌人员在金融机构、邮政企业的存款、汇款。

（6）进出境运输工具或者个人违抗海关监管逃逸的，海关可以连续追至海关监管区和海关附近沿海沿边规定地区以外，将其带回处理。

（7）海关为履行职责，可以配备武器。海关工作人员佩带和使用武器的规则，由海关总署会同国务院公安部门制定，报国务院批准。

（8）法律、行政法规规定由海关行使的其他权力。

扩展知识：海关行使权力的内容

**2. 海关行使权力的特点**

海关行使的权力具有特定性、独立性、效力先定性和优益性（包括一般行政权力的单方性、强制性、无偿性等基本特征）。

（1）特定性。行使主体特定——海关，其他机关和个人不具备海关的权力；适用范围特定——进出关境监督管理领域，不能作用其他场合。

（2）独立性。依法独立行使职权，仅向海关总署（或上级海关）负责，实行垂直领导的管理体制。不受地方政府或个人的干预。

（3）效力先定性。海关行政行为一经做出，就必须无条件执行（先执行再申辩）。

（4）优益性。享受行政受益权和行政优先权。行政受益权——享受国家提供的各种物质条件；行政优先权——在执法遭到暴力抗拒时，公安机关和武装警察部队必须予以协助。

### 3. 海关权力的行使原则

海关有行政权，海关缉私局有刑事权。海关权力作为国家行政权的一部分，一方面，海关权力的行使起到了维护国家利益、维护经济秩序、实现国家权能的积极作用；另一方面，由于客观上海关权力的广泛性、自由裁量权较大等因素，以及海关执法者主观方面的原因，海关权力在行使时任何的随意性或者滥用都必然导致管理相对人的合法权益受到侵害，从而对行政法治构成威胁。因此，海关权力的行使必须遵循一定的原则。一般来说，海关权力行使应遵循的基本原则有以下四种。

1）合法原则

权力的行使要合法，这是行政法的基本原则，也是依法行政原则的基本要求。按照行政法理论，行政权力行使的合法性包括以下几点：

（1）行使行政权力的主体资格合法，即行使权力的主体必须有法律授权。例如，涉税走私犯罪案件的侦查权，只有缉私警察才能行使，海关其他人员则无此项权力。又如，《海关法》规定海关行使某些权力时应"经直属海关关长或者其授权的隶属海关关长批准"，如未经批准，海关人员不能擅自行使这些权力。

（2）行使权力必须以法律规范为依据。《海关法》第二条规定了海关的执法依据是《海关法》、其他有关法律和行政法规。无法律规范授权的执法行为，属于越权行为，应属无效。

（3）行使权力的方法、手段、步骤、时限等程序应合法。

（4）一切行政违法主体（包括海关及管理相对人）都应承担相应的法律责任。

2）适当原则

行政权力的适当原则是指权力的行使应该以公平性、合理性为基础，以正义性为目标。因国家管理的需要，海关在验、放、征、减、免、罚的管理活动中拥有很大的自由裁量权，即法律仅规定一定原则和幅度，海关关员可以根据具体情况和自己的意志，自行判断和选择，采取最合适的行为方式及其内容来行使职权。因此，适当原则是海关行使行政权力的重要原则之一。为了防止自由裁量权的滥用，目前我国对海关自由裁量权进行监督的法律途径主要有行政监督（行政复议）和司法监督（行政诉讼）程序。

3）依法独立行使原则

海关实行高度集中统一的管理体制和垂直领导方式，地方海关只对海关总署负责。海关无论级别高低，都是代表国家行使管理权的国家机关，海关依法独立行使权力，各地方、各部门应当支持海关依法行使职权，不得非法干预海关的执法活动。

4）依法受到保障原则

海关权力是国家权力的一种，只有依法受到保障，才能实现国家权能的作用。《海关法》规定：海关依法执行职务，有关单位和个人应当如实回答询问，并予以配合，任何单位和个人不得阻挠；海关执行职务受到暴力抗拒时，执行有关任务的公安机关和人民武装警察部队应当予以协助。

### 4. 海关权力的监督

海关权力的监督分为内部监督和外部监督。

（1）内部监督。中国海关为适应建立"电子海关""电子口岸"的要求，利用"海关执法评估系统"、"关税分析监控系统"和"海关业务风险管理机制"等进行分析、预测、监督和检查，及时发现和纠正行政执法过程中的问题及职务犯罪。

（2）外部监督。海关的外部制约与监督主体包括人大、政协、法院、检察院、纪检监察、审计部门等权力部门，以及新闻舆论媒体、社会公众和海关管理相对人等非权力部门，数量众多的制约和监督主体对海关开展全方位、多层次的制约和监督。值得注意的是，近年来网民对公权力的监督作用越来越大。

### 1.2.3 海关的管理体制和组织机构

**1. 海关的管理体制**

海关的工作方针：依法行政、为国把关、服务经济、促进发展。

海关的管理体制：海关事务属中央事权；采取集中统一的垂直领导体制，海关隶属关系不受行政区划限制；海关独立行使职权，向海关总署负责。

海关实行垂直领导体制：全国海关建制归中央统一管理，成立中华人民共和国海关总署作为国务院直属机构，统一管理全国海关机构和人员编制、财务及其业务。

海关设关原则：国家在对外开放的口岸和海关监管业务集中的地点设立海关。海关的隶属关系，不受行政区划的限制。

**2. 海关的组织机构**

海关的组织机构包括海关总署、直属海关、隶属海关和海关缉私警察机构。

1）海关总署

海关总署下设广东分署，在上海和天津设立特派员办事处。海关总署是国务院的直属机构，在国务院领导下统一管理全国海关机构、人员编制、经费物资和各项海关业务，是海关系统的最高领导部门。由于广东省内海关监管业务比较集中，业务量比较大，海关总署专门设立广东分署，作为其派出机构，负责广东省内的海关工作的协调。海关总署的基本任务是在国务院领导下，领导和组织全国海关正确贯彻实施《海关法》和国家的有关政策、行政法规，积极发挥依法行政、为国把关的职能，促进和保护社会主义现代化建设。

2）直属海关

直属海关是指直接由海关总署领导，负责管理一定区域范围内海关业务的海关。目前直属海关共有 41 个。直属海关就本关区内的海关事务独立行使职责，向海关总署负责。直属海关承担着在关区内组织开展海关各项业务和关区集中审单作业、全面有效地贯彻执行海关各项政策、法律、法规、管理制度和作业规范的重要职责，在海关三级业务职能管理中发挥着承上启下的作用。

3）隶属海关

隶属海关负责办理具体海关业务，是海关进出境监督管理职能的基本执行单位。一般都设在口岸和海关业务集中的地点。隶属海关根据海关业务情况设立若干业务科室，其人员从几十人到几百人不等。

4）海关缉私警察机构

缉私警察队伍于 1999 年 1 月 5 日正式成立。这是党中央、国务院对我国缉私体制进行的重大改革，充分表明了党和政府严厉打击走私的决心。缉私警察既是海关的一支专职缉私队伍，又是公安部门的一个警种。国家赋予缉私警察侦查、拘留、逮捕和预审职责，按照海关对缉私工作的统一部署和指挥开展工作，执行任务，从缉私体制和执法权力上解决原来存在的打击走私手段不足和刑事处罚软弱无力的状况。其主要职能如下：

- 在中国海关关境内，依法查缉涉税走私犯罪案件，对走私犯罪案件和走私犯罪嫌疑人依法进行侦查、拘留、逮捕和预审工作。
- 对海关调查部门、地方公安机关（包括公安边防部门）和工商等行政执法部门查获移交的走私犯罪案件和走私犯罪嫌疑人，依法进行侦查、拘留、逮捕和预审工作。
- 地方公安机关负责查处走私武器、弹药、毒品、伪造的货币、淫秽物品、反动宣传品、文物等非涉税走私犯罪案件。但是对于发生在海关监管区内的上述非涉税走私犯罪案件，由走私犯罪侦查机构立案侦查。
- 对侦查终结的走私犯罪案件向检察机关移送起诉，对经侦查不构成走私犯罪的案件和虽构成走私罪但司法机关依法不追究刑事责任的案件，移交海关调查部门处理。
- 在地方公安机关配合下，负责制止在查办走私犯罪案件过程中发生的以暴力、威胁方法抗拒缉私和危害缉私人员人身安全的违法犯罪行为。
- 依法受理、查办与走私犯罪案件有关的申诉，办理国家赔偿。
- 承办国务院、海关总署、公安部交办的重大走私案件和其他事项。
- 缉私警察不承担维护社会治安、打击其他刑事犯罪的职责。

## 思考与练习

1. 海关的四项基本任务是什么？
2. 海关权力的行使原则包括哪几点？
3. 扫描二维码并阅读相关材料，分析厦门远华走私案对外贸工作者和海关工作人员分别有哪些警示。

阅读材料：厦门远华走私案

4. 课后抽时间去当地海关参观，并撰写一篇参观随笔。

## 任务1.3 报关企业及报关人员

### 学习目标

1. 熟悉报关企业的分类。
2. 了解创设报关企业的步骤。
3. 了解报关人员的权利、义务及工作内容。

### 知识导图

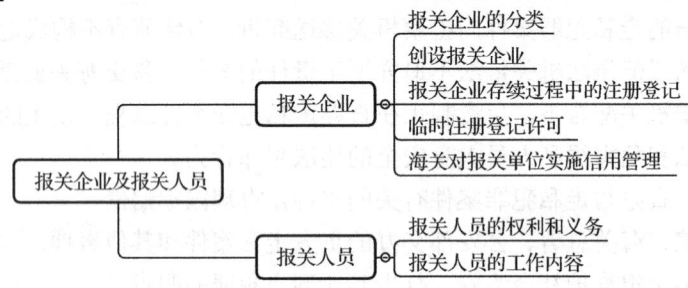

### 任务实施

## 1.3.1 报关企业

### 情景导入

小李想自己创业，成立一家专业报关公司，他需要做哪些事情？

**1. 报关企业的分类**

报关企业是指按照有关规定经海关准予注册登记，接受进出口货物收发货人的委托，以进出口货物收发货人名义或者以自己的名义，向海关办理代理报关业务，从事报关服务的境内企业。报关企业分为专业报关企业、代理报关企业和自理报关企业。

专门报关企业没有进出口经营权，没有国际运输代理权，是专门受出口货物经营企业、运输工具负责人和他们的代理人委托办理申请手续的企业。它符合海关鼓励的报关专业化、社会化发展的方向。

代理报关企业具有有关部门认可的外贸仓储运输、国际运输工具、国际运输工具服务和代理等业务经营权，是兼营报关服务业务的企业。代理报关企业是历史沿袭而成的，如外运、外代公司等。

自理报关企业是指经有关管理部门的批准，拥有进出口经营权的企业。自理报关企业可以签订对外合同，只能按照海关签订的项目办理进出口货物报关手续，不能代理其他企业签订的货物报关手续。

## 2. 创设报关企业

### 1）创设专门报关企业

（1）申请企业名称预先核准。按照中华人民共和国国家工商行政管理总局第 10 号令《企业名称登记管理实施办法》（2004 年 7 月 1 日起施行）的规定：法律、行政法规规定设立企业必须报经审批或者企业经营范围中有法律、行政法规规定必须报经审批项目的，应当在报送审批前办理企业名称预先核准，并以工商行政管理机关核准的企业名称报送审批。

本任务情况中，小李的报关公司经营范围中有报关业务，须报海关批准，应当在报送审批前办理企业名称预先核准，并以工商行政管理机关核准的企业名称报送审批。同时，小李的报关公司的名称须符合《企业名称登记管理规定》（已经于 2020 年 12 月 14 日国务院第 118 次常务会议修订通过，自 2021 年 3 月 1 日起施行）。

**阅读材料**：《企业名称登记管理规定》

申请企业名称预先核准包括以下操作步骤。

**步骤 1**：领取并填写《企业名称预先核准申请书》《指定代表或者共同委托代理人的证明》，同时准备相关材料。名称预先核准登记应提交的文件、证件如下：

- 《企业名称预先核准申请书》。《企业名称预先核准申请书》应当载明企业的名称（可以载明备选名称）、住所、注册资本、经营范围、投资人名称（包括姓名、投资额和投资比例）、授权委托意见（指定代表或者共同委托的代理人姓名、权限和期限），并由全体投资人签名盖章。
- 组建单位的资格证明或股东、发起人的法人资格证明及自然人身份证明。
- 《指定代表或者共同委托代理人的证明》：指定代表或委托代理机构及受托代理人的身份证明和企业法人资格证明及受托资格证明。

**步骤 2**：递交《企业名称预先核准申请书》《指定代表或者共同委托代理人的证明》及相关材料，领取《名称登记受理通知书》。

**步骤 3**：按《名称登记受理通知书》的确定日期，领取《企业名称预先核准通知书》，同时领取《公司设立登记申请书》《指定代表或者共同委托代理人的证明》等相关表格。

（2）申请报关企业注册登记许可。海关准予境内企业法人注册登记为报关企业，接受进出口货物收发货人的委托，向海关办理代理报关业务，从事报关服务的活动。

小李的报关公司需要具备以下许可申请条件：

- 具备境内企业法人资格条件；
- 法人代表无走私记录；
- 无因走私违法行为被海关撤销注册登记许可记录；
- 有符合从事报关服务所必需的固定经营场所和设施；
- 海关监管所需要的其他条件。

许可申请时应提交的文件：

- 报关单位情况登记表；
- 企业法人营业执照副本复印件及组织机构代码证书副本复印件；
- 报关服务营业场所所有权证明或使用权证明；

➢ 其他与申请注册登记许可相关的材料。

许可办理程序如下。

**步骤1**：材料受理。申请人（或委托代理人）向公司所在地隶属海关递交材料。隶属海关受理后进行初审，主要审查资质情况和申请材料，初审通过后由隶属海关出具初审意见，并将全部申请材料报上级直属海关审批。

**步骤2**：主管地直属海关企管人员应当根据许可申请条件进行全面审查，必要时可对申请企业进行实地审查。

**步骤3**：海关内部操作与审批。

**步骤4**：海关做出准予行政许可决定，申请人（或委托代理人）到海关领取《准予报关企业注册登记许可决定书》。

（3）办理验资报告。验资报告是指注册会计师根据《中国注册会计师审计准则第1602号——验资》的规定，在实施审验工作的基础上对被审验单位的股东出资情况发表审验意见的书面文件。

办理验资报告包括以下操作步骤。

**步骤1**：持《企业名称预先核准通知书》到银行开立验资账户，办理入资手续，索取进账单、入账单（进账单是持票人或收款人将票据款项存入收款人所在银行账户的凭证，也是银行将票据款项记入收款人账户的凭证。企业每收到客户一笔款，企业账户就有一笔入账，记录这笔入账业务的凭证称入账单，入账单是企业做账用的）。

**步骤2**：持进账单、入账单、银行询证函、公司股东会决议、公司章程、股东的主体资格证明或自然人身份证复印件、租赁协议及产权证明办理验资报告或办理资产评估报告。银行询证函是指会计师（审计）事务所在执行审计过程中，以被审计企业名义向银行发出的，用以验证该企业的银行存款与借款、投资人（股东）出资情况以及担保、承诺、信用证、保函等其他事项等是否真实、合法、完整的询证性书面文件。

（4）申请公司设立。申请公司设立的内容包括领取营业执照、办理代码证、办理国税、地税登记证等。

**步骤1**：递交《企业名称预先核准通知书》、《公司设立登记申请书》、《指定代表或者共同委托代理人的证明》、公司股东会决议、公司章程、租赁协议及产权证明、验资报告、股东的主体资格证明或自然人身份证复印件等申请材料，领取《受理通知书》。

**步骤2**：按《受理通知书》日期缴纳登记费并领取营业执照。

**步骤3**：持营业执照副本复印件、股东的主体资格证明或自然人身份证复印件及公司印章办理代码证。

**步骤4**：持营业执照、代码证、验资报告、公司章程、财务制度、租赁协议及产权证明、股东的主体资格证明或自然人身份证复印件、会计人员的身份证及会计证复印件等申请材料办理国税、地税登记证。

（5）海关注册登记备案。海关注册登记备案的内容包括取得《中华人民共和国海关报关企业注册登记证书》、在"中国国际贸易单一窗口"（简称"单一窗口"）进行企业注册等。

**步骤1**：凭《准予报关企业注册登记许可决定书》及全部申请材料到当地隶属海关申请并办理注册手续，取得《中华人民共和国海关报关企业注册登记证书》；企业在办理报关企业注册登记时，可同时办理企业报关人员备案手续。

**步骤2**：在"中国国际贸易单一窗口"进行企业注册。

项目 1　认识报关活动

阅读材料："单一窗口"标准版用户手册用户管理

2）创设代理报关企业

创设代理报关企业的步骤如下：
- 到市场监管部门办理公司设立登记，成立企业（经营范围不含报关业务）。
- 到市场监管部门办理经营范围变更手续。
- 到企业所在地隶属海关申请报关企业注册登记许可（许可申请、审批程序同前）；许可同意后在隶属海关注册备案登记，然后在"单一窗口"进行企业注册后即可开展代理报关业务。

阅读材料：创设代理报关企业需要提交的资料

3）创设自理报关企业

创设自理报关企业的步骤如下：
- 到市场监管部门办理公司设立登记，成立企业（经营范围不含报关业务）。
- 到本地区的商务主管部门办理对外贸易经营者备案登记。
- 到企业所在地隶属海关申请报关企业注册登记。
- "单一窗口"进行企业注册。

**3. 报关企业存续过程中的注册登记**

1）外关区报关企业跨关区分支机构注册登记许可设立申请

报关企业在取得注册登记许可的直属海关关区外从事报关服务的，应当依法设立分支机构，并且向分支机构所在地海关备案；报关企业在取得注册登记许可的直属海关关区内从事报关服务的，可以设立分支机构，并且向分支机构所在地海关备案。报关企业分支机构可以在备案海关关区内从事报关服务。备案海关为隶属海关的，报关企业分支机构可以在备案海关所属直属海关关区内从事报关服务。报关企业对其分支机构的行为承担法律责任。报关企业跨关区分支机构许可审批的办理程序如下：

- 报关企业设立分支机构应当向其分支机构所在地海关提交《报关单位情况登记表》。经审查符合备案条件的，海关应当核发《中华人民共和国海关报关单位注册登记证书》。
- 分支机构主管地海关企管人员应当根据所规定的条件进行全面审查，必要时可对申请企业进行实地审查。
- 分支机构主管地海关内部操作与审批；海关办理注册登记及内部审批手续。
- 海关做出准予行政许可决定，申请人（或委托代理人）到海关领取《准予报关企业（跨关区分支机构）注册登记许可决定书》。

2）许可变更

① 变更许可范围。报关企业涉及名称、企业性质、企业住所、负责人等海关备案内容发生变更的，应当自变更生效之日起 30 日内，向所在地海关办理变更手续。

② 许可变更应按照相关规定提交资料。

③ 审批程序。主管地海关及企业管理处比照报关企业注册登记许可设立审批程序进行审核并做出决定，制发《准予报关企业（跨关区分支机构）注册登记许可变更决定书》。

按照海关总署公告2019年第213号（关于取消报关企业和报关企业分支机构注册登记有效期的公告），自公告之日（2019年12月24日）起，在全国范围内取消报关企业和报关企业分支机构注册登记有效期，改为长期有效。

3）许可撤销、注销

（1）许可撤销。

① 有下列情形之一的，根据利害关系人的请求或依据职权，可以撤销注册登记许可：
- 海关工作人员滥用职权、玩忽职守做出准予注册登记许可决定的；
- 超越法定职权做出准予注册登记许可决定的；
- 违反法定程序做出准予注册登记许可决定的；
- 对不具备申请资格或者不符合法定条件的申请人准予注册登记许可的；
- 依法可以撤销注册登记许可的其他情形。

② 被许可人以欺骗、贿赂等不正当手段取得注册登记许可的，应当撤销其注册登记许可。

③ 依照前两款的规定撤销注册登记许可，可能对公共利益造成重大损害的，不予撤销。

④ 根据《中华人民共和国行政许可法》第八条第二款规定，出现以下情况，为了公共利益的需要，海关依法撤回已经生效的注册登记许可：
- 注册登记许可所依据的法律、行政法规、海关总署规章修改或者废止的；
- 准予海关行政许可所依据的客观情况发生重大变化的。

（2）许可注销。报关企业存在下列情况的，应当注销其注册登记许可：
- 报关企业或其跨关区分支机构依法终止的；
- 注册登记许可依法被撤销、撤回，或者注册登记许可证件依法被吊销的；
- 因不可抗力导致注册登记许可事项无法实施的；
- 法律、行政法规规定的应当注销注册登记许可的其他情形。

（3）许可撤销、注销审批。

主管地海关和企业管理处比照报关企业注册登记许可撤销、撤回程序办理报关企业注册登记许可注销手续，企业管理处制发《撤回报关企业注册登记许可决定书》或《注销报关企业注册登记许可决定书》。

**4．临时注册登记许可**

下列单位未取得对外贸易经营者备案登记表，按照国家有关规定需要从事非贸易性进出口活动的，应当办理临时注册登记手续：
- 境外企业、新闻、经贸机构、文化团体等依法在中国境内设立的常驻代表机构；
- 少量货样进出境的单位；
- 国家机关、学校、科研院所等组织机构；
- 临时接受捐赠、礼品、国际援助的单位；
- 其他可以从事非贸易性进出口活动的单位。

**5．海关对报关单位实施信用管理**

根据 2018 年海关总署令第 237 号（关于公布《中华人民共和国海关企业信用管理办法》的令），海关根据企业信用状况将企业认定为认证企业、一般信用企业和失信企业。海关按照诚信守法便利、失信违法惩戒原则，对上述企业分别适用相应的管理措施。

知识拓展：企业信用等级的认定及相应的管理措施

## 1.3.2　报关人员

报关单位在海关注册登记，取得报关报检资格后，即可将本单位职工在海关进行备案，使之成为报关人员。报关人员备案后同时取得报关和报检资质。

**1．报关人员的权利和义务**

报关人员的权利如下：

- 以所在报关单位名义执业，办理报关业务（报关）；
- 向海关查询其办理的报关业务情况（查询）；
- 拒绝海关工作人员的不合法要求（拒办）；
- 对海关对其做出的处理决定享有陈述、申辩、申诉的权利（上诉申辩）；
- 依法申请行政复议或者提起行政诉讼（复议或诉讼）；
- 合法权益因海关违法行为受到损害的，依法要求赔偿（要求赔偿）；
- 参加执业培训。

报关人员的义务如下：

- 熟悉所申报货物的基本情况，对申报内容和有关材料的真实性、完整性进行合理审查（审查）；
- 提供齐全、正确、有效的单证，准确、清楚、完整填制进出口货物报关单，并按有关规定办理进出口货物的报关手续（规范报关）；
- 海关检查进出口货物时，配合海关查验（配合查验）；
- 配合海关稽查和对涉嫌走私违规案件的查处（配合调查）；
- 按照规定参加直属海关或者直属海关授权组织举办的报关业务岗位考核（参加考核）；
- 协助落实海关对报关单位管理的具体措施（相关工作）。

**2．报关人员的工作内容**

报关人员的工作内容如下：

- 按照规定如实申报进出口货物的商品编码、商品名称、规格型号、实际成交价格、原产地及相应优惠贸易协定代码等报关单有关项目，并办理填制报关单、提交报关单证等与申报有关的事宜；
- 申请办理缴纳税费和退税、补税事宜；
- 申请办理加工贸易合同备案（变更）、深加工结转、外发加工、内销、放弃核准、余料结转、核销及保税监管等事宜；
- 申请办理进出口货物减税、免税等事宜；

■ 报关报检实务

> 协助海关办理进出口货物的查验、结关等事宜；
> 应当由报关员办理的其他报关事宜。

### 思考与练习

1. 对当地外贸业务及代理报关的需求进行实地调研，最终写出一份在当地创设报关公司的可行性研究报告。

2. 简述我国全国通关一体化改革过程中存在哪些问题，你认为应该采取什么样的对策。

# 项目 2

## 一般进出口货物通关

### 任务 2.1　一般进出口货物通关操作流程

**📔 学习目标**

1. 掌握一般进出口货物通关操作的相关流程。
2. 掌握报关单栏目填写方法及注意事项。
3. 了解一般进出口货物通关操作的缴税方式。

**📔 知识导图**

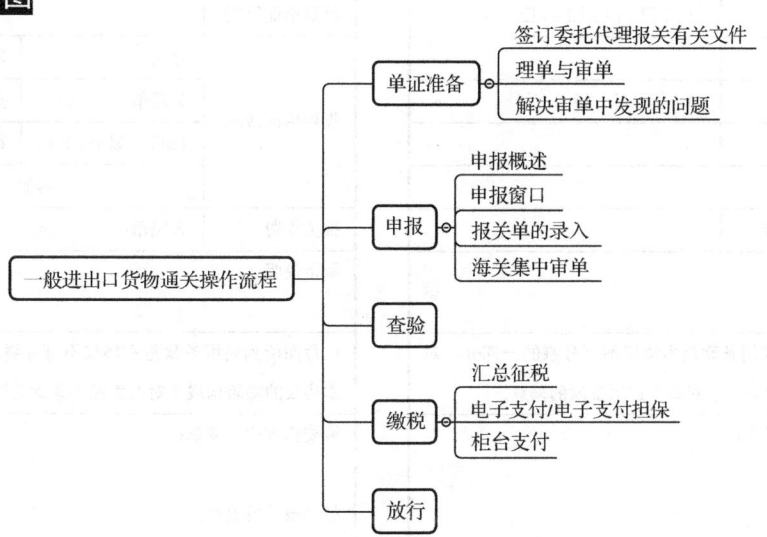

## 任务实施

**业务背景及单证资料：**

嘉兴锦诚国际货代有限公司代理一票出口报关业务，该业务的单证资料包括代理报关委托书、委托报关协议、销售合同、发票、装箱单、中华人民共和国海关出口转关运输货物申报单。

**单证资料 2-1：代理报关委托书**

### 代理报关委托书

编号：_____

我单位现_____（A. 逐票 B. 长期）委托贵公司代理_____等通关事宜（A.填单申报 B.辅助查验 C.垫缴税款 D.办理海关证明联 E.审批手册 F.核销手册 G.申办减免税手续 H. 其他），详见《委托报关协议》。

我单位保证遵守《海关法》和国家有关法规，保证所提供的情况真实、完整，保证单货相符，无侵犯他人知识产权的行为。否则，愿承担相关法律责任。

本委托书有效期自签字之日起至 20___年___月___日止。

委托方（盖章）：

法定代表人或其授权签署《代理报关委托书》的人（签字）

20 年 月 日

**单证资料 2-2：委托报关协议**

### 委托报关协议

为明确委托报关具体事项和各自责任，双方经平等协商签订协议如下：

| 委托方 | | 被委托方 | |
|---|---|---|---|
| 主要货物名称 | | 报关单编码 | |
| HS 编码 | □□□□□□□□ | 收到单证日期 | |
| 货物总价 | | 收到单证情况 | 合同 □　发票 □<br>装箱单 □　提（运）单 □<br>《加工贸易手册》□　许可证件 □<br>其他 |
| 进出口日期 | 20 年 月 日 | | |
| 提单号 | | | |
| 贸易方式 | | 报关收费 | 人民币：　　元 |
| 原产地/货源地 | | | |
| 其他要求： | | 承诺说明： | |
| 背面所列通用条款是本协议不可分割的一部分，对本协议的签署构成了对背面通用条款的同意。 | | 背面所列通用条款是本协议不可分割的一部分，对本协议的签署构成了对背面通用条款的同意。 | |
| 委托方业务签章：<br><br>经办人签章：<br>联系电话：<br>　　　　　20 年 月 日 | | 被委托方业务签章：<br><br>经办报关员签章：<br>联系电话：<br>　　　　　20 年 月 日 | |

（白联：海关留存，黄联：被委托方留存，红联：委托方留存）中国报关协会监制

单证资料 2-3：销售合同

## SALES CONFIRMATON

CONTRACT No. 08158    DATE: FEB. 13, 2019

BUYER: CHEMAEX CORPORATION SDN BHD

No.4, J ALAN CJ1/6, KAWASAN PERUSAHAAN CHERAS JAYA, 43200 CHERAS, SELANGOR, MALAYSIA

SELLER: CHANGZHOU PRO-TECH TRADE CO., LTD.

No. 1004, PARTB, CONSTRUCTION BULLDING, CHANGZHOU, JIANGSU, CHINA

THE UNDERSIGNED SDLLERS AND BUYERS HAVE AGREED TO CLOSE THEFOLLOWING TRANSACTIONS ACCORDING TO THE TERMS AND CONDITIONS STIPULATED BELOW:

1. DESCRIPTION OF GOODS DIRECT ROVING.

2. QLANTHY: 17 988KG(20PLTS).

3. TOTALAMOUNT: USD 11 692.20 CFR PORT KLANG.

4. TERMS OF PAYMENT: T/T.

5. TIME OF SHIPMENT: BEFORE MAR. 30, 2019.

6. PATIAL SHIPMENT IS ALLOWED.

7. SHIPMENT FROM CHINA PORT TO RORT KLANG BY SEA.

8. QLALITY/QUANTITY DISCREPANCY: INCASE OF QUALTIY DISCREPANCY, CLAIM SHOULD BE FILED BY THE BUYER WITHIH THIRTY DAYS AFTER THE ARRIVAL OF THE GOODS AT PORT OF DESTINATION. FOR QUANTITY DISCREPANCY, CLALM SHOULD BE FILED BY THE BUYER WITHIN FIFTEEN DAYS AFTER THE ARRIVAL OF GOODS AT THE PORT OF DESTINATION. AND THE CLAIM SHOULD BE RILED ACCORDIG TO THE INSPECTION REPORT OFFERED BY THE NOTARY PUBLIC WHICH IS AGREED BY THE SELLER, THE SELLER WILL COMPENSATE ACCORDIG TO THE FACT. IT IS AGREED THAT THE SELLER SHALL NOT BELIABLE FOR ANY DISCREPANCY OF THE GOODS SHIOOED BUE TO CAUSES FOR WHICH THE INSURANCE COMPANY SHIOOING COMPANY AND OTHER TRANSPORTATION ORGANIXATION OR POST OF FICE ARE LIABLE.

9. THE BUYER SHOULD SIGN AND RETURN ONE COPY OF THIS SALES CONFIRMATION MEDIATELY AFTER RECEIOT OF IT.OBJECTION, IF ANY SHOULD BE RAISED BY THE BUYER WITHIN FIVE DAYS AFTER THE RECEIOT OF THIS SALES CONFIRMATION, IN THE ABSENCE OF WHICH SHOULD BE UNDERSTOOD THAT THE BUYER HAS ACCEPTED THE TERMS AND CONDHIONS OF THIS S/C.

10. ARBITRATON:ALL DISPUTES ARISISG FROM EXECUTION KF ORIM CONNECTIONWTTH THIS CONTRACT SHOULD BE SETTUED THROUGH FRIENDLY NFCOGIATION, IN CASE OF NO SETTLEMENT CAY BEACHED, THE CASE SHALL THEN BE SUBMTTED TK THE CHINA INIERNAHONAL ECONOMIC TRADE AOBITRATION COMMITTEE EXPENSE IS FOR LOSINGPART.

SELLER:                    BUYER:

## 单证资料 2-4：发票

**CHANGZHOU PRO-TECH TRADE CO.,LTD.**

**No. 1004,PART B, CONSTRUCTION BUILDING, CHANGZHOU, JIANGSU, CHINA**

To:

CHEMREX CORPORATION SDN BHD    Invoice No.: __219PTB70__

No.4 JALAN CJ 1/6, KAWASAN PERUSAHAAN

CHERAS JAYA, 43200 CHERAS, SELANGOR, MALAYSIA    Contract No.: __08158__

TEL:+603-9081 6399    FAX:+603-9081 6838

### INVOICE

Date Of Invoice: MAR.08,2019

From: __ZHAPU__                                To: __PORT KLANG__

Letter of Credit No.:            Issued By:

| Marks and number | Descriptions | Quantity | | Unit Price | Amount |
|---|---|---|---|---|---|
| N/M | DIRECT ROVING | 20PLTS | 17 988KG | CFR PORT KLANG | USD 11 692.20 |
| Total | SAY U.S. DOLLARS ELEVEN THOUSAND SIX HUNDRED NINETY TWO AND CENTS TWENTY ONLY. | | | | |

## 单证资料 2-5：装箱单

**CHANGZHOU PRO-TECH TRADE CO.,LTD.**

**No. 1004,PART B, CONSTRUCTION BUILDING, CHANGZHOU, JIANGSU, CHINA**

To:

CHEMREX CORPORATION SDN BHD    Invoice No.: __219PTB70__

No.4 JALAN CJ 1/6, KAWASAN PERUSAHAAN

CHERAS JAYA, 43200 CHERAS, SELANGOR, MALAYSIA    Contract No.: __08158__

TEL:+603-9081 6399 FAX:+603-9081 6838

PACKING LIST Date Of Invoice: __MAR .08,2019__

From: __ZHAPU__                                To: __PORT KLANG__

Letter of Credit No.            Issued By:

| Marks and Number | Descriptions | Quantity | Package | G.W. (KG) | N.W. (KG) | MEAS. |
|---|---|---|---|---|---|---|
| N/M | DIRECT ROVING | 17 988KG | 20PLTS | 18 498 | 17 988 | 28m$^3$ |

项目2 一般进出口货物通关

单证资料2-6：中华人民共和国海关出口转关运输货物申报单

中华人民共和国海关出口转关运输货物申报单

预录入号：1929819999510711　　　　　　　　　　　　　　　　　编　号：

| 进出境运输工具名称：HYUNDAI VICTORY | | 航次（航班）号：029W | | 转关方式：联运中转 | |
|---|---|---|---|---|---|
| 境内运输方式：水路运输 | | | | | |
| 提（运）单总数：1 | 货物总件数：20 | | 货物总重量：18 498 | 集装箱总数：1 | |
| 境内运输工具：JIAYONG | | | | | |
| 境内运输工具名称 | 提（运）单号 | 集装箱号 | 货名 | 件数 | 重量 | 关锁号 | 个数 |
| 3114550050 | HDMUZPMY1481516 | CAIU2112470 | 无碱直接纱 | 20 | 18 498 | | |
| 以上申报属实，并承担法律责任，保证在　　日内将上述货物完整运抵　　海关。申报人：　　年　月　日 | 启运地海关批注：经办关员：（盖章）　　年　月　日 | | 出境地海关批注：经办关员：（盖章）　　年　月　日 | | 　　年　月　日 |

# 任务实施

## 2.1.1 单证准备

### 1. 签订委托代理报关有关文件

《代理报关委托书》是进出口货物收发货人根据《海关法》和相关法律法规要求提交报关企业的具有法律效力的授权证明。《代理报关委托书》由进出口货物收发货人认真填写，并加盖单位行政公章及由法定代表人或被授权人签字。

《委托报关协议》是进出口货物收发货人与报关企业按照《海关法》的要求签署的明确具体委托报关事项和双方责任的具有法律效力的文件，分正文表格和通用条款两大部分。

知识拓展：《代理报关委托书》与《委托报关协议》填写规范

### 2. 理单与审单

理单是审单之前重要的一步，包括纸质理单和电子理单两方面。

纸质理单首先要在委托书、通关单、发票、装箱单等单据上做好记号（客户标记），有许可证的也得订后面；其次整理随附单据，依次用回形针别好。电子理单就是按照海关要求，将纸质单据制作成PDF格式，以备后续报关单填制完成后，与报关单数据一起向海关提交。

审单主要有以下几方面的内容：

➢ 确定商品品名，HS 编码归类，并按申报要素落实相关内容，确认监管方式，明确监管条件等；

➢ 了解货物情况；

➢ 检查报关资料，报关时递交的资料必须合法、齐全、有效，只有确定了贸易方式和进口货物 HS 编码，才能确定报关所需要的随附资料；

➢ 查询货物到港情况，到港后及时到船代公司换取港区提货单（进口货物）；
➢ 报关涉税应准备的相关税费。

本次业务审单操作内容如下：

（1）确定商品品名及税则号。根据发票信息显示，本次业务商品品名为："DIRECT ROVING"，经咨询纺织行业人士，其全称"无碱玻璃纤维直接无捻粗纱"，简称"无碱直接纱"或"玻璃纤维粗纱"，确定其税则号为7019.120090。

（2）规格型号。根据以上信息，查阅《中华人民共和国进出口商品规范申报目录》，税目70.19"玻璃纤维及其制品"的申报要素包括品名、品牌类型、出口享惠情况、材质（玻璃纤维制）、种类（梳条、粗纱、纱线、短纤）、长度。根据这一规定，本次业务商品规格栏应填报的内容为"无碱直接纱"（品名）、"境内自主品牌"（品牌类型）、"出口货物在最终目的国（地区）享受优惠关税"（出口享惠情况）、"玻璃纤维制"（材质）、"粗纱"（种类）、"6 185m"（长度）。

### 3. 解决审单中发现的问题

审单过程中没问题的单证直接进入下一步骤，即填写报关单。如果审单有问题，则需要提前解决好，然后再输单，否则，会再次改单。缺少的单证要让客户提供，如HS编码、境内货源地确认等，这些先要确认好。如果对产品不熟悉，可以询问有关行业人士。报关时需要理解清楚品名，这样海关人员一看就很清晰。尤其要注意的是，单价太高或太低需要向客户询问清楚，确定以后再申报。需要提供许可证时，报关品名顺序要和许可证的顺序一致。

## 2.1.2 申报

### 1. 申报概述

1）申报的定义

货物申报是指进出口货物的收发货人、受委托的报关企业，依照《中华人民共和国海关法》及有关法律、行政法规和规章的要求，在规定的期限、地点，采用电子数据报关单或纸质报关单的形式，向海关报告实际进出口货物的情况，并且接受海关审核的行为。

2）申报的基本要求

进出口货物的收发货人、受委托的报关企业应当依法如实向海关申报，对申报内容的真实性、准确性、完整性和规范性承担相应的法律责任。申报时主要有以下几个方面的要求：

（1）申报主体及资质。进出口货物的收发货人，既可以自行向海关申报，也可以委托报关企业向海关申报。向海关办理申报手续的进出口货物的收发货人、受委托的报关企业应当预先在海关依法办理登记注册。办理申报手续的人员，应当是在海关备案的报关人员。

（2）申报时限。进口货物自运输工具申报进境之日起十四日内向海关申报；出口货物应当在货物运抵海关监管区后、装货的二十四小时以前向海关申报；转关货物按照《中华人民共和国海关关于转关货物监管办法》执行。

注意：超过规定时限未向海关申报的，海关按照《中华人民共和国海关征收进口货物滞报金办法》征收滞报金。

（3）申报形式。申报采用电子数据报关单申报形式或者纸质报关单申报形式。电子数据报关单和纸质报关单均具有法律效力。

电子数据报关单申报形式：企业通过电子系统按照《中华人民共和国海关进出口货物报关单填制规范》的要求向海关传送报关单电子数据并且备齐随附单证的申报方式。

纸质报关单申报形式：企业按照海关的规定填制纸质报关单，备齐随附单证，向海关当面递交的申报方式。

企业应当以电子数据报关单形式向海关申报，与随附单证一并递交的纸质报关单的内容应当与电子数据报关单一致。特殊情况下经海关同意，允许先采用纸质报关单形式申报，电子数据事后补报的形式，补报的电子数据应当与纸质报关单的内容一致。

目前，国际贸易通关过程中所涉及的大多数部门都开发了业务信息化系统，实现了各自部门业务申请、办理、回复的电子化和网络化。但是在各部门系统间缺乏协同互动、未实现充分的数据共享。因此，企业在口岸通关过程中需要登录不同的系统填报数据，严重影响了口岸的通关效率。近年来，部分发达地区的口岸管理部门已经尝试在地方层面建立"单一窗口"，实现企业一次录入数据后向多个管理部门的系统进行申报，并取得了良好的应用效果。

为贯彻落实党中央、国务院关于我国国际贸易单一窗口建设的一系列决策部署，统筹推进"单一窗口"建设，在总结沿海地区"单一窗口"建设试点成果的基础上，结合我国口岸管理实际，并充分借鉴国际上"单一窗口"的成熟经验，由国家口岸管理办公室主办，中国电子口岸数据中心负责运行维护建设了"单一窗口"标准版。

（4）申报随附单证。申报随附单证包括合同、发票、装箱单、提（运）单、进出口许可证件、载货清单（舱单）、代理报关授权委托协议、海关总署规定的其他进出口单证。

（5）申报日期。申报日期是指申报数据被海关接受的日期。不论以电子数据报关单方式申报或者以纸质报关单方式申报，海关以接受申报数据的日期为接受申报的日期。以电子数据报关单形式申报的，申报日期为海关计算机系统接受申报数据时记录的日期；以纸质报关单形式申报的，申报日期为海关接收纸质报关单并且对报关单进行登记处理的日期。

3）申报后续处理

（1）海关不接受申报的情形。电子数据报关单经过海关计算机检查被退回的，视为海关不接受申报，进出口货物收发货人、受委托的报关企业应当按照要求修改后重新申报。

（2）现场交单。海关审结电子数据报关单后，进出口货物的收发货人、受委托的报关企业应当自接到海关"现场交单"或者"放行交单"通知之日起，持打印出的纸质报关单，备齐规定的随附单证，到海关递交书面单证并且办理相关海关手续。

按照目前无纸化报关的推广范围和一体化申报模式，如果无人工接单和查验的报关单，企业无须去现场提交纸质报关单报关。

（3）报关单修撤。海关接受进出口货物的申报后，报关单证及其内容不得修改或撤销；符合规定情形的，应当按照《中华人民共和国海关进出口货物报关单修改和撤销管理办法》的相关规定办理。

（4）报关单证明联问题。目前，海关已全面取消为企业打印纸质报关单证明联（含用于外汇服务的报关单收、付汇证明联以及用于加工贸易核销的海关核销联，出口退税专用的报关单证明联）。

4）其他申报类型

（1）提前申报。经海关批准，进出口货物的收发货人、受委托的报关企业可以在取得提（运）单或者载货清单（舱单）数据后，向海关提前申报。

（2）集中申报。经海关批准，进出口货物的收发货人、受委托的报关企业可以自装载货物的运输工具申报进境之日起1个月内向指定海关办理集中申报手续。

（3）特殊运输方式申报。经电缆、管道、输送带或者其他特殊运输方式输送进出口的货物，经海关同意，可以定期向指定海关申报。

（4）知识产权申报。需要向海关申报知识产权状况的进出口货物，收发货人、受委托的报关企业应当按照海关要求向海关如实申报有关知识产权状况，并且提供能够证明申报内容真实的证明文件和相关单证，海关按规定实施保护措施。

5）申报的其他规定

（1）自理报关。进出口货物的收发货人以自己的名义向海关申报的，报关单应当由进出口货物收发货人签名盖章，并且随附有关单证。

（2）委托报关。报关企业接受进出口货物的收发货人委托，以自己的名义或者以委托人的名义向海关申报的，应当向海关提交由委托人签署的授权委托书，并且按照委托书的授权范围办理有关海关手续。

报关企业接受进出口货物的收发货人的委托，办理报关手续时，应当对委托人所提供情况的真实性、完整性进行合理审查，审查内容如下：

- 证明进出口货物的实际情况的资料，包括进出口货物的品名、规格、用途、产地、贸易方式等；
- 有关进出口货物的合同、发票、运输单据、装箱单等商业单据；
- 进出口所需的许可证件及随附单证；
- 海关总署规定的其他进出口单证。

报关企业未对进出口货物的收发货人提供情况的真实性、完整性履行合理审查义务或者违反海关规定申报的，应当承担相应的法律责任。

（3）申报前查看货物。进口货物的收货人向海关申报前，因确定货物的品名、规格、型号、归类等原因，可以向海关提出查看货物或者提取货样的书面申请。海关审核同意后，派员到场实际监管并开具取样记录和取样清单。

提取货样后，到场监管的海关关员与进口货物的收货人在取样记录和取样清单上签字确认。

提取货样的货物涉及动植物及其产品以及其他须依法提供检疫证明的，应当在依法取得有关批准证明后提取。

（4）补充材料。海关审核电子数据报关单时，需要进出口货物的收发货人、受委托的报关企业解释、说明情况或者补充材料的，收发货人、受委托的报关企业应当在接到海关通知后及时进行说明或者提供完备材料。

2. 申报窗口

"单一窗口"是实现申报人通过电子口岸平台一点接入、一次性提交满足口岸管理和国际贸易相关部门要求的标准化单证和电子信息的平台。通过"单一窗口"，能够提高国际贸易供应链各参与方系统间的互操作性，优化通关业务流程，提高申报效率，缩短通关时间，降低企业成本，促进贸易便利化。中国电子口岸数据中心于 2020 年 12 月 30 日发布"中国国际贸易单一窗口"新版门户网站。"中国国际贸易单一窗口"主页如图 2-1 所示。

图 2-1 "中国国际贸易单一窗口"主页

将鼠标指向"中国国际贸易单一窗口"主页的"标准版"标签，页面自动弹出"地方版导航"下拉菜单，选择对应的选项可以进入地方版"单一窗口"。地方版"单一窗口"入口如图 2-2 所示。

图 2-2 地方版"单一窗口"入口

### 3．报关单的录入

报关单的录入即输单，是指按照海关有关规定，将进出口货物原始单据的相关数据输入计算机，并通过网络向海关申报的过程。如果单证制作的质量好，输单会很顺利。输单需要打字快，输入的数字准确，这样准确率才会高。报关单各栏目代码要熟悉，录入完成后一定要认真检查校对。HS 编码输入后，会自动显示计量单位，不可改动。

本次业务是出口转关报关，由发货人或其代理人在货物运抵启运地（本次业务为嘉兴乍浦）海关监管场所后，向启运地海关录入"出口货物报关单"电子数据，启运地海关受理电子申报，生成"出口转关货物申报单"数据，传输至出境地海关（本次业务为北仑海关）。发货人或其代理人应持相关单证在启运地海关办理出口转关手续。

下面以"中国国际贸易单一窗口"标准版的"进口报关单整合申报"为例，介绍一般货物报关单的填写方法及注意事项。

登录"单一窗口"主页，在左侧菜单中执行"进口整合申报"→"进口报关单整合申报"命令，打开"进口报关单整合申报"页面，如图 2-3 所示。该页面包括基本信息、商品信息、集装箱信息、随附单证信息及涉检信息五个模块。

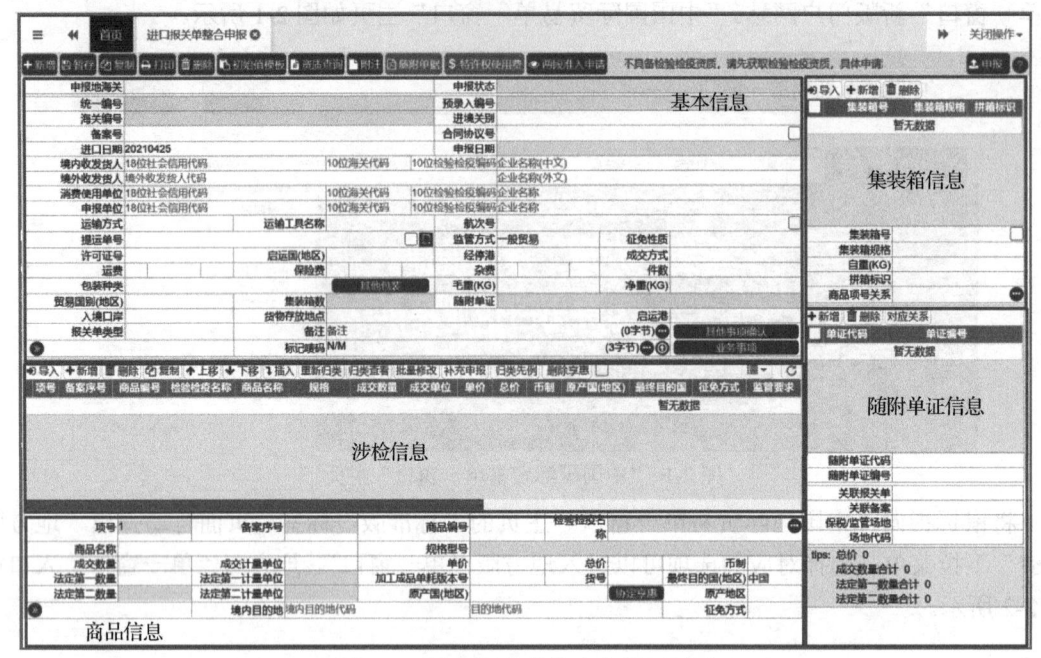

图 2-3 "进口报关单整合申报"页面

1）基本信息

基本信息模块如图 2-4 所示。

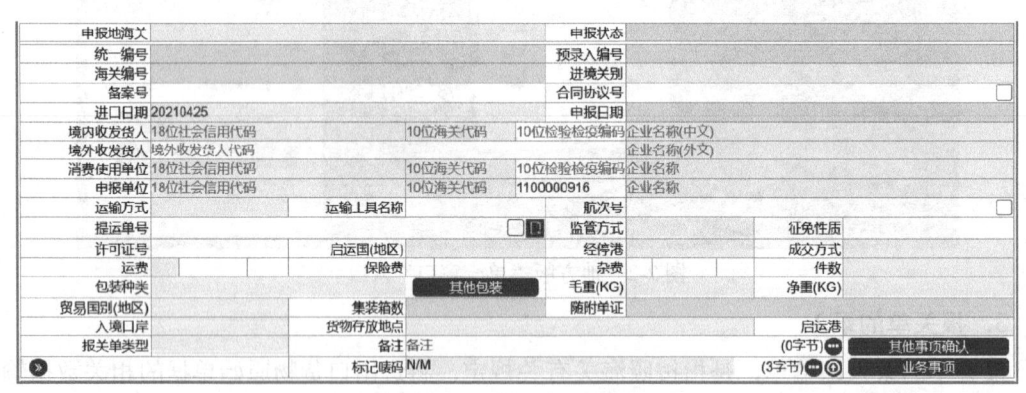

图 2-4 基本信息模块

（1）申报地海关。

填报《关区代码表》中相应的企业进出口货物申报地所属的直属关区/口岸海关的名称及代码。

本次业务操作填报：嘉兴海关驻乍浦办事处（嘉关乍办）。

（2）申报状态。

系统根据报关单进展情况自动返填，如申报、审结、放行、结关等。

（3）统一编号。

系统自动生成，不需要输入。

（4）预录入编号。

预录入编号指预录入报关单的编号，一份报关单对应一个预录入编号，由系统自动生成。

（5）海关编号。

海关编号指海关接受申报时提供的报关单的编号，一份报关单对应一个海关编号，由系统自动生成。

**知识拓展**：预录入编号和海关编号的编码规则

（6）进/出境关别。

根据货物实际进出境的口岸海关，填报海关规定的《关区代码表》中相应口岸海关的名称及代码（说明："/出"表示如果为出口报关单，则此处为"出境关别"，下同）。

特殊情况填报要求如下：

进口转关运输货物填报货物进境地海关名称及代码，出口转关运输货物填报货物出境地海关名称及代码。按转关运输方式监管的跨关区深加工结转货物，出口报关单填报转出地海关名称及代码，进口报关单填报转入地海关名称及代码。

在不同海关特殊监管区域或保税监管场所之间调拨、转让的货物，填报对方海关特殊监管区域或保税监管场所所在的海关名称及代码。

其他无实际进出境的货物，填报接受申报的海关名称及代码。

本次业务操作：本次业务为出口转关货物，即在嘉关乍办申报，到宁波北仑出境，因此出境关别为"北仑海关"。

（7）备案号。

填报进出口货物收发货人、消费使用单位、生产销售单位在海关办理加工贸易合同备案或征、减、免税审核确认等手续时，海关核发的《加工贸易手册》、海关特殊监管区域和保税监管场所保税账册、《征免税证明》或其他备案审批文件的编号。一份报关单只允许填报一个备案号。

具体填报要求如下：

➢ 加工贸易项下货物，除少量低值辅料按规定不使用《加工贸易手册》及以后续补税监管方式办理内销征税的外，填报《加工贸易手册》编号。

➢ 使用异地直接报关分册和异地深加工结转出口分册在异地口岸报关的，填报分册号；本地直接报关分册和本地深加工结转分册限制在本地报关，填报总册号。

➢ 加工贸易成品凭《征免税证明》转为减免税进口货物的，进口报关单填报《征免税证明》编号，出口报关单填报《加工贸易手册》编号。

➢ 对加工贸易设备、使用账册管理的海关特殊监管区域内减免税设备之间的结转、转入和转出企业分别填制进、出口报关单，在报关单"备案号"栏目填报《加工贸易手册》编号。

➢ 涉及征、减、免税审核确认的报关单，填报《征免税证明》编号。

➢ 减免税货物退运出口，填报《中华人民共和国海关进口减免税货物准予退运证明》的编号；减免税货物补税进口，填报《减免税货物补税通知书》的编号；减免税货物进口或结转进口（转入），填报《征免税证明》的编号；相应的结转出口（转出），填报《中华人民共和国海关进口减免税货物结转联系函》的编号。

➢ 免税品经营单位经营出口退税国产商品的，免予填报。

本次业务操作：本次业务为一般出口货物，免予填报。

(8) 合同协议号。

填报进出口货物合同（包括协议或订单）编号。未发生商业性交易的免予填报。免税品经营单位经营出口退税国产商品的，免予填报。

信息来源：销售合同，一般以"Contract No.""Order No.""Confirmation No."，或者简写的"S/C No."（Sales Contract No.）、简写的"P/O No."（Purchase Order No.）等表示。

本次业务操作填报：08158。

(9) 进/出口日期。

进口日期填报运载进口货物的运输工具申报进境的日期。出口日期指运载出口货物的运输工具办结出境手续的日期，在申报时免予填报。无实际进出境的货物，填报海关接受申报的日期。进出口日期为8位数字，顺序为年（4位）、月（2位）、日（2位）。

本次业务操作：免予填报。

(10) 申报日期。

申报日期指海关接受进出口货物收发货人、受委托的报关企业申报数据的日期。以电子数据报关单方式申报的，申报日期为海关计算机系统接受申报数据时记录的日期；以纸质报关单方式申报的，申报日期为海关接受纸质报关单并对报关单进行登记处理的日期。本栏目在申报时免予填报。

(11) 境内收发货人。

填报在海关备案的对外签订并执行进出口贸易合同的中国境内法人、其他组织名称及编码。编码填报18位法人和其他组织统一社会信用代码，没有统一社会信用代码的，填报其在海关的备案编码。

特殊情况下填报要求如下：

➢ 进出口货物合同的签订者和执行者非同一企业的，填报执行合同的企业。
➢ 外商投资企业委托进出口企业进口投资设备、物品的，填报外商投资企业，并在备注栏注明"委托某进出口企业进口"，同时注明被委托企业的18位法人和其他组织统一社会信用代码。
➢ 有代理报关资格的报关企业代理其他进出口企业办理进出口报关手续时，填报委托的进出口企业名称及编码。
➢ 海关特殊监管区域收发货人填报该货物的实际经营单位或海关特殊监管区域内经营企业名称及编码。
➢ 免税品经营单位经营出口退税国产商品的，填报免税品经营单位名称及编码。

信息来源：合同、发票、装箱单、提运单中相关信息。

本次业务操作填报：常州普泰贸易有限公司。

(12) 境外收发货人。

境外收货人通常指签订并执行出口贸易合同中的买方或合同指定的收货人，境外发货人通常指签订并执行进口贸易合同中的卖方。

填报境外收发货人的名称及编码。名称一般填报英文名称，检验检疫要求填报其他外文名称的，在英文名称后填报，以半角括号分隔；对于AEO互认国家（地区）企业的，编码填报AEO编码，填报样式为"国别（地区）代码+海关企业编码"，例如，新加坡AEO企业填报"SG123456789012"（新加坡国别代码+12位企业编码）；非互认国家（地区）AEO企业等其他情形，编码免予填报。

特殊情况下无境外收发货人的,名称及编码填报"NO"。

信息来源:销售合同。

**本次业务操作填报**:CHEMREX CORPORATION SDN BHD。

(13)消费使用单位/生产销售单位。

① 消费使用单位填报已知的进口货物在境内的最终消费、使用单位的名称,包括:
- 自行进口货物的单位。
- 委托进出口企业进口货物的单位。

② 生产销售单位填报出口货物在境内的生产或销售单位的名称,包括:
- 自行出口货物的单位。
- 委托进出口企业出口货物的单位。
- 免税品经营单位经营出口退税国产商品的,填报该免税品经营单位统一管理的免税店。

③ 减免税货物报关单的消费使用单位/生产销售单位应与《中华人民共和国海关进出口货物征免税证明》(以下简称《征免税证明》)的"减免税申请人"一致;保税监管场所与境外之间的进出境货物,消费使用单位/生产销售单位填报保税监管场所的名称,保税物流中心(B型)填报中心内企业名称。

④ 海关特殊监管区域的消费使用单位/生产销售单位填报区域内经营企业(加工单位或仓库)名称。

⑤ 编码填报要求:
- 填报18位法人和其他组织统一社会信用代码。
- 无18位统一社会信用代码的,填报"NO"。

⑥ 进口货物在境内的最终消费或使用以及出口货物在境内的生产或销售的对象为自然人的,填报身份证号、护照号等有效证件号码及姓名。

信息来源:查看单证资料,如有委托代理进口/出口协议,则消费使用单位/生产销售单位为委托方;如无委托代理进口/出口协议,则消费使用单位/生产销售单位与境内收发货人相同。

**本次业务操作填报**:常州普泰贸易有限公司。

(14)申报单位。

指对申报内容的真实性直接向海关负责的企业或单位。自理报关的,本栏目填报进出口企业的名称及海关注册编码;委托代理报关的,填报经海关批准的报关企业的名称及海关注册编码。

信息来源:报关人员所属的报关单位。

**本次业务操作填报**:嘉兴锦诚国际货运代理有限公司。

(15)运输方式。

运输方式包括实际运输方式和海关规定的特殊运输方式,前者指货物实际进出境的运输方式,按进出境所使用的运输工具分类;后者指货物无实际进出境的运输方式,按货物在境内的流向分类。

根据货物实际进出境的运输方式或货物在境内流向的类别,按照海关规定的《运输方式代码表》选择填报相应的运输方式。

特殊情况填报要求如下:
- 非邮件方式进出境的快递货物,按实际运输方式填报。

- 进口转关运输货物,按载运货物抵达进境地的运输工具填报;出口转关运输货物,按载运货物驶离出境地的运输工具填报。
- 不复运出(入)境而留在境内(外)销售的进出境展览品、留赠转卖物品等,填报"其他运输"(代码9)。
- 进出境旅客随身携带的货物,填报"旅客携带"(代码L)。
- 以固定设施(包括输油、输水管道和输电网等)运输货物的,填报"固定设施运输"(代码G)。

无实际进出境货物在境内流转时填报要求如下:
- 境内非保税区运入保税区货物和保税区退仓货物,填报"非保税区"(代码0)。
- 保税区运往境内非保税区货物,填报"保税区"(代码7)。
- 境内存入出口监管仓库和出口监管仓库退仓货物,填报"监管仓库"(代码1)。
- 保税仓库转内销货物或转加工贸易货物,填报"保税仓库"(代码8)。
- 从境内保税物流中心外运入中心或从中心运往境内中心外的货物,填报"物流中心"(代码W)。
- 从境内保税物流园区外运入园区或从园区内运往境内园区外的货物,填报"物流园区"(代码X)。
- 保税港区、综合保税区与境内(区外)(非海关特殊监管区域、保税监管场所)之间进出的货物,填报"保税港区/综合保税区"(代码Y)。
- 出口加工区、珠澳跨境工业区(珠海园区)、中哈霍尔果斯边境合作中心(中方配套区)与境内(区外)(非海关特殊监管区域、保税监管场所)之间进出的货物,填报"出口加工区"(代码Z)。
- 境内运入深港西部通道港方口岸区的货物以及境内进出中哈霍尔果斯边境合作中心中方区域的货物,填报"边境特殊海关作业区"(代码H)。
- 经横琴新区和平潭综合实验区(以下简称综合试验区)二线指定申报通道运往境内区外或从境内经二线指定申报通道进入综合试验区的货物,以及综合试验区内按选择性征收关税申报的货物,填报"综合试验区"(代码T)。
- 海关特殊监管区域内的流转、调拨货物,海关特殊监管区域、保税监管场所之间的流转货物,海关特殊监管区域与境内区外之间进出的货物,海关特殊监管区域外的加工贸易余料结转、深加工结转、内销货物,以及其他境内流转货物,填报"其他运输"(代码9)。

信息来源:提单(水路运输)或空运运单(航空运输),如果没有提供提单或运单,那么在发票或装箱单中也能够找到。需注意有些发票由于是固定格式的,虽然使用了 Shipped 和 Vessel 等印好的格式,但如果备注有"Air Freight",则表明是航空运输。

本次业务操作填报:水路运输。

(16)运输工具名称。

填报载运货物进出境的运输工具名称或编号。填报内容应与运输部门向海关申报的舱单(载货清单)所列相应内容一致。

① 直接在进出境地或采用全国通关一体化通关模式办理报关手续的报关单填报要求如下:
- 水路运输:填报船舶编号(来往港澳小型船舶为监管簿编号)或者船舶英文名称。

- 公路运输：启用公路舱单前，填报该跨境运输车辆的国内行驶车牌号，深圳提前报关模式的报关单填报国内行驶车牌号+"/"+"提前报关"。启用公路舱单后，免予填报。
- 铁路运输：填报车厢编号或交接单号。
- 航空运输：填报航班号。
- 邮件运输：填报邮政包裹单号。
- 其他运输：填报具体运输方式名称，如管道、驮畜等。

② 转关运输货物的报关单填报要求如下。

A．进口。

- 水路运输：直转、提前报关填报"@"+16位转关申报单预录入号（或13位载货清单号）；中转填报进境英文船名。
- 铁路运输：直转、提前报关填报"@"+16位转关申报单预录入号；中转填报车厢编号。
- 航空运输：直转、提前报关填报"@"+16位转关申报单预录入号（或13位载货清单号）；中转填报"@"。
- 公路及其他运输：填报"@"+16位转关申报单预录入号（或13位载货清单号）。
- 以上各种运输方式使用广东地区载货清单转关的提前报关货物填报"@"+13位载货清单号。

B．出口。

- 水路运输：非中转填报"@"+16位转关申报单预录入号（或13位载货清单号）。如多张报关单需要通过一张转关单转关的，运输工具名称字段填报"@"。
- 中转货物，境内水路运输填报驳船船名；境内铁路运输填报车名（主管海关4位关区代码+"TRAIN"）；境内公路运输填报车名（主管海关4位关区代码+"TRUCK"）。
- 铁路运输：填报"@"+16位转关申报单预录入号（或13位载货清单号），如多张报关单需要通过一张转关单转关的，填报"@"。
- 航空运输：填报"@"+16位转关申报单预录入号（或13位载货清单号），如多张报关单需要通过一张转关单转关的，填报"@"。
- 其他运输方式：填报"@"+16位转关申报单预录入号（或13位载货清单号）。

③ 采用"集中申报"通关方式办理报关手续的，报关单填报"集中申报"。
④ 免税品经营单位经营出口退税国产商品的，免予填报。
⑤ 无实际进出境的货物，免予填报。

信息来源：提单或配舱回单的 Vessel/Voyage No.栏。

**本次业务操作填报：JIAYONG。**

（17）航次号。

填报载运货物进出境的运输工具名称的航次号。填报内容应与运输部门向海关申报的舱单（载货清单）所列相应内容一致。

① 直接在进出境地或采用全国通关一体化通关模式办理报关手续的报关单。
- 水路运输：填报船舶的航次号。
- 公路运输：启用公路舱单前，填报运输车辆的8位进出境日期，顺序为年（4位）、月（2位）、日（2位）。启用公路舱单后，填报货物运输批次号。
- 铁路运输：填报列车的进出境日期。
- 航空运输：免予填报。

➢ 邮件运输：填报运输工具的进出境日期。
➢ 其他运输方式：免予填报。
② 转关运输货物的报关单。
A．进口。
➢ 水路运输：中转转关方式填报"@"+进境干线船舶航次。直转、提前报关免予填报。
➢ 公路运输：免予填报。
➢ 铁路运输："@"+8 位进境日期。
➢ 航空运输：免予填报。
➢ 其他运输方式：免予填报。
B．出口。
➢ 水路运输：非中转货物免予填报。中转货物属于境内水路运输的填报驳船航次号；属于境内铁路、公路运输的填报 6 位启运日期，顺序为年（2 位）、月（2 位）、日（2 位）。
➢ 铁路拼车拼箱捆绑出口：免予填报。
➢ 航空运输：免予填报。
➢ 其他运输方式：免予填报。
③ 免税品经营单位经营出口退税国产商品的，免予填报。
④ 无实际进出境的货物，免予填报。
信息来源：提单或配舱回单的 Vessel/ Voyage No.栏。
（18）提运单号。
填报进出口货物提单或运单的编号。一份报关单只允许填报一个提单或运单号，一票货物对应多个提单或运单时，应分单填报。
① 直接在进出境地或采用全国通关一体化通关模式办理报关手续的填报要求。
➢ 水路运输：填报进出口提单号。如有分提单，填报"进出口提单号"+"*"+"分提单号"。
➢ 公路运输：启用公路舱单前，免予填报；启用公路舱单后，填报进出口总运单号。
➢ 铁路运输：填报运单号。
➢ 航空运输：填报"总运单号"+"_"+"分运单号"，无分运单的填报总运单号。
➢ 邮件运输：填报邮运包裹单号。
② 转关运输货物的报关单填报要求。
A．进口。
➢ 水路运输：直转、中转填报提单号。提前报关免予填报。
➢ 铁路运输：直转、中转填报铁路运单号。提前报关免予填报。
➢ 航空运输：直转、中转货物填报"总运单号"+"_"+"分运单号"。提前报关免予填报。
➢ 其他运输方式：免予填报。
➢ 以上运输方式进境货物，在广东省内用公路运输转关的，填报车牌号。
B．出口。
① 水路运输：中转货物填报提单号；非中转货物免予填报；广东省内汽车运输提前报关的转关货物，填报承运车辆的车牌号。
② 其他运输方式：免予填报。广东省内汽车运输提前报关转关货物，填承运车辆车牌号。
③ 采用"集中申报"通关方式办理报关手续的，报关单填报归并的集中申报清单的进出

口起止日期，顺序为年（4位）月（2位）日（2位）至年（4位）月（2位）日（2位）。

④ 无实际进出境的货物，免予填报。

信息来源：提单或配舱回单的 BILL No.栏。

本次业务操作填报：HDMUZPMY1481516。

知识拓展：各种运输方式的运输工具名称、航次号、提运单号填报内容

（19）监管方式。

监管方式是以国际贸易中进出口货物的交易方式为基础，结合海关对进出口货物的征税、统计及监管条件综合设定的海关对进出口货物的管理方式。其代码由4位数字构成，前两位是按照海关监管要求和计算机管理需要划分的分类代码，后两位是参照国际标准编制的贸易方式代码。

根据实际对外贸易情况按海关规定的《监管方式代码表》选择填报相应的监管方式简称及代码。一份报关单只允许填报一种监管方式。

特殊情况下加工贸易货物监管方式填报要求如下：

① 进口少量低值辅料（即5 000美元以下，78种以内的低值辅料）按规定不使用《加工贸易手册》的，填报"低值辅料"；使用《加工贸易手册》的，按《加工贸易手册》上的监管方式填报。

② 加工贸易料件转内销货物以及按件办理进口手续的转内销制成品、残次品、未完成品，填制进口报关单，填报"来料料件内销"或"进料料件内销"；加工贸易成品凭《征免税证明》转为减免税进口货物的，分别填制进、出口报关单，出口报关单填报"来料成品减免"或"进料成品减免"，进口报关单按照实际监管方式填报。

③ 加工贸易出口成品因故退运进口及复运出口的，填报"来料成品退换"或"进料成品退换"；加工贸易进口料件因换料退运出口及复运进口的，填报"来料料件退换"或"进料料件退换"；加工贸易过程中产生的剩余料件、边角料退运出口，以及进口料件因品质、规格等原因退运出口且不再更换同类货物进口的，分别填报"来料料件复出""来料边角料复出""进料料件复出""进料边角料复出"。

④ 加工贸易边角料内销和副产品内销，填制进口报关单，填报"来料边角料内销"或"进料边角料内销"。

⑤ 企业销毁处置加工贸易货物未获得收入，销毁处置货物为料件、残次品的，填报"料件销毁"；销毁处置货物为边角料、副产品的，填报"边角料销毁"；企业销毁处置加工贸易货物获得收入的，填报"进料边角料内销"或"来料边角料内销"。

⑥ 免税品经营单位经营出口退税国产商品的，填报"其他"。

信息来源：备案文件。

本次业务操作填报：一般贸易。

（20）征免性质。

根据实际情况按海关规定的《征免性质代码表》选择填报相应的征免性质简称及代码，持有海关核发的《征免税证明》的，按照《征免税证明》中批注的征免性质填报。一份报关单只允许填报一种征免性质。

加工贸易货物报关单按照海关核发的《加工贸易手册》中批注的征免性质简称及代码填

报。特殊情况填报要求如下：
> 加工贸易转内销货物，按实际情况填报（如一般征税、科教用品、其他法定等）。
> 料件退运出口、成品退运进口货物填报"其他法定"。
> 加工贸易结转货物，免予填报。
> 免税品经营单位经营出口退税国产商品的，填报"其他法定"。

信息来源：备案文件。

本次业务操作填报：一般征税。

（21）许可证号。

填报进（出）口许可证、两用物项和技术进（出）口许可证、两用物项和技术出口许可证（定向）、纺织品临时出口许可证、出口许可证（加工贸易）、出口许可证（边境小额贸易）的编号。

免税品经营单位经营出口退税国产商品的，免予填报。

一份报关单只允许填报一个许可证号。

许可证号的编号格式为××—××—××××××。第一、第二位代表年份，第三、第四位代表发证机关（AA代表商务部许可证事务局颁发的证书，AB、AC代表许可证事务局驻各地特派员办事处颁发的证书，01、02代表地方发证），后六位为顺序号。

填报要求：

① 应申领进（出）口许可证的货物，必须在此栏目填报，不得为空。不需要许可证的商品免填（可为空）。

② 许可证号长度为10位字符，输入格式为"年（2位）—发证机关代码（2位）—顺序号（6位）"。

信息来源：填《监管证件代码表》中进（出）口许可证、两用物项和技术进（出）口许可证、两用物项和技术出口许可证（定向）、纺织品临时出口许可证、出口许可证（加工贸易）、出口许可证（边境小额贸易）的编号。该表中的其他证件都是"许可证件"，其代码和编号填在"随附单据"栏，"自动进口许可证"属于许可证件，不是许可证，应填在"随附单据"栏。

本次业务操作：不填。

（22）启运国（地区）/运抵国（地区）。

启运国（地区）填报进口货物启运始发出直接运抵我国，或者在运输中转国（地区）未发生任何商业性交易的情况下运抵我国的国家（地区）。运抵国（地区）填报出口货物离开我国关境直接运抵，或者在运输中转国（地区）未发生任何商业性交易的情况下最后运抵的国家（地区）。

不经过第三国（地区）转运的直接运输进出口货物，以进口货物的装货港所在国（地区）为启运国（地区），以出口货物的指运港所在国（地区）为运抵国（地区）。

经过第三国（地区）转运的进出口货物，如在中转国（地区）发生商业性交易，则以中转国（地区）作为启运/运抵国（地区）。

按海关规定的《国别（地区）代码表》选择填报相应的启运国（地区）或运抵国（地区）中文名称及代码。

无实际进出境的货物，填报"中国"及代码。

信息来源：提运单据。根据水路运输提单中 Port of Loading 栏或航空运单中 Airport of Departure（Add. of First Carrier）and Requested Routing 栏中所填写的内容判断。

关于中转货物说明如下。

① 含义。在中途将货物卸下，再换运输工具的货物称中转货物。中转货物，原产国和目的国不受影响。启运国和运抵国有影响。

② 判断中转。随附单据如出现"VIA"或"INTRANSIT TO"即为中转。

> 目的地+"VIA"+中转地，指由中转地到达某地。

> 中转地+"INTRANSIT TO"+目的地，分以下两种情况：中转而未交易，启运国（地区）和运抵国（地区）不变；中转而交易，中转地为启运国（地区）或运抵国（地区）。

发生商业交易是指发生了买卖关系，包括租赁、赠送等。开出发票的商家（卖方）就可以被认为是与我国发生该货物商业行为的商家。

注意：如启运地（地区）是中国香港，填"中国香港"或"110"，不能填"香港"；如"启运国（地区）"是中国台湾，则要填写"台澎金马关税区"或"143"，不能写"台湾"。

③ 判断交易：以发票、合同为依据。

本次业务操作填报：马来西亚。

知识拓展：报关单填写小常识：VIA 与 IN TRANSIT TO 之区别

（23）经停港/指运港。

经停港填报进口货物在运抵我国关境前的最后一个境外装运港。

指运港填报出口货物运往境外的最终目的港；最终目的港不可预知的，按尽可能预知的目的港填报。

根据实际情况，按海关规定的《港口代码表》选择填报相应的港口名称及代码。经停港/指运港在《港口代码表》中无港口名称及代码的，可选择填报相应的国家名称及代码。

无实际进出境的货物，填报"中国境内"及代码。

信息来源：提运单据。根据水路运输提单装货港 Port of Loading 或 Shipped from …to…栏，或者航空运单中目的地机场 Airport of Departure（Add. of First Carrier）and Requested Routing 栏的内容填写。

本次业务操作填报：巴生港。

（24）成交方式。

根据进出口货物实际成交价格条款，按海关规定的《成交方式代码表》选择填报相应的成交方式代码。

无实际进出境的货物，进口填报 CIF，出口填报 FOB。成交方式代码表如表 2-1 所示。

表 2-1　成交方式代码表

| 成交方式代码 | 成交方式名称 |
| --- | --- |
| 1 | CIF |
| 2 | CFR/C&F/CNF |
| 3 | FOB |
| 4 | C&I |
| 5 | 市场价 |

续表

| 成交方式代码 | 成交方式名称 |
|---|---|
| 6 | 垫仓 |
| 7 | EXW |

按照 INCOTERMS 2020，贸易术语与海关规定的成交方式代码表的对应关系如表 2-2 所示。

表2-2　贸易术语与海关规定的成交方式代码表的对应关系

| 组别 | E组 | F组 | | | C组 | | | | D组 | | |
|---|---|---|---|---|---|---|---|---|---|---|---|
| 术语 | EXW | FCA | FAS | FOB | CFR | CPT | CIF | CIP | DAP | DPU | DDP |
| 成交方式 | EXW | FOB | | | CFR | | CIF | | | | |

信息来源：成交方式多数出现在发票的价格条款中。进口货物，在单、总价下列出了运费（Freight）和保险费（Insurance）的，成交方式应确定为CIF。

本次业务操作填报：CFR。

（25）运费。

填报进口货物运抵我国境内输入地点起卸前的运输费用，出口货物运至我国境内输出地点装载后的运输费用。

运费可按运费单价、总价或运费率三种方式之一填报，注明运费标记（运费标记"1"表示运费率，"2"表示每吨货物的运费单价，"3"表示运费总价），并按海关规定的《货币代码表》选择填报相应的币种代码。

免税品经营单位经营出口退税国产商品的，免予填报。

信息来源：运输单据。

本次业务操作：由于本次业务的出口货物贸易术语为CFR，应该填写运费，填报内容为502/250/3。

（26）保险费。

填报进口货物运抵我国境内输入地点起卸前的保险费用，出口货物运至我国境内输出地点装载后的保险费用。

保险费可选择保险费总价或保险费率两种方式中的一种填报，注明保险费标记（保险费标记"1"表示保险费率，"3"表示保险费总价），并按海关规定的《货币代码表》选择填报相应的币种代码。

免税品经营单位经营出口退税国产商品的，免予填报。

信息来源：保险单据。

本次业务操作：出口货物贸易术语为CFR，不需填保险费。

进出口报关单成交方式、运费、保险费填报与否的对应关系如表2-3所示。

表2-3　进出口报关单成交方式、运费、保险费填报与否的对应关系

| 类　别 | 成交方式 | 运　费 | 保　费 |
|---|---|---|---|
| 进口 | CIF | 不填 | 不填 |
| | CFR | 不填 | 填 |
| | FOB | 填 | 填 |

续表

| 类别 | 成交方式 | 运费 | 保费 |
|---|---|---|---|
| 出口 | FOB | 不填 | 不填 |
| | CFR | 填 | 不填 |
| | CIF | 填 | 填 |

（27）杂费。

填报成交价格以外的，按照《中华人民共和国进出口关税条例》相关规定应计入完税价格或应从完税价格中扣除的费用，可按杂费总价或杂费率两种方式之一填报，注明杂费标记（杂费标记"1"表示杂费率，"3"表示杂费总价），并按海关规定的《货币代码表》选择填报相应的币种代码。

应计入完税价格的杂费填报为正值或正率；应从完税价格中扣除的杂费填报为负值或负率。

免税品经营单位经营出口退税国产商品的，免予填报。

信息来源：发票等有关单据。

本次业务操作：无须填报。

运费、保险费、杂费填写规范如表 2-4 所示。

表 2-4  运费、保险费、杂费填写规范

| 项目 | 率"1" | 单价"2" | 总价"3" |
|---|---|---|---|
| 运费 | 5%→5 | USD500/每吨，502/500/2 | HKD5000→110/5000/3 |
| 保险费 | 0.27%→0.27 | — | EUR5000→300/5000/3 |
| 杂费 | 1%→1 | — | GBP5000→303/5000/3 |
| -杂费 | -1%→-1 | — | -JPY5000→116/-5000/3 |

（28）件数。

填报进出口货物运输包装的件数（按运输包装计）。特殊情况填报要求如下：

➢ 舱单件数为集装箱的，填报集装箱个数。
➢ 舱单件数为托盘的，填报托盘数。
➢ 不得填报为零，裸装货物填报为"1"。

信息来源：通常可根据装箱单（Packing List）中"Quantity/Unit"一栏所填内容确定。

本次业务操作填报：20。

（29）包装种类。

填报进出口货物的所有包装材料，包括运输包装和其他包装，按海关规定的《包装种类代码表》选择填报相应的包装种类名称及代码。运输包装指提运单所列货物件数单位对应的包装，其他包装包括货物的各类包装及植物性铺垫材料等。

信息来源：装箱单。

本次业务操作填报：天然木托。

知识拓展："件数"与"包装种类"填写注意事项

(30) 毛重（KG）。

填报进出口货物及其包装材料的重量之和，计量单位为千克，不足 1 千克的填报为"1"。

信息来源：装箱单、提单等单据。

本次业务操作填报：18 498。

(31) 净重（KG）。

填报进出口货物的毛重减去外包装材料后的重量，即货物本身的实际重量，计量单位为千克，不足 1 千克的填报为"1"。

信息来源：装箱单。

本次业务操作填报：17 988。

(32) 贸易国别（地区）。

发生商业性交易的进口填报购自国（地区），出口填报售予国（地区）。未发生商业性交易的填报货物所有权拥有者所属的国家（地区）。

按海关规定的《国别（地区）代码表》选择填报相应的贸易国（地区）中文名称及代码。

信息来源：发票、合同等单据。

本次业务操作填报：马来西亚。

(33) 集装箱数。

填报集装箱号（在集装箱箱体上标示的全球唯一编号）、集装箱规格、集装箱商品项号关系（单个集装箱对应的商品项号，半角逗号分隔）、集装箱货重（集装箱箱体自重+装载货物重量，单位为千克）。

信息来源：运输单据。

本次业务操作填报：集装箱号为 CAIU2112470；集装箱规格为普通标准箱（S）；集装箱商品项号关系为 1；集装箱货重（信息缺失）；拼箱标识为否。

(34) 随附单证。

根据海关规定的《监管证件代码表》和《随附单据代码表》选择填报除许可证件以外的其他进出口许可证件或监管证件、随附单据代码及编号。

本栏目分为随附单证代码和随附单证编号两栏，其中代码栏按海关规定的《监管证件代码表》和《随附单据代码表》选择填报相应证件代码；随附单证编号栏填报证件编号。

① 加工贸易内销征税报关单（使用金关二期加贸管理系统的除外），随附单证代码栏填报"C"，随附单证编号栏填报海关审核通过的内销征税联系单号。

② 一般贸易进出口货物，只能使用原产地证书申请享受协定税率或者特惠税率（以下统称优惠税率）的（无原产地声明模式），"随附单证代码"栏填报原产地证书代码"Y"，在"随附单证编号"栏填报"<优惠贸易协定代码>"和"原产地证书编号"。可以使用原产地证书或者原产地声明申请享受优惠税率的（有原产地声明模式），"随附单证代码"栏填写"Y"，"随附单证编号"栏填报"<优惠贸易协定代码>"、"C"（凭原产地证书申报）或"D"（凭原产地声明申报），以及"原产地证书编号（或者原产地声明序列号）"。一份报关单对应一份原产地证书或原产地声明。

**知识拓展**：各优惠贸易协定代码

海关特殊监管区域和保税监管场所内销货物申请适用优惠税率的，有关货物进出海关特殊监管区域和保税监管场所以及内销时,已通过原产地电子信息交换系统实现电子联网的优惠贸易协定项下货物报关单,按照上述一般贸易要求填报;未实现电子联网的优惠贸易协定项下货物报关单,"随附单证代码"栏填报"Y","随附单证编号"栏填报"<优惠贸易协定代码>"和"原产地证据文件备案号"。"原产地证据文件备案号"为进出口货物的收发货物人或者其代理人录入原产地证据文件电子信息后,系统自动生成的号码。

当向中国香港或者中国澳门特别行政区出口用于生产香港 CEPA 或者澳门 CEPA 项下货物的原材料时,按照上述一般贸易填报要求填制报关单,中国香港或中国澳门生产厂商在香港工贸署或者澳门经济局登记备案的有关备案号填报在"关联备案"栏。

"单证对应关系表"中填报报关单上的申报商品项与原产地证书(原产地声明)上的商品项之间的对应关系。报关单上的商品序号与原产地证书(原产地声明)上的项目编号应一一对应,不要求顺序对应。同一批次进口货物可以在同一报关单中申报,不享受优惠税率的货物序号不填报在"单证对应关系表"中。

③ 各优惠贸易协定项下,免提交原产地证据文件的小金额进口货物"随附单证代码"栏填报"Y","随附单证编号"栏填报"<优惠贸易协定代码>XJE00000","单证对应关系表"享惠报关单项号按实际填报,对应单证项号与享惠报关单项号相同。

信息来源:监管证件及有关单证。

本次业务操作:免予填报。

(35)入境口岸/离境口岸。

入境口岸填报进境货物从跨境运输工具卸离的第一个境内口岸的中文名称及代码。采取多式联运跨境运输的,填报多式联运货物最终卸离的境内口岸中文名称及代码;过境货物填报货物进入境内的第一个口岸的中文名称及代码;从海关特殊监管区域或保税监管场所进境的,填报海关特殊监管区域或保税监管场所的中文名称及代码。其他无实际进境的货物,填报货物所在地的城市名称及代码。

离境口岸填报装运出境货物的跨境运输工具离境的第一个境内口岸的中文名称及代码;采取多式联运跨境运输的,填报多式联运货物最初离境的境内口岸中文名称及代码;过境货物填报货物离境的第一个境内口岸的中文名称及代码;从海关特殊监管区域或保税监管场所离境的,填报海关特殊监管区域或保税监管场所的中文名称及代码。其他无实际出境的货物,填报货物所在地的城市名称及代码。

入境口岸/离境口岸类型包括港口、码头、机场、机场货运通道、边境口岸、火车站、车辆装卸点、车检场、陆路港、坐落在口岸的海关特殊监管区域等。按海关规定的《国内口岸编码表》选择填报相应的境内口岸名称及代码。

信息来源:运输单据或其他相关单据。

本次业务操作填报:宁波北仑港港区。

(36)货物存放地点。

货物存放地点填报货物进境后存放的场所或地点,包括海关监管作业场所、分拨仓库、定点加工厂、隔离检疫场、企业自有仓库等。

信息来源:实地查看。

本次业务操作填报:根据实地查看情况填写。

(37)启运港/指运港。

该申报项目为字符型,启运港进口必填,指运港出口必填。

录入要求：
- 填报进口货物在运抵我国关境前的第一个境外装运港。
- 根据实际情况，按海关规定的《港口代码表》填报相应的港口名称及代码。

注意事项：
- 未在《港口代码表》列明的，填报相应的国家名称及代码。
- 货物从海关特殊监管区域或保税监管场所运至境内区外的，填报《港口代码表》中相应海关特殊监管区域或保税监管场所的名称及代码，未在《港口代码表》中列明的，填报"未列出的特殊监管区"及代码。

无实际进出境的，填报"中国境内"。

（38）报关单类型。

根据报关单位报关业务实际情况，选择"有纸报关""通关无纸化"等。目前，大多数报关单位均为"通关无纸化"，即报关单位已与海关签订通关无纸化协定，报关单和随附单据一并上传。

本次业务操作填报：通关无纸化。

（39）备注。

该项目为选填项，最多支持录入 255 位字符。有以下情况的需按照填制规范的要求录入相关信息：

A. 受外商投资企业委托代理其进口投资设备、物品的，在本栏填报进出口企业名称。

B. 办理进口货物直接退运手续的，在本栏填报"<ZT"+海关审核联系单号或者《海关责令进口货物直接退运通知书》编号+">"。

C. 保税监管场所进出货物，在"保税监管场所"栏填报本保税监管场所编码，保税物流中心（B 型）填报本中心的国内地区代码，若涉及货物在保税监管场所间流转的，在本栏填报对方保税监管场所代码。

D. 涉及加工贸易货物销毁处置的，在本栏填报海关加工贸易货物销毁处置申报表编号。

E. 当监管方式为"暂时进出货物"（2600）和"展览品"（2700）时，填报要求如下：
- 根据《中华人民共和国海关暂时进出境货物管理办法》（海关总署令第 233 号，以下简称《管理办法》）第三条第一款所列项目，在本栏填报暂时进出境货物类别。例如，暂进六，暂出九。
- 根据《管理办法》第十条规定，在本栏填报 8 位复运出境或者复运进境日期，需注意的是期限应在货物进出境之日起 6 个月内。例如，20180815 前复运进境，20181020 前复运出境。
- 根据《管理办法》第七条，向海关申请对有关货物是否属于暂时进出境货物进行审核确认的，在本栏填报《中华人民共和国××海关暂时进出境货物审核确认书》编号。例如，<ZS 海关审核确认书编号>，其中英文为大写字母；无此项目的，无须填报。上述内容依次填报，项目间用"/"分隔，前后均不加空格。
- 收发货人或其代理人申报货物复运进境或者复运出境的情况下，货物办理过延期的，根据《管理办法》在本栏填报，填写《货物暂时进/出境延期办理单》的海关回执编号。例如，<ZS 海关回执编号>，其中英文为大写字母；无此项目的，无须填报。

F. 跨境电子商务进出口货物，在本栏填报"跨境电子商务"。

G. 加工贸易副产品内销，在本栏填报"加工贸易副产品内销"。

H. 服务外包货物进口，在本栏填报"国际服务外包进口货物"。

I. 公式定价进口货物，在本栏填报公式定价备案号，格式为"公式定价"+备案编号+"@"。对于同一报关单下有多项商品的，如某项或某几项商品为公式定价备案的，则在本栏填报"公式定价"+备案编号+"#"+商品序号+"@"。

J. 当进出口货物与《预裁定决定书》列明情形相同时，按照《预裁定决定书》在本栏填报，格式为"预裁定+《预裁定决定书》编号"。例如，某份预裁定决定书编号为R-2-0100-2018-0001，则填报为"预裁定 R-2-0100-2018-0001"。

K. 含归类行政裁定报关单，在本栏填报归类行政裁定编号，格式为："C"+四位数字编号，如 C0001。

L. 已经在进入特殊监管区时完成检验的货物，在出区入境申报时，在本栏填报"预检验"字样，同时在"关联报检单"栏填报实施预检验的报关单号。

M. 进口直接退运的货物，在本栏填报"直接退运"字样。

N. 企业提供 ATA 单证册的货物，在本栏填报"ATA 单证册"字样。

O. 进出口不含动物源性低风险的生物制品，在本栏填报"不含动物源性"字样。

P. 货物自境外进入境内特殊监管区或者保税仓库的，在本栏填报"保税入库"或者"境外入区"字样。

Q. 海关特殊监管区域与境内区外之间采用分送集报方式进出的货物，在本栏填报"分送集报"字样。

R. 军事装备出入境的，在本栏填报"军品"或"军事装备"字样。

S. 申报商品的 HS 编码为 3821000000、3002300000 的，填报要求如下：属于培养基的，在本栏填报"培养基"字样；属于化学试剂的，在本栏填报"化学试剂"字样；不含动物源性成分的，在本栏填报"不含动物源性"字样。

T. 属于修理物品的，在本栏填报"修理物品"字样。

U. 属于压力容器、成套设备、食品添加剂、成品退换、旧机电产品的，在本栏填报"压力容器""成套设备""食品添加剂""成品退换""旧机电产品"等字样。

V. HS 编码为 2903890020（入境六溴环十二烷），用途为"其他（99）"的，在本栏填报具体用途。

W. 申报时其他必须说明的事项。

（40）标记唛码。

该项目为必填项，填报标记唛码中除图形以外的文字、数字，无标记唛码的填报"N/M"。该项目最多录入 400 位字符。

信息来源：相关单证资料。

本次业务操作填报"N/M"；集装箱标箱数为 1；集装箱号为 CAIU2112470。

（41）其他事项确认。

A. 特殊关系确认。根据《中华人民共和国海关审定进出口货物完税价格办法》（以下简称《审价办法》）第十六条，填报确认进出口行为中买卖双方是否存在特殊关系，有下列情形之一的，应当认为买卖双方存在特殊关系，应填报"是"，反之则填报"否"：

➢ 买卖双方为同一家族成员的。

➢ 买卖双方互为商业上的高级职员或者董事的。

➢ 一方直接或者间接地受另一方控制的。

- 买卖双方都直接或者间接地受第三方控制的。
- 买卖双方共同直接或者间接地控制第三方的。
- 一方直接或者间接地拥有、控制或者持有对方5%以上（含5%）公开发行的有表决权的股票或者股份的。
- 一方是另一方的雇员、高级职员或者董事的。
- 买卖双方是同一合伙成员的。

买卖双方在经营上相互有联系，一方是另一方的独家代理、独家经销或者独家受让人，如果符合前款的规定，也应当视为存在特殊关系。

出口货物免予填报，加工贸易及保税监管货物（内销保税货物除外）免予填报。

本次业务操作：免予填报。

B. 价格影响确认。根据《审价办法》第十七条，填报确认纳税义务人是否可以证明特殊关系未对进口货物的成交价格产生影响，纳税义务人能证明其成交价格与同时或者大约同时发生的下列任何一款价格相近的，应视为特殊关系未对成交价格产生影响，填报"否"，反之则填报"是"：

- 向境内无特殊关系的买方出售的相同或者类似进口货物的成交价格。
- 按照《审价办法》第二十三条的规定所确定的相同或者类似进口货物的完税价格。
- 按照《审价办法》第二十五条的规定所确定的相同或者类似进口货物的完税价格。

出口货物免予填报，加工贸易及保税监管货物（内销保税货物除外）免予填报。

本次业务操作：免予填报。

C. 支付特许权使用费确认。根据《审价办法》第十一条和第十三条，填报确认买方是否存在向卖方或者有关方直接或者间接支付与进口货物有关的特许权使用费，且未包括在进口货物的实付、应付价格中。

买方存在需向卖方或者有关方直接或者间接支付特许权使用费，且未包含在进口货物实付、应付价格中，并且符合《审价办法》第十三条的，在"支付特许权使用费确认"栏目填报"是"。

买方存在需向卖方或者有关方直接或者间接支付特许权使用费，且未包含在进口货物实付、应付价格中，但纳税义务人无法确认是否符合《审价办法》第十三条的，填报"是"。

买方存在需向卖方或者有关方直接或者间接支付特许权使用费且未包含在实付、应付价格中，纳税义务人根据《审价办法》第十三条，可以确认需支付的特许权使用费与进口货物无关的，填报"否"。

买方不存在向卖方或者有关方直接或者间接支付特许权使用费的，或者特许权使用费已经包含在进口货物实付、应付价格中的，填报"否"。

出口货物免予填报，加工贸易及保税监管货物（内销保税货物除外）免予填报。

本次业务操作：免予填报。

（42）业务事项。

进出口企业、单位采用"自主申报、自行缴税"（自报自缴）模式向海关申报时，填报"是"；反之则填报"否"。

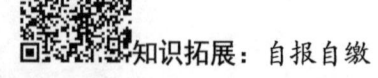

知识拓展：自报自缴

2）商品信息

商品信息模块如图 2-5 所示。

| 项号 1 | | 备案序号 | | 商品编号 | | 检验检疫名称 | | |
|---|---|---|---|---|---|---|---|---|
| 商品名称 | | | | 规格型号 | | | | |
| 成交数量 | | 成交计量单位 | | 单价 | | 总价 | | 币制 |
| 法定第一数量 | | 法定第一计量单位 | | 加工成品单耗版本号 | | 货号 | | 最终目的国(地区) 中国 |
| 法定第二数量 | | 法定第二计量单位 | | 原产国(地区) | | 协定享惠 | | 原产地区 |
| | | 境内目的地 | 境内目的地代码 | | 目的地代码 | | | 征免方式 |

图 2-5 商品信息模块

（1）项号。

报关单中的商品顺序编号，字段为灰，不允许录入，由系统自动生成。

（2）备案序号。

默认为灰，当基本信息的"备案号"字段填写成功后，"备案序号"被点亮，可录入备案数据（如手册、账减免税等）内对应的表体序号，调用备案数据。

备案序号专用于加工贸易及保税、减免税等已备案、审批的货物，填报该项货物在《加工贸易手册》或《征免税证明》等备案、审批单证中的顺序编号。有关优惠贸易协定项下报关单填制要求按照海关总署相关规定执行。备案序号特殊情况填报要求如下：

A．深加工结转货物，分别按照《加工贸易手册》中的进口料件项号和出口成品项号填报。

B．料件结转货物（包括料件、制成品和未完成品折料），出口报关单按照转出《加工贸易手册》中进口料件的项号填报；进口报关单按照转进《加工贸易手册》中进口料件的项号填报。

C．料件复出货物（包括料件、边角料），出口报关单按照《加工贸易手册》中进口料件的项号填报；如边角料对应一个以上料件项号时，填报主要料件项号。料件退换货物（包括料件、不包括未完成品），进出口报关单按照《加工贸易手册》中进口料件的项号填报。

D．成品退换货物，退运进境报关单和复运出境报关单按照《加工贸易手册》原出口成品的项号填报。

E．加工贸易料件转内销货物（以及按料件办理进口手续的转内销制成品、残次品、未完成品）填制进口报关单，填报《加工贸易手册》进口料件的项号；加工贸易边角料、副产品内销，填报《加工贸易手册》中对应的进口料件项号。如边角料或副产品对应一个以上料件项号时，填报主要料件项号。

F．加工贸易成品凭《征免税证明》转为减免税货物进口的，应先办理进口报关手续。进口报关单填报《征免税证明》中的项号，出口报关单填报《加工贸易手册》原出口成品项号，进、出口报关单货物数量应一致。

G．加工贸易货物销毁，填报《加工贸易手册》中相应的进口料件项号。

H．加工贸易副产品退运出口、结转出口，填报《加工贸易手册》中新增成品的出口项号。

I．经海关批准实行加工贸易联网监管的企业，按海关联网监管要求，企业需申报报关清单的，应在向海关申报进出口（包括形式进出口）报关单前，向海关申报"清单"。一份报关清单对应一份报关单，报关单上的商品由报关清单归并而得。加工贸易电子账册报关单中项号、品名、规格等栏目的填制规范比照《加工贸易手册》。

信息来源：报关单，备案文件。

本次业务操作：免予填报。

（3）商品编号。

填报由 10 位数字组成的商品编号。前 8 位为《中华人民共和国进出口税则》和《中华人民共和国海关统计商品目录》确定的编码；9、10 位为监管附加编号。

信息来源：根据商品实际情况，查阅《中华人民共和国进出口税则》和《中华人民共和国海关统计商品目录》。

本次业务操作填报：7019120090。

（4）检验检疫名称。

录入 10 位数字的商品编号后，系统自动显示该商品对应的检验检疫名称。如果一个商品编号对应多个检验检疫名称，选择一个即可。

（5）商品名称。

商品名称应据实填报，并与进出口货物收发货人或受委托的报关企业所提交的合同、发票等相关单证相符。

商品名称应当规范，以能满足海关归类、审价及许可证件管理要求为准，可参照《中华人民共和国海关进出口商品规范申报目录》《中华人民共和国海关进出口货物报关单填制规范》中对商品名称的要求进行填报。

该项目最多支持录入 255 位字符。

信息来源：装箱单、发票等单据。

本次业务操作填报：无碱直接纱。

（6）规格型号。

规格型号应据实填报，并与进出口货物收发货人或受委托的报关企业所提交的合同、发票等相关单证相符。

规格型号应当足够详细，以能满足海关归类、审价及许可证件管理要求为准，可参照《中华人民共和国海关进出口商品规范申报目录》《中华人民共和国海关进出口货物报关单填制规范》中对规格型号的要求进行填报。

品牌类型为必填项目。可选择"无品牌""境内自主品牌""境内收购品牌""境外品牌（贴牌生产）""境外品牌（其他）"如实填报。其中，"境内自主品牌"是指由境内企业自主开发、拥有自主知识产权的品牌；"境内收购品牌"是指境内企业收购的原境外品牌；"境外品牌（贴牌生产）"是指境内企业代工贴牌生产中使用的境外品牌；"境外品牌（其他）"是指除代工贴牌生产以外使用的境外品牌。

出口享惠情况为出口报关单必填项目。可选择"出口货物在最终目的国（地区）不享受优惠关税""出口货物在最终目的国（地区）享受优惠关税""出口货物不能确定在最终目的国（地区）享受优惠关税"如实填报。进口货物报关单免于填报该申报项。

本次业务操作：第一行填报"无碱直接纱"；第二行填报"境内自主品牌"，出口货物在最终目的国（地区）享受优惠关税，玻璃纤维制，粗纱，6 185M。

**知识拓展**：商品名称及规格型号具体填报要求

（7）成交数量。

填报货物实际成交的数量。该项目最多支持录入 19 位字符，19 位字符中小数点后最多支持录入 5 位。

信息来源：装箱单、发票等单据。

本次业务操作填报："17 988"。

（8）成交计量单位。

通过下拉菜单选择货物实际成交所用的计量单位。如成交单位为"台"，则通过下拉菜单选择"001 台"。

注意事项：已备案的加工贸易及保税货物，成交计量单位必须与《加工贸易手册》中同项号下货物的计量单位一致，加工贸易边角料和副产品内销、边角料复出口，填报其报验状态的计量单位；优惠贸易协定项下进出口商品的成交计量单位必须与原产地证书上对应商品的计量单位一致；法定计量单位为立方米的气体货物，折算成标准状况（即摄氏零度及 1 个标准大气压）下的体积进行填报。

信息来源：装箱单、发票等单据。

本次业务操作填报："KG"。

（9）单价。

填报同一项号下进出口货物实际成交的商品单位价格。无实际成交价格的，填报单位货值。

信息来源：发票等单据。

本次业务操作填报：0.65。

（10）总价。

填报同一项号下进出口货物实际成交的商品总价格。无实际成交价格的，填报货值。

信息来源：发票等单据。

本次业务操作填报：11 692.20。

（11）币制。

根据进出口贸易合同和发票中的币种，对照海关规定的《货币代码表》选择相应的货币名称及代码填报，如《货币代码表》中无实际成交币种，需将实际成交货币按申报日外汇折算率折算成《货币代码表》列明的货币填报。录入时可在本栏下拉菜单中选择币制或按《货币代码表》录入相应的币制代码。

注意事项：原报关《货币代码表》和原报检《货币代码表》采用 3 位数字，新修订的《货币代码表》采用 3 位字母。例如，币制为美元，"币制"应录入"USD"而非原报关代码"502"或原报检代码"840"。

信息来源：发票等单据。

本次业务操作填报：USD。

（12）法定第一数量。

进出口货物按《中华人民共和国海关统计商品目录》中确定的法定第一计量单位，填报对应的法定第一数量。

A. 法定计量单位为"千克"的数量，特殊情况下填报要求如下：
- 装入可重复使用的包装容器的货物，按货物扣除包装容器后的重量填报，如罐装同位素、罐装氧气及类似品等。
- 使用不可分割包装材料和包装容器的货物，按货物的净重填报（即包括内层直接包装的净重重量），如采用供零售包装的罐头、药品及类似品等。
- 按照商业惯例以公量重计价的商品，按公量重填报，如未脱脂羊毛、羊毛条等。

> 采用以毛重作为净重计价的货物，可按毛重填报，如粮食、饲料等大宗散装货物。
> 采用零售包装的酒类、饮料、化妆品，按照液体/乳状/膏状/粉状部分的重量填报。

B. 成套设备、减免税货物如需分批进口，货物实际进口时，按照实际报验状态确定数量。

C. 具有完整品或制成品基本特征的不完整品、未制成品，根据《商品名称及编码协调制度》归类规则按完整品归类的，按照构成完整品的实际数量填报。

D. 法定计量单位为立方米的气体货物，折算成标准状况（即摄氏零度及 1 个标准大气压）下的体积进行填报。

本次业务操作填报："7 988"。

（13）法定第一计量单位。

该申报项目为系统返填项。进出口货物按海关通关系统《商品综合分类表》中确定的法定第一计量单位，自动返填计量单位。

（14）加工成品单耗版本号。

该申报项目为系统返填项，申报加工贸易货物出口报关单时，系统返填与《加工贸易手册》中备案成品单耗一致的版本号。

（15）货号。

该申报项目为选填项。申报加工贸易货物进出口报关单时，根据《加工贸易手册》中备案的料件、成品货号填报本栏目。

（16）最终目的国（地区）。

最终目的国（地区）填报已知的进出口货物的最终实际消费、使用或进一步加工制造国家（地区）。不经过第三国（地区）转运的直接运输货物，以运抵国（地区）为最终目的国（地区）；经过第三国（地区）转运的货物，以最后运往国（地区）为最终目的国（地区）。同一批进出口货物的最终目的国（地区）不同的，分别填报最终目的国（地区）。进出口货物不能确定最终目的国（地区）时，以尽可能预知的最后运往国（地区）为最终目的国（地区）。

按海关规定的《国别（地区）代码表》选择填报相应的国家（地区）名称及代码。

信息来源：合同、发票等单据。

本次业务操作填报：马来西亚。

（17）法定第二数量。

凡列明有法定第二计量单位的，按照法定第二计量单位填报对应的数量。无法定第二计量单位的，无须录入。

信息来源：装箱单、发票等单据。

本次业务操作：免于填报。

（18）法定第二计量单位。

进出口货物按海关通关系统《商品综合分类表》中确定的法定第二计量单位，自动返填计量单位。

信息来源：装箱单、发票等单据。

本次业务操作：免于填报。

（19）原产国（地区）。

原产国（地区）依据《中华人民共和国进出口货物原产地条例》、《中华人民共和国海关关于执行〈非优惠原产地规则中实质性改变标准〉的规定》以及海关总署关于各项优惠贸易协定原产地管理规章规定的原产地确定标准填报。

同一批进出口货物的原产地不同的，分别填报原产国（地区）；进出口货物原产国（地区）无法确定的，填报"国别不详"。

按海关规定的《国别（地区）代码表》选择填报相应的国家（地区）名称及代码。

信息来源：合同、发票等单据。

本次业务操作填报：中国。

（20）原产地区。

该申报项目为选填项。入境货物填写在原产国（地区）内的生产区域，如州、省等。例如，申报原产于美国纽约的樱桃，在本栏录入"840097 美国纽约"。

（21）境内目的地/境内货源地。

境内目的地填报已知的进口货物在国内的消费、使用地或最终运抵地，其中，最终运抵地为最终使用单位所在的地区。最终使用单位难以确定的，填报货物进口时预知的最终收货单位所在地。

境内货源地填报出口货物在国内的产地或原始发货地。出口货物产地难以确定的，填报最早发运该出口货物的单位所在地。

海关特殊监管区域、保税物流中心（B型）与境外之间的进出境货物，境内目的地/境内货源地填报本海关特殊监管区域、保税物流中心（B型）所对应的国内地区。

按海关规定的《国内地区代码表》选择填报相应的国内地区名称及代码。境内目的地还需根据《中华人民共和国行政区划代码表》选择填报其对应的县级行政区名称及代码。无下属区县级行政区的，可选择填报地市级行政区。

注意事项：

➢ 最终使用单位难以确定的，填报货物进口时预知的最终收货单位所在地。

➢ 出口货物产地难以确定的，填报最早发运该出口货物的单位所在地。

➢ 海关特殊监管区域、保税物流中心（B型）与境外之间的进出境货物，境内目的地/境内货源地填报海关特殊监管区域、保税物流中心（B型）所对应的国内地区名称及代码。

➢ 进口货物需同时在"境内目的地代码"和"目的地代码"两个栏目录入相应的国内地区和县级行政区名称及代码；出口货物需同时在"境内货源地代码"和"产地代码"两个栏目录入相应的国内地区和县级行政区名称及代码。例如，某批货物的境内目的地是广州市花都区。在"境内目的地代码"栏下拉菜单选择"44019 广州其他"，或按海关规定的《国内地区代码表》录入"44019"，栏目自动生成"44019 广州其他"。同时"目的地代码"栏下拉菜单选择"440100 广东省广州市"，或根据《中华人民共和国行政区划代码表》录入"440114"，栏目自动生成"广州市花都区"。

信息来源：合同、发票、运输单据等。

本次业务操作填报：嘉兴。

（22）征免方式。

按照海关核发的《征免税证明》或有关政策规定，对报关单所列每项商品选择海关规定的《征减免税方式代码表》中相应的征减免税方式填报。

加工贸易货物报关单根据《加工贸易手册》中备案的征免规定填报；《加工贸易手册》中备案的征免规定为"保金"或"保函"的，填报"全免"。

信息来源：备案文件。

本次业务操作填报：照章征税。

一般进出口报关单"备案号""贸易方式""征免性质""用途"等栏目逻辑关系如表 2-5 所示。

表 2-5　一般进出口报关单"备案号""贸易方式""征免性质""用途"等栏目逻辑关系

| 监 管 方 式 | 代　码 | 征 免 性 质 | 代　码 | 征　　免 |
| --- | --- | --- | --- | --- |
| 一般贸易 | 0110 | 一般征税 | 101 | 照章征税 |

3）涉检商品信息

录入商品信息后，如果需要填写涉检内容，单击左下角蓝色方向按钮，展开涉检商品信息的录入界面，如图 2-6 所示，填写相关内容。

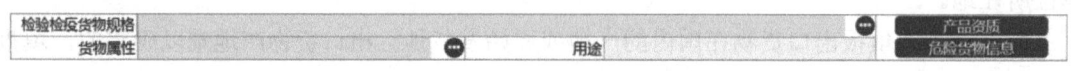

图 2-6　涉检商品信息的录入界面

（1）检验检疫货物规格。

该申报项目为项目组。申报涉检商品时，在"检验检疫货物规格"项下，填报"成分/原料/组分""产品有效期""产品保质期（天）""境外生产企业""货物规格""货物型号""货物品牌""生产日期""生产批次"等栏目，如图 2-7 所示。

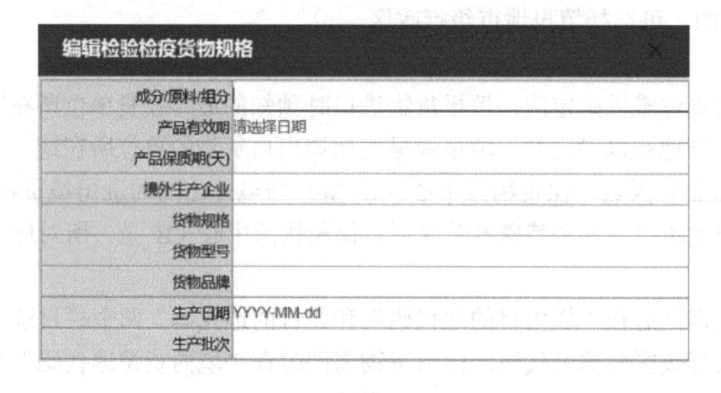

图 2-7　"编辑检验检疫货物规格"窗口

A．"成分/原料/组分"栏：填报货物含有的成分、货物原料或化学品组分。如特殊物品、化妆品、其他检疫物等所含的关注成分或者其他检疫物的具体成分、食品农产品的原料等。

B．"产品有效期"栏：有质量保证期的填写质量保证的截止日期。

C．"产品保质期"栏：有质量保证期的填写质量保证的天数。天数按照生产日期计算。

D．"境外生产企业"栏：填写入境货物的国外生产厂商名称；默认为境外发货人。

E．"货物规格"栏：输入货物的规格。

F．"货物型号"栏：填写本项报关货物的所有型号，多个型号的，以"；"分隔。

G．"货物品牌"栏：填写货物的品牌名称，品牌以合同或装箱单为准，需要录入中英文品牌的，录入方式为"中文品牌/英文品牌"。

H. "生产日期"栏：填写货物生产加工的日期，如 2017-08-01（半角符号）。

I. "生产批次"栏：填写本批货物的生产批号，多个生产批号的，以";"分隔。

J. "生产单位代码"栏：填写本批货物生产单位在海关的备案登记编号。市场采购时，填写组货单位的备案登记编号，组货单位无法备案登记。

（2）产品资质。

该申报项目为项目组。申报法检目录内的商品且根据进出口货物种类及法律法规和相关规定要求，相关产品须取得必要资质的情况时为必填。

对国家实施进出口许可/审批/备案等管理的进出境货物，填写本项货物必须取得的许可/审批/备案名称、编号，需要核销的须填写核销货物序号、核销数量。

① "许可证类别"栏。进出口货物取得了许可、审批或备案等资质时，应在"产品资质"项下的"许可证类别"中填报对应的许可、审批或备案证件类别和名称。

② "许可证编号"栏。进出口货物取得了许可、审批或备案等资质时，应在"产品资质"项下的"许可证编号"栏中填报对应的许可、审批或备案证件编号。同一商品有多个许可、审批或备案证件号码时，须全部录入。

③ "核销货物序号"栏。进出口货物取得了许可、审批或备案等资质时，应在"产品资质"项下的"核销货物序号"栏中填报被核销文件中对应货物的序号。特殊物品审批单支持导入。

④ "核销数量"栏。进出口货物取得了许可、审批或备案等资质时，应在"产品资质"项下的"产品许可/审批/备案核销数量"中填报被核销文件中对应货物的本次实际进出口数（重）量。特殊物品审批单支持导入。

⑤ "许可证 VIN 信息"栏。申报进口已获 3C 认证的机动车辆时，填报机动车车辆识别代码，包括 VIN 序号、车辆识别代码（VIN）、单价、底盘（车架号）、发动机号或电机号、发票所列数量、品名（英文名称）、品名（中文名称）、提运单日期、型号（英文）、质量保质期等 11 项内容。车辆识别代码（VIN）一般与机动车的底盘（车架号）相同。该栏目支持 VIN 码信息导入。

（3）货物属性。

根据进出口货物的 HS 编码和货物的实际情况，按照海关规定的《货物属性代码表》，在本栏下拉菜单中勾选货物属性的对应代码。有多种属性的要同时选择。

注意事项：

➢ 入境强制性产品认证产品，必须在入境民用商品认证（11 目录内、12 目录外、13 无须办理 3C 认证）中勾选对应项；

➢ 食品、化妆品是否预包装、是否首次进口，必须在食品及化妆品（14 预包装、15 非预包装、18 首次进口）中勾选对应项；

➢ 凡符合原质检总局 2004 年第 62 号令规定含转基因成分须申报的，必须在转基因（16 转基因产品、17 非转基因产品）中勾选对应项；

➢ "成套设备""旧机电"产品，必须在货物属性（18 首次进出口、19 正常、20 废品、21 旧品、22 成套设备）中勾选对应项；

➢ 特殊物品、化学试剂，必须在特殊物品（25A 级、26B 级、27C 级、28D 级特殊物品、29V/W 非特殊物品）中勾选对应项；

➢ 木材（含原木）板材是否带皮，必须在是否带皮木材（23 带皮木材/板材、24 不带皮木材/板材）中勾选对应项。

（4）用途。

根据进出境货物的使用范围或目的，按照海关规定的《货物用途代码表》在本栏下拉菜单中填报。例如，进口货物为核苷酸类食品添加剂（HS2934999001）时，用于工业时，应在本栏选择"工业用途"；用于食品添加剂时，应在本栏选择"食品添加剂"。

（5）危险货物信息。

该申报项目为项目组。申报商品编号涉及危险品的情况时为必填。

危险货物填写 UN 编码、危险货物名称、危包类别及包装规格。

①"非危险化学品"栏。对危险化学品和普通化学品共用一个 HS 编码的进口商品，企业申报的商品不是《危险化学品目录》内商品，也不属于危险货物的，在"非危险化学品"栏选"是"。

②"UN 编码"栏。进出口货物为危险货物的，须按照《关于危险货物运输的建议书》，在"UN 编码"栏中填写危险货物对应的 UN 编码。

③"危险货物名称"栏。进出口货物为危险货物的，需要在"危险货物名称"栏中填写危险货物的实际名称。

④"危包类别"栏。进出口货物为危险货物的，须按照《危险货物运输包装类别划分方法》，在"危险货物信息"项下的"危包类别"中勾选危险货物的包装类别。

危险货物包装根据其内装物的危险程度划分为三种包装类别：盛装具有较大危险性的货物；盛装具有中等危险性的货物；盛装具有较小危险性的货物。

⑤"危包规格"栏。进出口货物为危险货物的，须根据危险货物包装规格实际情况，按照海关规定填报危险货物的包装规格。

4）集装箱信息

集装箱信息属于非必填部分，须根据实际业务选择填写或咨询业务主管部门。集装箱信息模块如图 2-8 所示。

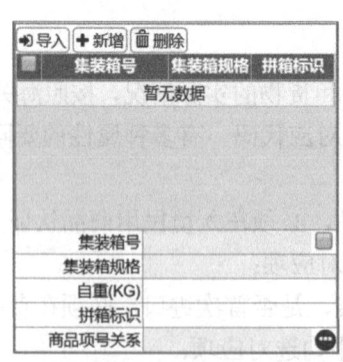

图 2-8 集装箱信息模块

（1）集装箱号。

该申报项目为有条件必填项。申报使用集装箱装载进出口货物的情况时为必填。

使用集装箱装载进出口货物时，需填报集装箱体信息，包括集装箱号、集装箱规格和集装箱商品项号关系，集装箱号根据集装箱体上标示的全球唯一编号进行填报。一份报关单有多个集装箱的，则在本栏分别录入集装箱号。

（2）集装箱规格。

该申报项目为有条件必填项。申报使用集装箱装载进出口货物的情况时为必填。

使用集装箱装载进出口商品的，在填报集装箱号后，在本栏按照《集装箱规格代码表》选择填报集装箱规格。例如，装载商品的集装箱规格为"普通 2*标准箱（L）"，在本栏下拉菜单选择"11 普通 2*标准箱（L）"。

（3）自重（KG）。

该申报项目为选填项，填写集装箱箱体重量（KG）。

（4）拼箱标识。

该申报项目为有条件必填项。申报使用集装箱装载进出口货物的情况时为必填。

进出口货物装运集装箱为拼箱时，在本栏下拉菜单中选择"是"或"否"。

（5）商品项号关系。

该申报项目为有条件必填项。申报使用集装箱装载进出口货物的情况时为必填。

集装箱信息商品项号关系栏体现集装箱和货物对应关系，填报时在本栏下拉菜单中选择单个集装箱对应的商品项号，同一个集装箱对应多个商品项号的，应根据实际情况多选填报。

5）随附单证信息

随附单证信息模块如图 2-9 所示。

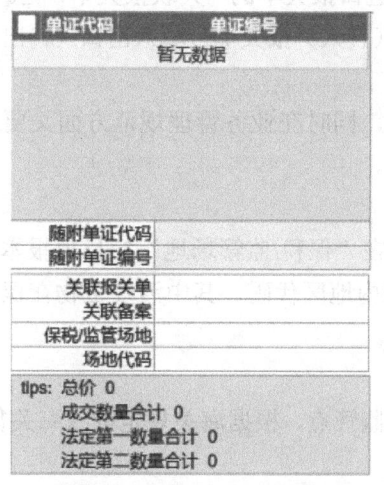

图 2-9　随附单证信息模块

（1）随附单证代码。

该申报项目为有条件必填项。监管证件有要求时必填。

除进（出）口许可证、两用物项和技术进（出）口许可证、两用物项和技术出口许可证（定向）、纺织品临时出口许可证、出口许可证（加工贸易）、出口许可证（边境小额贸易）以外的其他进出口许可证件或监管证件，按海关规定的《监管证件代码表》选择填报相应证件代码。

注意事项：

A．加工贸易内销征税报关单，"随附单证代码"栏填报"C"。

B．一般贸易进出口货物"随附单证代码"栏填报"Y"。海关特殊监管区域和保税监管场所内销货物申请适用优惠税率的，有关货物进出海关特殊监管区域和保税监管场所以及内销时，"随附单证代码"栏按照上述一般贸易要求填报。向我国香港或者澳门特别行政区出口用于生产香港 CEPA 或者澳门 CEPA 项下货物的原材料时,"随附单证代码"栏按照上述一般贸易要求填报。

C. 各优惠贸易协定项下,免提交原产地证据文件的小金额进口货物"随附单证代码"栏填报"Y"。

(2) 随附单证编号。

该申报项目为有条件必填项。监管证件有要求时必填。

除进(出)口许可证、两用物项和技术进(出)口许可证、两用物项和技术出口许可证(定向)、纺织品临时出口许可证、出口许可证(加工贸易)、出口许可证(边境小额贸易)以外的其他进出口许可证件或监管证件,填报证件编号。

(3) 关联报关单。

与本报关单有关联关系的,同时在业务管理规范方面又要求填报的报关单号,填报在电子数据报关单中"关联报关单"栏。

注意事项:

保税间流转、加工贸易结转类的报关单,应先办理进口报关,并将进口报关单号填入出口报关单的"关联报关单"栏。

办理进口货物直接退运手续的,除另有规定外,应先填制出口报关单,再填制进口报关单,并将出口报关单号填报在进口报关单的"关联报关单"栏。减免税货物结转出口(转出),应先办理进口报关,并将进口(转入)报关单号填入出口(转出)报关单的"关联报关单"栏。

(4) 关联备案。

与本报关单有关联关系的,同时在业务管理规范方面又要求填报的备案号,填报在电子数据报关单中"关联备案"栏。

(5) 保税/监管场地。

保税监管场所进出货物,在"保税/监管场地"栏目填报本保税监管场所编码,保税物流中心(B 型)填报本中心的国内地区代码,其中涉及货物在保税监管场所间流转的,在本栏目填报对方保税监管场所代码。

(6) 场地代码。

按照进出口货物海关实际监管点,根据海关规定的《海关货场代码表》准确填报本栏目。该项目适用于特殊业务要求。

录入结束后,对于进口货物,报关员还应到申报地海关舱单管理部门查询正确舱单数据,确保报关单所填信息与舱单有关信息一致。

知识拓展:进口舱单信息的核对及相应操作

**4. 海关集中审单**

海关集中审单的步骤如下。

**步骤 1**:海关计算机系统根据预先设定的各项参数对电子报关数据的规范性、有效性和合法性进行电子审核,审核结果将通过现场大屏幕显示器或计算机网络等通信手段通知申报人。审核结果有以下三种情况。

(1) 符合计算机自动审核条件的,计算机自动完成审单环节的全部作业,向现场海关下达作业指令，同时向申报人发出"到现场海关办理货物验放手续"的回执或通知。

（2）需人工审核的报关单数据，计算机将按设定的派单条件，将报关单数据排入通关管理处审核中心相应的人工审单岗位，同时向申报人员发出"等待处理"的回执或通知。

（3）对因申报不规范而不能通过计算机综合审核的报关单数据，计算机自动退单，向申报人发出回执或通知，并在回执或通知中注明退单原因。

**步骤 2：**通关管理处审单中心对需人工审单的报关单数据进行人工审核，并将审核结果通知申报人。审核结果有以下三种情况。

（1）审核通知。如报关单数据经审核符合海关审单作业要求即预审核通过，通关管理处审单中心向业务现场海关发送有关指令和数据，同时向申报人发出"到现场海关办理货物验放手续"的回执和通知。

（2）人工退单。对明显不符合海关统计、征税、监管等有关业务要求且又不构成伪报瞒报的报关单电子数据，予以退单处理并向申报人发出注明退单原因的通知或回执。申报人应根据有关退单原因，做出修改后重新申报。

（3）挂起。在审核过程中，审单人员认为有必要与申报人或有关部门联系，以了解或确定报关数据有关内容的，可采用报关单挂起的措施并向申报人发出"与海关联系"或"待海关通知"的通知或回执。申报人在收到"与海关联系"的通知或回执时应根据通知或回执中的联系电话，及时与通关管理处审单中心取得联系，说明有关情况或按通关管理处审单中心要求提供有关资料；在收到"待海关通知"的通知或回执时则等待进一步审核通知。

## 2.1.3 查验

海关对需要查验的货物实施现场查验。进口货物的收货人、出口货物的发货人或其代理人应派员到场协助查验，协助查验人员应出示有效证件并负责搬移货物，开拆盒重封货物的包装，当海关对相关单证或货物有疑问时应负责解答。注意：法律规定，当海关认为必要时可径行开验、复验或提取货样。

如被海关抽查，则由货主或其代理人配合查验。申报人持《查验通知单》、报关单备用联、提单场站收据、海关提单、发票、装箱单（复印件），到现场海关查验受理部门办理查验计划（一般当天安排第二天的查验计划，也有相当一部分海关可安排当天查验），申报人员应做好查验准备。

在新型冠状病毒肺炎疫情期间，2020 年 2 月，海关总署发布了《关于新型冠状病毒肺炎疫情期间海关查验货物时收发货人可免于到场的公告》，收发货人在收到海关货物查验通知后，可选择以下方式不到场协助海关实施查验：委托存放货物的海关监管作业场所经营人、运输工具负责人等到场；通过电子邮件、电子平台等方式告知海关无法到场，海关在收发货人不到场的情况下实施查验。

查验结束后，申报人应在《查验记录单》上签名、确认。签名应真实有效，对海关查验过程与结果是否认同应如实填写。

## 2.1.4 缴税

缴税的内容包括对应税货物征收税款（关税、增值税、消费税）、对列为反倾销货物的征收反倾销税、对逾期纳税货物征收滞纳金、对超出规定期限向海关办理报关手续的进口货物征收滞报金等。

缴纳税费的方式除了自报自缴，还有汇总征税、电子支付/电子支付担保、柜台支付三种。

### 1. 汇总征税

根据海关总署《关于优化汇总征税制度的公告》（2017年第45号），汇总征税的注意事项如下：

（1）所有海关注册登记企业均可适用汇总征税模式（"失信企业"除外）。汇总征税企业是指进出口报关单上的收发货人。

（2）有汇总征税需求的企业，向注册地直属海关关税职能部门（以下简称"属地关税职能部门"）提交税款总担保（以下简称"总担保"）备案申请，总担保应当依法以保函等海关认可的形式；保函受益人应包括企业注册地直属海关以及其他进出口地直属海关；担保范围为担保期限内企业进出口货物应缴纳的海关税款和滞纳金；担保额度可根据企业税款缴纳情况循环使用。

（3）企业申报时选择汇总征税模式的，一份报关单使用一个总担保备案编号。

（4）无布控查验等海关要求事项的汇总征税报关单担保额度扣减成功，海关即放行。

（5）汇总征税报关单采用有纸模式的，企业应在货物放行之日起10日内递交纸质报关单证，至当月底不足10日的，应在当月底前递交。

（6）企业应于每月第5个工作日结束前，完成上月应纳税款的汇总电子支付。税款缴库后，企业担保额度自动恢复。企业未按规定缴纳税款的，海关径行打印海关税款缴款书，交付或通知企业履行纳税义务；企业未在规定期限内缴税的，海关办理保证金转税手续或通知担保机构履行担保纳税义务。

（7）企业办理汇总征税时，有滞报金等其他费用的，应在货物放行前缴清。

（8）企业出现欠税风险的，进出口地直属海关暂停企业适用汇总征税；风险解除后，经注册地直属海关确认，恢复企业适用汇总征税。

（9）担保机构是银行或其他非银行金融机构的，应符合以下条件：
- 具有良好资信和较大资产规模；
- 无滞压或延迟海关税款入库情事；
- 承诺对担保期限内企业申报进出口货物应纳税款、滞纳金承担足额、及时汇总缴纳的保付责任；
- 与海关建立保函真伪验核机制。

担保机构不具备资金偿付能力、拒不履行担保责任或不配合海关税收征管工作的，属地关税职能部门拒绝接受其保函。

（10）企业信用状况被下调为失信企业或保函担保期限届满，属地关税职能部门确认企业已按期履行纳税义务的，可根据企业或担保机构申请退还保函正本。

（11）本公告自2017年9月21日起施行，海关总署2015年第33号公告同时废止。2017年9月21日前海关已备案的汇总征税总担保保函继续有效。

已在海关办理汇总征税总担保备案的进出口企业、单位可在申报时选择"汇总征税"模式。选择汇总征税模式的，海关通关系统自动扣减相应担保额度后，进出口企业、单位按汇总征税相关规定办理后续手续。

### 2. 电子支付/电子支付担保

选择电子支付/电子支付担保模式的，进出口企业、单位登录电子支付平台查询电子税费信息并确认支付，海关系统自动发送税款实扣通知，税款扣缴成功且报关单符合放行条件的，系统自动放行。

### 3. 柜台支付

选择柜台支付模式的进出口企业，单位在收到申报地海关现场打印的纸质税款缴款书后，到银行柜台办理税费缴纳手续。

知识拓展：海关税费计征　　知识拓展：完税价格的确定

## 2.1.5 放行

海关放行是指海关接受进出口货物的申报、审核电子数据报关单及随附单证、查验货物、征收税费或接受担保以后，对进出口货物做出结束海关进出境现场监管决定，允许进出口货物离开海关监管现场的工作环节，包括征税放行、担保放行、信任放行等模式。

走完各项海关内容作业环节后，对准予放行的货物，海关在计算机系统上向货物对应实际监管场所发送货物放行信息，货主或其代理人到办理实际监管场所提货手续。

知识拓展：海关总署"两步申报"改革试点

知识拓展：办理出口退税的有关知识

### 思考与练习

1. 搜集与报关单各栏中有规定代码的相关内容，并熟悉各栏常用代码。
2. 登录"单一窗口"网页，熟悉报关单的填写内容。

## 任务 2.2　一般进出口货物通关相关情景

### 学习目标

了解一般进出口货物通关的相关情景。

### 知识导图

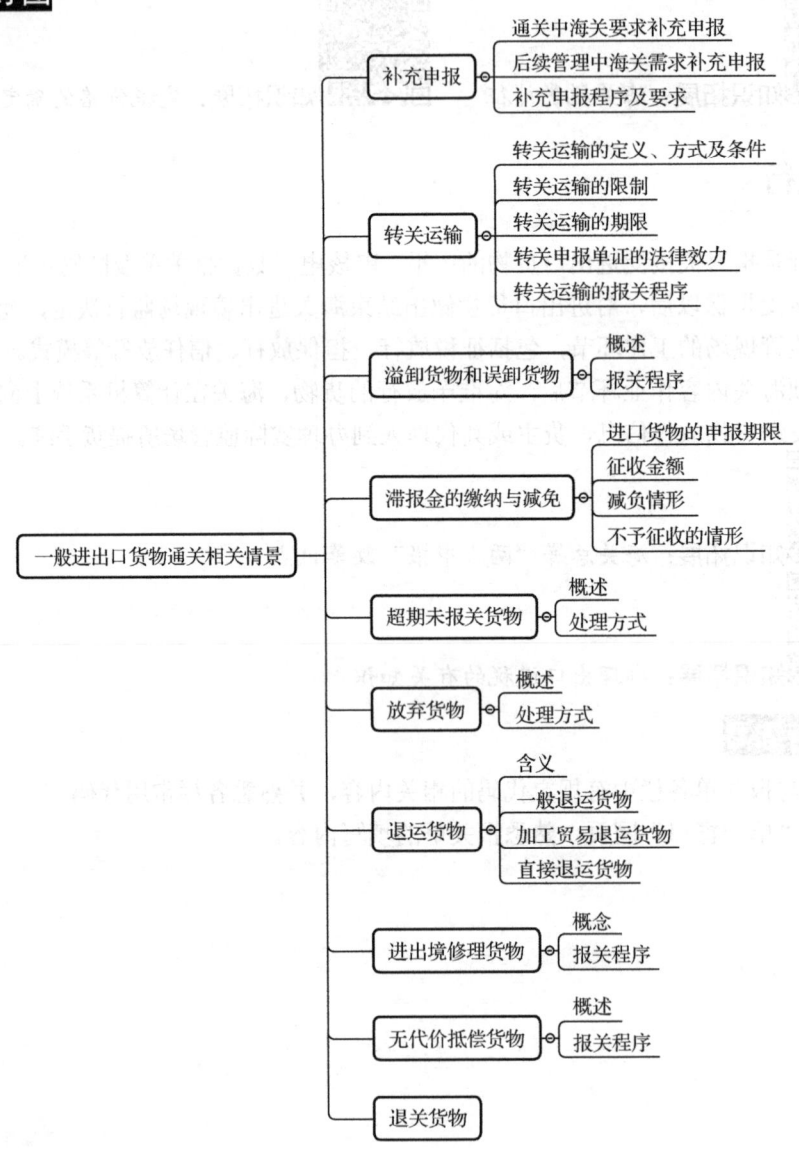

一般进出口货物通关相关情景
- 补充申报
  - 通关中海关要求补充申报
  - 后续管理中海关需求补充申报
  - 补充申报程序及要求
- 转关运输
  - 转关运输的定义、方式及条件
  - 转关运输的限制
  - 转关运输的期限
  - 转关申报单证的法律效力
  - 转关运输的报关程序
- 溢卸货物和误卸货物
  - 概述
  - 报关程序
- 滞报金的缴纳与减免
  - 进口货物的申报期限
  - 征收金额
  - 减免情形
  - 不予征收的情形
- 超期未报关货物
  - 概述
  - 处理方式
- 放弃货物
  - 概述
  - 处理方式
- 退运货物
  - 含义
  - 一般退运货物
  - 加工贸易退运货物
  - 直接退运货物
- 进出境修理货物
  - 概念
  - 报关程序
- 无代价抵偿货物
  - 概述
  - 报关程序
- 退关货物

### 任务实施

#### 2.2.1　补充申报

"补充申报"制度已于 2009 年 10 月 1 日开始执行，海关总署后来又发布公告进一步明确了"补充申报"的概念和操作规程。2012年,海关总署开发了补充申报管理系统,对通关过程的补充申报进行电子化管理。补充申报是指进出口货物的收发货人、受委托的报关企业依照海关有关行政法规和规章的要求,在《中华人民共和国海关进(出)口货物报关单》之外采用补充申报单的形式,向海关进一步申报的行为,用以确定货物完税价格、商品归类、原产地等所需信息。补充申报包括企业申报时的主动补充申报、企业申报后未办结海关手续前的补充申报(通关中海关要求补充申报)和海关后续管理中要求补充申报。其中,以海关后续管理中要求补充申报情形较为多见。

**1. 通关中海关要求补充申报**

(1) 价格。买卖双方的特殊关系可能影响到成交价格的;对申报价格是否满足成交价格成立条件有怀疑的;进口货物可能存在间接支付货款或存在未包括在进口货物实付应付价格中的费用或者价值的;出口货物可能存在间接支付货款或对出口关税是否已经从申报价格中扣除有怀疑的;其他需要补充申报的。

(2) 商品归类。申报内容与随附单证资料不足以确定归类,需进一步补充说明的;申报内容与随附单证资料不一致,不能确定归类的;对商品属性存有疑问,需要收发货人、报关企业做进一步说明的;其他需要对进出口货物的归类进行补充申报的。

(3) 原产地。优惠贸易协定项下的进出口货物,收发货人、报关企业向海关提交原产地证书、原产地声明等单证的相关内容不完整(需要核查的除外)或者需要进一步补充说明的;查验过程中,海关对货物原产地相关信息需要收发货人、报关企业进一步补充解释或说明的;涉及反倾销货物,收发货人、报关企业未提交原产地证书或者已提交但原产地证书显示货物的原产地不是被诉国家的;海关认为其他需要补充申报的。

**2. 后续管理中海关要求补充申报**

(1) 价格。申报价格或已审定的完税价格是否已包括各项应计入完税价格的有关费用;成交价格是否受到特殊关系的影响;交易中是否存在影响成交价格的特殊安排;是否存在分次付汇或多渠道付汇未向海关申报的情况;其他需要补充申报的情况。

(2) 商品归类。随附资料不完善,需附加说明的;申报内容与随附单证资料不一致的;其他需要补充申报的情况。

(3) 原产地。没有按照原产地相关规定要求进行补充申报的;收发货人、报关企业已提交的相关材料不足以确认货物的原产地的;其他需要补充申报的情况。

**3. 补充申报程序及要求**

(1) 填报。申报时企业主动进行补充申报的,应当填制补充申报单,在报关单"备注"栏填报补充申报的类别,并及时向海关提交有关证明材料。在通关中如果企业主动申报的,同申报时的要求。此外,在通关中海关要求企业补充申报的,可以修改报关单;在办结通过手续后海关要求企业补充申报的,无填制或修改报关单的要求。

(2) 时限。通关中海关要求进行补充申报的,应当书面通知企业,企业应当在收到该通知之日起5个工作日内办理补充申报手续。如果企业在规定时限内未能按要求进行补充申报,海关可按照有关规定确定进口货物的完税价格、商品编码和原产地。

(3) 流程。专业审单岗位要求补充申报的,由该单岗位向企业制发书面通知;业务现场海关要求补充申报的,由该业务现场接单部门向企业制发书面通知;在后续管理中要求企业进行补充申报的，由提出要求的部门书面通知企业，并完成审核、编号、批注、存档等操作。

特别提示：补充申报单与报关单具有同等法律效力，企业应按要求如实、完整地填写，并对其真实性、准确性承担相应的法律责任。补充申报是对报关单申报内容的有效补充，不得申报与报关单申报事项无关或相悖的内容，也不得修改报关单申报的内容；对报关单未载明但确实与申报内容有关且无冲突的事项，可以在补充申报单中列明。纳税人对补充申报单申报事项与报关单申报事项承担同等法律义务。

## 2.2.2 转关运输

**1. 转关运输的定义、方式及条件**

转关运输货物是"海关监管货物"，是指由进境地入境后，运往另一设关地点办理进口海关手续的货物，或者在启运地已办理出口海关手续运往出境地，由海关监管放行的货物，或者由国内一设关地点转运到另一设关地点的应受海关监管的货物。

转关的方式有以下几种：

（1）提前报关转关。进口货物在指运地先申报再到进境地办理进口转关手续；出口货物在货物未运抵启运地监管场所前先申报，货物运抵监管场所后再办理出口转关手续方式。

（2）直转转关。进境货物在进境地海关办理转关手续，运抵指运地再在指运地海关办理报关手续；进口转关和出境货物在货物运抵启运地海关监管场所报关后，在启运地海关办理出口转关手续出口转关。

（3）中转转关。在收、发货人或其代理人向指运地或启运地海关办理进出口报关手续后，由境内承运人或其代理人统一向进境地或启运地海关办理进口或出口转关手续。具有全程提运单，须换装境内运输工具的进出口中转货物适用中转方式转关运输。

进口货物经收货人或其代理人向进境地海关申请，并具备下列条件者，可核准办理转关运输：

- 指运地和启运地设有海关机构的。
- 运载转关运输货物的运输工具和装备，具备密封装置和加封条件的（超高、超长及无法封入运输装置的除外）。
- 承运转关运输货物的企业是经海关核准的运输企业。

不具备以上条件，但有特殊情况，经进出口货物收发人申请，海关核准的，也可办理转关运输。

转关运输货物除特殊情况外，申请人应当是经海关核准、认可的报关单位，并由持有海关发给的报关员证书的人员向海关办理申请手续。转关运输货物未经海关许可，不得开拆、改装、调换、提取、交付；对海关在运输工具和货物上施加的封志包括经海关认可的商业封志，不得擅自开启或损坏。转关运输货物必须存放在经海关同意的仓库、场所。存放转关运输货物的仓库、场所的经理人应依法向海关负责，并按照海关规定，办理收存、交付手续。海关需要派员押运转关运输货物时，申请人应当按规定向海关缴纳规费，并提供为执行监管任务必要的方便。

**2. 转关运输的限制**

国家规定，对以一般贸易方式进口的下列 8 种配额机电产品以及它们的成套散件、关键件或配套设备一律实行口岸征税验放。它们是汽车及其关键件，摩托车及其关键件，收、录音机（音响）及其机芯，电子计算机及其外部设备，彩色电视机及其显像管，录像设备及其关键件，电冰箱及其压缩机，空调器及其压缩机。但是，对国家批准的汽车、摩托车定点生产企业进口的汽车、摩托车关键件、零部件，可按规定办理转关运输手续。

对上述 8 种配额机电产品以及它们的成套散件、关键件或配套设备，属空运的，只要国家定点企业向指运地海关提出书面申请且符合加封条件、指运地海关向进境地海关出具证明，进境地海关免收保证金予以办理转关手续。空运转关运输货物，指运地与国际航空货运单的目的地相同，且不改变运输方式、指运地设有海关机构或海关派有人员的，可在运单上加盖"海关监管货物"印章，直接办理转关手续。

不得申请转关的货物如下：

（1）进口固体废物（除废纸外）。
（2）进口易制毒化学品、监控化学品、消耗臭氧层物质。
（3）进口汽车整车，包括成套散件和二类底盘。
（4）国家检验检疫部门规定必须在口岸检验检疫的商品。

**3．转关运输的期限**

（1）直转方式转关的期限。直转方式转关的进口货物应自运输工具申报进境日起，14 天内向进境地海关办理转关手续，在海关限定期限内运抵指运地之日起 14 天内，向指运地海关办理报关手续。逾期按规定征收滞报金。

（2）提前报关方式转关的期限。

① 进口转关货物应在电子数据申报之日起 5 日内，向进境地海关办理转关手续，超过期限仍未到进境地海关办理转关手续的，指运地海关撤销提前报关的电子数据。

② 出口转关货物应于电子数据申报之日起 5 日内，运抵启运地海关监管场所，办理转关和验放等手续，超过期限的，启运地海关撤销提前报关的电子数据。

**4．转关申报单证的法律效力**

转关货物申报的电子数据与书面单证具有同等的法律效力，对确实因为填报或传输错误的数据，有正当的理由并经海关同意，可做适当的修改或撤销。对海关已决定查验的转关货物，则不再允许修改或撤销申报内容。

**5．转关运输的报关程序**

（1）进口货物的转关。

① 提前报关的转关。进口货物的收货人或其代理人在进境地海关办理进口货物转关手续前，向指运地海关录入"进口货物报关单"电子数据。指运地海关提前受理电子申报，接受申报后，计算机自动生成"进口转关货物申报单"，向进境地海关传输有关数据。提前报关的转关货物收货人或其代理人应向进境地海关提供"进口转关货物申报单"编号，并提交相关单证办理转关运输手续。

② 直转方式的转关。货物的收货人或其代理人在进境地录入转关申报数据，持相关单证直接办理转关手续。

③ 中转方式的转关。中转方式的进口转关一般采用提前报关转关。具有全程提运单、需要换装境内运输工具的中转转关货物的收货人或其代理人向指运地海关办理进口报关手续

后，由境内承运人或其代理人向进境地海关提交"进口转关货物申报单""进口货物中转通知书"，按"指运地目的港"分列的"纸质舱单"（空运方式提交"联程运单"）等单证办理货物转关手续。

（2）出口货物的转关。

① 提前报关的转关。由货物的发货人或其代理人在货物未运抵启运地海关监管场所前，先向启运地海关录入"出口货物报关单"电子数据，由启运地海关提前受理电子申报，生成"出口转关货物申报单"数据，传输至出境地海关。货物应于电子数据申报之日起5日内，运抵启运地海关监管场所，并持相关单证向启运地海关办理出口转关手续。

② 直转方式的转关。由发货人或其代理人在货物运抵启运地海关监管场所后，向启运地海关录入"出口货物报关单"电子数据，启运地海关受理电子申报，生成"出口转关货物申报单"数据，传输至出境地海关。发货人或其代理人应持相关单证在启运地海关办理出口转关手续。

③ 中转方式的转关。具有全程提运单、需要换装境内运输工具的出口中转转关货物，货物的发货人或其代理人向启运地海关办理出口报关手续后，由承运人或其代理人向启运地海关录入并提交"出口转关货物申报单"、凭出境运输工具分列的电子或"纸质舱单"、"汽车载货登记簿"或"船舶监管簿"等单证向启运地海关办理货物出口转关手续。经启运地海关核准后，签发"出口货物中转通知书"，承运人或其代理人凭以办理中转货物出境手续。

（3）海关监管货物的转关。海关监管货物转关运输，除加工贸易深加工结转按有关规定办理外，均应按进口转关方式办理。

① 提前报关的，由转入地（相当于指运地）货物收货人及其代理人，在转出地（相当于进境地）海关办理监管货物转关手续前，向转入地海关录入进口货物报关单电子数据报关，由转入地海关提前受理电子申报，并生成"进口转关货物申报单"，向转出地海关传输。转入地货物收货人或其代理人应持"进口转关货物核放单"和"汽车载货登记簿"或"船舶监管簿"，并提供"进口转关货物申报单"编号，向转出地海关办理转关手续。

② 直转的，由转入地货物收货人或其代理人在转出地录入转关申报数据，持"进口转关货物申报单"和"汽车载货登记簿"或"船舶监管簿"，直接向转出地海关办理转关手续。货物运抵转入地后，海关监管货物的转入地收货人或其代理人向转入地海关办理货物的报关手续。

## 2.2.3 溢卸货物和误卸货物

**1. 概述**

（1）含义。溢卸货物是指未列入进口载货清单、提单或运单的货物，或多于进口载货清单、提单或运单所列数量的货物。误卸货物是指将指运境外港口、车站或境内其他地点的货物，在本港（车站）卸下。

（2）管理。经海关核实的溢卸货物和误卸货物，由载运该货物的原运输工具负责人，自运输工具卸货之日起3个月内，向海关申请办理退运出境手续，或者由该货物的收发货人，自运输工具卸货之日起3个月内，向海关申请办理退运或者申报进口手续。经申请也可延期办理，可以延期3个月。超期未办的，海关提取并依法进行变卖处理。

溢卸、误卸货物属于危险品或者鲜活、易腐、易烂、易失效、易变质、易贬值等不宜长期保存的货物的，海关可以根据实际情况，依法提前提取并进行变卖处理，变卖所得价款按有关规定做出相应处理。

**2. 报关程序**

溢卸、误卸货物报关程序的适用根据货物的处置来决定，大体分为5种情况：

（1）退运境外。属于溢卸或误卸货物，能够提供发货人或者承运人书面证明文书的，当事人可以向海关申请办理直接退运手续。

（2）溢短相补。运输工具负责人或其代理人要求将溢卸货物抵补短卸货物的，应与短卸货物原收货人协商同意，并限于同一运输工具、同一品种的货物。

非同一运输工具或同一运输工具非同一航次之间抵补的，只限于同一运输公司、同一发货人、同一品种的进口货物。

上述两种情况都应由短卸货物原收货人或其代理人按照无代价抵偿货物的报关程序办理进口手续。

（3）物归"原主"。指运境外港口、车站的误卸货物，运输工具负责人或其代理人要求运往境外时，经海关核实后按照转运货物的报关程序办理海关手续，转运至境外。

指运境内其他港口、车站的误卸货物，可由原收货人或其代理人就地向进境地海关办理进口申报手续，也可以经进境地海关同意办理转关运输手续。

（4）就地进口。溢卸货物由原收货人接收的，原收货人或其代理人应按一般进口货物报关程序办理进口手续，填写进口货物报关单向进境地海关申报，并提供相关的溢卸货物证明，如属于许可证件管理商品的，应提供有关的许可证件；海关征收进口关税和进口环节海关代征税后，放行货物。

（5）境内转售。原收货人不接收溢卸货物、误卸货物，或者不办理溢卸货物、误卸货物的退运手续的，运输工具负责人或其代理人可以要求在国内进行销售，由购货单位向海关办理相应的进口手续。

## 2.2.4 滞报金的缴纳与减免

企业进口货物超过海关规定的申报时限申报即为滞报，按规定需缴纳滞报金。因特殊原因滞报而产生滞报金的，企业可向海关提出减免申请，海关经过审核后可视情况全部或部分减免滞报金。

**1. 进口货物的申报期限**

征收进口货物滞报金应当按日计征，以自运输工具申报进境之日起第15日为起征日，以海关接受申报之日为截止日，起征日和截止日均计入滞报期间，另有规定的除外。

（1）邮运进口货物应当以自邮政企业向海关驻邮局办事机构申报总包之日起第15日为起征日。

（2）转关运输货物在进境地申报的，应当以自载运进口货物的运输工具申报进境之日起第15日为起征日；在指运地申报的，应当以自货物运抵指运地之日起第15日为起征日。

（3）邮运进口转关运输货物在进境地申报的，应当以自运输工具申报进境之日起第15日为起征日；在指运地申报的，应当以自邮政企业向海关驻邮局办事机构申报总包之日起第15

日为起征日。

（4）进口货物收货人申报并经海关依法审核，必须撤销原电子数据报关单重新申报的，经进口货物收货人申请并经海关审核同意，以撤销原报关单之日起第 15 日为起征日。进口货物申报期限如表 2-6 所示。

表2-6 进口货物申报期限

| 进口申报状况 | 申报期限 | | 滞报 | 超期未报 |
| --- | --- | --- | --- | --- |
| 向进境地海关申报 | 自装载货物的运输工具申报进境日起 14 日内 | | 逾期向进境地海关申报的征收滞报金 | |
| 向指运地海关申报（进口转关货物） | 直转转关 | 自装载货物的运输工具申报进境之日起 14 日内，向进境地海关申请办理转关运输手续 | 在海关限定期限内运抵指运地之日起 14 日内向指运地海关办理报关手续 | 逾期向进境地海关办理进口转关手续及逾期向指运地海关办理报关手续的征收滞报金 | 自装载货物的运输工具申报进境之日起 3 个月内未向海关申报的，由海关提取变卖 |
| | 提前报关转关 | 应在电子数据申报之日起 5 日内向进境地海关申请办理转关运输手续 | 在海关规定的期限内运抵指运地之日起 14 日内向指运地海关办理进口报关手续 | 超过 5 日向进境地海关申请办理转关的，指运地海关撤销电子数据申报 | |
| 集中申报 | 自装载货物的运输工具申报进境之日起一个月内 | | 超过一个月未申报的征收滞报金 | |

## 2．征收金额

滞报金的日征收金额为进口货物完税价格的千分之零点五，以人民币"元"为计征单位，不足人民币一元的部分免予计征。

征收滞报金的计算公式：滞报金=进口货物完税价格×0.5‰×滞报天数

滞报金的起征点为人民币 50 元。

## 3．减免情形

有下列情形之一的，进口货物收货人可以向主管地海关申请减免滞报金：

（1）政府主管部门有关贸易管理规定变更，要求收货人补充办理有关手续或者政府主管部门延迟签发许可证件，导致进口货物产生滞报的；

（2）产生滞报的进口货物属于政府间或国际组织无偿援助和捐赠用于救灾、社会公益福利等方面的进口物资或其他特殊货物的；

（3）因不可抗力导致收货人无法在规定期限内申报，从而产生滞报的；

（4）因海关及相关执法部门工作原因致使收货人无法在规定期限内申报，从而产生滞报的；

（5）其他特殊情况经海关批准的。

## 4．不予征收的情形

有下列情形之一的，海关不予征收滞报金：

（1）收货人在运输工具申报进境之日起超过三个月未向海关申报，进口货物被依法变卖处理，余款按《海关法》第三十条规定上缴国库的；

（2）进口货物收货人在申报期限内，根据《海关法》有关规定向海关提供担保，并在担保期限内办理有关进口手续的；

（3）进口货物收货人申报并经海关依法审核，必须撤销原电子数据报关单重新申报，因删单重报产生滞报的；
（4）进口货物经海关批准直接退运的；
（5）进口货物应征收滞报金金额不满人民币 50 元的；
（6）出口货物存在走私违规嫌疑，海关进行调查有其他特殊情况的。

## 2.2.5 超期未报关货物

**1. 概述**

（1）含义。超期未报货物指在规定的期限内未办结海关手续的海关监管货物。
（2）范围。超期未报关货物包括以下内容：
- 自运输工具申报进境之日起，超过 3 个月未向海关申报的进口货物；
- 在海关批准的延长期满仍未办结海关手续的溢卸货物、误卸货物；
- 超过规定期限 3 个月未向海关办理复运出境或者其他海关手续的保税货物；
- 超过规定期限 3 个月未向海关办理复运出境或者其他海关手续的暂准进境货物；
- 超过规定期限 3 个月未运输出境的过境、转运和通运货物。

**2. 处理方式**

超期未报关进口货物由海关提取依法变卖处理。
（1）属于《出入境检验检疫机构实施检验检疫的进出境商品目录》（以下简称《法检目录》）的，检验检疫费用和其他变卖处理实际支出费用从变卖款中支付。变卖所得的价款，扣除相关费用和税款的顺序：拨付变卖处理支出的费用→运费、装卸、储存费用→进口关税→进口环节海关代征税（增值税和消费税）→滞报金。
（2）有余款的，自变卖之日起 1 年内，经进口货物收发货人申请予以返还。逾期无申请、申请不予受理或者不予返还的，余款上缴国库。
（3）收发货人应按照规定，补办进口申报手续。

## 2.2.6 放弃货物

**1. 概述**

（1）含义。放弃货物又称放弃进口货物，是指进口货物的收货人或其所有人声明放弃，由海关提取依法变卖处理的货物。
（2）范围。放弃货物包括以下内容：
- 没有办结海关手续的一般进口货物；
- 保税货物；
- 在监管期内的特定减免税货物；
- 暂准进境货物；
- 其他没有办结海关手续的进境货物；
- 国家禁止或限制进口的废物、对环境造成污染的货物不得声明放弃。

**2. 处理方式**

放弃进口货物，海关将依法提取变卖，变卖进口货物所得的价款，先拨付变卖处理实际支付的费用后，再扣除运输、装卸、储存等费用。如果不足以支付运输、装卸、储存等费用，则按比例分摊（注意分摊的先后顺序）。变卖价款扣除相关费用后尚有余款的，上缴国库。

### 2.2.7 退运货物

**1. 含义**

退运货物是指货物因质量不良或交货时间延误等原因，被国内外买方拒收造成退运的货物，或因错发、错运、滥装、漏卸造成退运的进出口货物。

**2. 一般退运货物**

一般退运货物是指已办理进出口申报手续且海关已放行的退运货物，但加工贸易退运货物除外。一般退运货物的报关程序如下：

（1）退运进口。原出口货物退运进境时，已申报退税的，需先补税；未申报退税的，无须补税。原发货人或其代理人应向税务部门申请开具《出口货物退运已补税（未退税）证明》并在报关时提供。办理退运进口手续时填写进口货物报关单，并提供原货物出口时的出口报关单（退运发生时已申报退税的，无须提供）、原出口货物发票、装箱单、合同，收发货人双方签署的退货协议，企业关于货物退运的说明，保险公司证明或承运人溢装、漏卸的证明等有关资料。

因品质或者规格原因，出口货物自出口之日起 1 年内原状退货复运进境的，经海关核实后不予征收进口税，原出口时已经征收出口税的，只要重新缴纳因出口而退还的国内环节税的，自缴纳出口税款之日起 1 年内准予退还。

（2）退运出口。因故退运出口的进口货物，原收货人或其代理人应填写"出口货物报关单"申报出境，并提供原货物进口时的进口报关单、品质认定证明或承运人溢装、漏卸的证明、退运协议以及其他海关认为需要的资料，经海关核实无误后，验放有关货物出境。

因品质或者规格原因，进口货物自进口之日起 1 年内原状退货复运出境的，经海关核实后可以免征出口税，已征收的进口税，自缴纳进口税款之日起 1 年内准予退还。

**3. 加工贸易退运货物**

若"加工贸易登记手册"未核销的，则按加工贸易退运货物报关；若"加工贸易登记手册"已核销的，则按进出境修理货物报关。

**4. 直接退运货物**

直接退运货物是指进口货物进境后向海关申报，但由于特殊原因无法继续办理进口手续，经主管海关批准将货物全部退运境外的货物。

1）直接退运货物的范围

直接退运货物范围包括以下内容：

（1）海关按国家规定责令直接退运的货物。

（2）货物进境后正式向海关申报进口前，由于下列原因之一，可以由收发货人向海关申请办理直接退运批准手续：

- 合同执行期间国家贸易管制政策调整，收货人无法补办有关审批手续，并能提供有关证明的；
- 收货人因故不能支付进口税、费，或收货人未按时支付货款致使货物所有权已发生转移，并能提供发货人同意退运的书面证明的；
- 属错发、误卸货物，并能提供发货人或运输部门书面证明的；
- 发生贸易纠纷，未能办理报关进口手续，并能提供法院判决书、贸易仲裁部门仲裁决定书或无争议的有效货权凭证的。

经海关审核上述情况真实，无走私违规嫌疑后，可予批准直接退运。

（3）已正式向海关申报进口但海关尚未放行的货物，收货人请求退运的，可比照上述规定撤销原申报，办理直接退运手续。

（4）需提交各类许可证件进口的货物，属无证到货的，除海关按国家规定责令直接退运的货物外，不得办理直接退运手续。

2）直接退运货物的报关程序

直接退运货物的报关程序如下：
- 申请直接退运一般应在载运该批货物的运输工具申报进境之日起或自运输工具卸货之日起3个月内，由货物所有人或其代理人向进境地海关提出正式书面申请，并填写"直接退运货物审批表"，直接退运一般先申报出口，再申报进口；
- 出口报关单，在相关栏目内填报进口报关单编号；
- 进口报关单，在相关栏目内填报出口报关单编号，并应分别注明海关审批件编号，属承运人的责任造成的错发、误卸获批准退运的，可以不填写报关单。

## 2.2.8 进出境修理货物

### 1. 概念

进境修理货物是指运进境维护修理后复运出境的机械器具、运输工具或其他货物，以及为维护这些货物需要进口的原材料、零部件；出境修理货物是指运出境进行维护修理后复运进境的机械器具、运输工具或其他货物，以及为维护这些货物需要出口的原材料、零部件。

进境修理包括原出口货物运进境修理和其他货物运进境修理；出境修理包括原进口货物出境修理和其他货物运出修理。

原进口货物出境修理包括原进口货物在保修期内运出境修理和在保修期外运出境修理。

进出境修理货物具有以下特征：
- 进境维修货物免纳税费，但要提供担保，并接受海关的后续监管。
- 出境维修货物进境时，在保修期内并由境外免费维修的免征税费。注意：在保修期外（或虽然是保修期内但境外维修收费的），按境外修理费和料件费审定完税价格，计征税费。
- 进境维修货物免交许可证件。

### 2. 报关程序

（1）进境修理货物。

货物进境后，收货人或其代理人持维修合同或含有保修条款的原出口合同及申报进口的有关单证办理货物进口申报手续,并提供进口税款担保。

货物进口后在境内维修的期限为进口之日起 6 个月,可以申请延长,延长的期限最长不超过 6 个月。复出境后应当申请销案,正常销案的海关应退还保证金或撤销担保。

修理货物复出境申报时应当提供原修理货物进口申报时的报关单。

修理货物复出境后应当申请销案,正常销案的,海关应当退还保证金或撤销担保.未复运出境部分应当办理进口申报纳税手续。

(2)出境修理货物。

发货人在货物出境时,向海关提交维修合同或含有保修条款的原进口合同,以及申报出口需要的所有单证办理出境申报手续。

货物出境后,在境外维修的期限为出境之日起 6 个月,可以申请延长,延长的期限最长不超过 6 个月。

货物复运进境时应向海关申报在境外支付的修理费和材料费,海关审查确定完税价格。

超过海关规定期限复运进境的,海关按一般进口货物计征进口关税和进口代征税。

进出境修理货物的种类及报关手续如表 2-7 所示。

表 2-7 进出境修理货物的种类及报关手续

| 种 类 | | | 海 关 手 续 | | | |
|---|---|---|---|---|---|---|
| | | | 担 保 | 期 限 | 申报单证 | 税 收 |
| 进境修理货物(含修理所需料件) | 原出口货物进境修理 | | 保函或保证金 | 6 个月(可延期 6 个月) | 进境:维修合同、原出口合同 复出境:修理货物进口时的报关单 | 暂予免税,未复出境应办理进口申报纳税手续 |
| | 其他货物进境修理 | | | | | |
| 出境修理货物(包括维修所需料件) | 原进口货物出境修理 | 保修期内 | | 6 个月(可延期 6 个月) | 出境:维修合同、原出口合同 复进境:修理货物出境时的报关单 | 复进境:按境外实际支付的修理费、材料费征税 超过期限复运进境:按一般进口货物办理 |
| | | 保修期外 | | | | |
| | 其他货物出境修理 | | | | | |

## 2.2.9 无代价抵偿货物

**1. 概述**

无代价抵偿货物是指进出口货物在海关放行后,因残损、缺少、品质不良或规格不符,由进出口货物的发货人、承运人或保险公司,免费补偿或更换的与原货物相同或者与合同规定相符的货物。

收发货人申报进出口的无代价抵偿货物,与退运出境或者退运进境的原货物不完全相同或者与合同规定不完全相符的,经收发货人说明理由,海关审核认为理由正当且税则号列未发生改变的,仍属于无代价抵偿货物范围;税则号列不一致的,属于"一般进出口货物"的范围。

无代价抵偿货物免交进出口许可证件,不征收进口关税和进口代征税。如果进出口与原货物或合同规定不完全相符的无代价抵偿货物,应当按规定计算与原进出口货物的税款差额。高出原征收税款应当征收超出部分的税款;低于原征收税款,原进口的发货人、承运人或保险公司同意补偿货款的,应当补偿货款部分的税款,未补偿货款的,不予以退还。无代价抵偿货物现场放行后,海关不再进行监管。

**知识拓展**:如何确认"无代价抵偿"货物

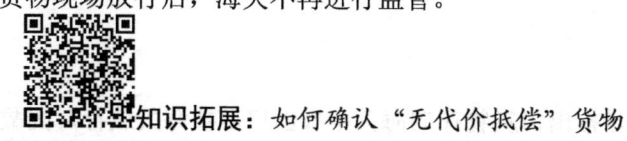

### 2. 报关程序

无代价抵偿大体可分为两种:短少抵偿;残损、品质不良或规格不符抵偿。

(1) 残损、品质不良抵偿或规格不符引起的无代价抵偿货物进出口海关手续。进出口无代价抵偿货物前应当先办理被更换的原进出口货物中残损、品质不良或规格不符合货物的有关海关手续。

① 原进口货物退运出境,以及原出口货物退运进境被更换的原进口货物退运出境时不征收出口关税;被更换的原出口货物退运出境时不征收进口关税和进口环节代征税。

② 原进口货物不退运出境,放弃交由海关处理,海关依法处理并向收货人提供依据,凭以申报进口无代价抵偿货物。

③ 原进口货物不退运出境也不放弃,以及原出口货物不退运进境,应当按照海关接受无代价抵偿货物申报进出口之日适用的有关规定申报进出口,按海关重新估定的价格计算税额分别缴纳进口税、进口环节海关代征税及出口关税;属许可证件管理的,交验许可证件。

(2) 期限:在索赔期限内且不超过原货物进出口之日起3年。

(3) 报关应提供的单证。

进口:

- 原"进口货物报关单"、原进口货物退运出境的"出口货物报关单",或者原进口货物交由海关处理的货物放弃处理证明,或者已经办理纳税手续的单证;
- 原进口货物税款缴纳书或"进出口货物征免税证明";
- 买卖双方签订的索赔协议。

海关认为需要时,纳税义务人还应当提交具有资质的商品检验机构出具的原进口货物残损、短少、品质不良或规格不符的检验证明书,或者其他有关证明文件。

出口:

- 原"出口货物报关单";
- 原出口货物退运出境的"进口货物报关单",或者已经办理纳税手续的单证(短少抵偿的除外);
- 原出口货物税款缴纳书;
- 买卖双方签订的索赔协议。

无代价抵偿货物的种类、条件、原货处置及报关手续如表2-8所示。

表2-8 无代价抵偿货物的种类、条件、原货处置及报关手续

| 抵偿种类 | 原货处置状况 | 抵偿货物的海关手续 ||
|---|---|---|---|
| | | 海关管理方式 | 申报单证 |
| 短少抵偿 | | 在索赔期内(不超过3年)按无代价抵偿货物免税免证办理报关,与原货不相符,计算税款差额,高征、低退 | 进出口申报时,应提供"特殊单证",海关认为需要时,还应提交检验证明 |
| 证明残损、品质不良或规格不符抵偿 | 退运进出境 | | |
| | 放弃交由海关处理 | | |
| | 不放弃也不退运 | 按一般进出口货物办理报关 | 按一般进出口货物申报规定提交单证 |

## 2.2.10 退关货物

退关货物又称出口退关货物。它是指出口货物在向海关申报出口后被海关放行，因故未能装上运输工具，发货单位请求将货物退运出海关监管区域不再出口的行为。

退关货物的报关程序：

（1）出口货物的发货人及其代理人应当在得知出口货物未装上运输工具，并决定不再出口之日起 3 天内，向海关申请退关；

（2）经海关核准且撤销出口申报后方能将货物运出海关监管场所；

（3）已缴纳出口税的退关货物，可以在缴纳税款之日起 1 年内提出书面申请，向海关申请退税；

（4）出口货物的发货人及其代理人办理出口货物退关手续后，海关应对所有单证予以注销，并删除有关报关电子数据。

### 思考与练习

1．简述转关运输的报关程序。
2．简述一般退运货物的报关程序。
3．简述直接退运货物的报关程序。

# 项目 3 保税货物通关

## 任务 3.1 保税加工货物通关操作

### 学习目标

1. 了解合同备案、合同报核的流程。
2. 掌握加工贸易货物进出口报关、成品出口报关的业务操作流程。

### 知识导图

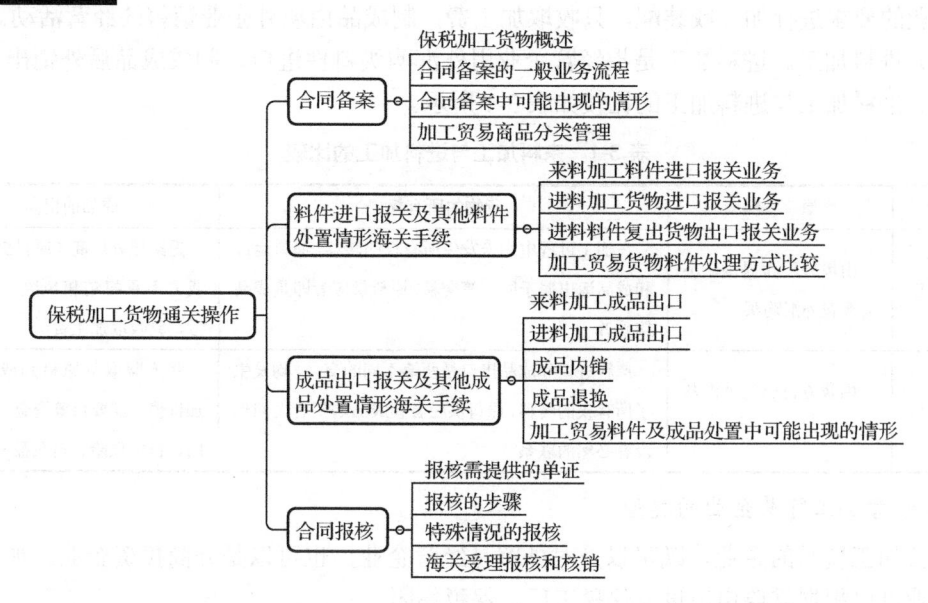

保税加工货物通关操作
- 合同备案
  - 保税加工货物概述
  - 合同备案的一般业务流程
  - 合同备案中可能出现的情形
  - 加工贸易商品分类管理
- 料件进口报关及其他料件处置情形海关手续
  - 来料加工料件进口报关业务
  - 进料加工货物进口报关业务
  - 进料料件复出货物出口报关业务
  - 加工贸易货物料件处理方式比较
- 成品出口报关及其他成品处置情形海关手续
  - 来料加工成品出口
  - 进料加工成品出口
  - 成品内销
  - 成品退换
  - 加工贸易料件及成品处置中可能出现的情形
- 合同报核
  - 报核需提供的单证
  - 报核的步骤
  - 特殊情况的报核
  - 海关受理报核和核销

## 任务实施

### 3.1.1 合同备案

**1. 保税加工货物概述**

1) 保税加工货物的定义

保税加工货物是指经海关批准未办理纳税手续进境，在境内加工、装配后复运出境的货物。保税加工货物包括专为加工、装配出口产品而从国外进口且海关准予保税的"原材料、零部件、元器件、包装物料、辅助材料"（以下简称"料件"），以及用上述料件生产的成品、半成品。

保税加工货物亦称加工贸易保税货物。加工贸易俗称"两头在外"的贸易，是指料件从境外进口在境内加工装配后，成品运往境外的贸易。

2) 保税加工货物的基本特征

保税加工货物的基本特征如下：

（1）保税加工货物需要经过海关批准，不经海关批准的任何货物不能成为保税加工货物。

（2）保税加工货物是一种监管货物，是未办理纳税手续进境的货物，是海关的监管货物。保税加工货物从进境之日起就必须置于海关的监管之下，未经海关许可，不得开拆、提取、交付、发运、调换、改装、抵押、质押、留置、转让、更换标志、移作他用或进行其他处置。

（3）应复运出境。这既是海关对保税货物的监管原则，也是经营者必须履行的法律义务。一旦决定不复运出境，就改变了保税货物的性质，不再是保税货物。

3) 加工贸易的通常形式

（1）来料加工。来料加工是指由关境外企业提供料件，经营企业不需要付汇进口，按照境外企业的要求进行加工或装配，只收取加工费，制成品由境外企业销售的经营活动。

（2）进料加工。进料加工是指经营企业用外汇购买料件进口，制成成品后外销出口的经营活动。来料加工与进料加工的比较如表3-1所示。

表3-1 来料加工与进料加工的比较

|  | 原料 | 货物的所有权 | 成品的出向 |
| --- | --- | --- | --- |
| 来料加工 | 由境外厂商提供，不需要花外汇购买 | 在加工过程中均未发生所有权的转移，原料运进和成品运出属于同一笔交易，原料供应者即是成品接受者 | 返给境外厂商（原料提供者），我方不承担销售风险，不负盈亏，只收取加工费 |
| 进料加工 | 由我方自己花外汇从国外购买 | 原料进口和成品出口是两笔不同的交易，均发生了所有权的转移，原料供应者和成品购买者之间也没有必然的联系 | 我方赚取从原料到成品的附加价值，需要自筹资金、自寻销路、自担风险、自负盈亏 |

4) 经营加工贸易企业的类型

经营加工贸易的企业，既可以是对外贸易经营企业，也可以是外商投资企业。加工贸易经营企业可以根据需要申请设立保税工厂、保税集团。

保税工厂是指由海关批准的专门从事保税加工的工厂或企业。

保税集团实质是企业联合体，是指经海关批准，在同一关区内，同行业若干个加工企业由一个具有进出口经营权的企业牵头，联合对进口料件进行多层次、多工序连续加工，直至最终产品出口的企业联合体。

5）海关对保税加工货物的监管模式

海关对保税加工货物的监管模式有两大类：一类是物理围网监管模式，包括出口加工区和跨境工业园区，采用电子账册管理；另一类是非物理围网监管模式，采用电子化手册管理或计算机联网监管。

（1）物理围网监管。所谓物理围网监管，是指经国家批准，在境内或边境线上划出一块地方，实现物理围网，让企业在围网内专门从事保税加工业务，由海关实行封闭式的监管模式。

（2）非物理围网监管。

① 电子化手册管理。电子化手册是海关适应当前加工贸易新形势、新发展的需要，从简化手续、方便企业的角度出发，运用现代信息技术和先进的管理理念，以《加工贸易手册》为管理对象，在《加工贸易手册》备案、通关、核销等环节采用"电子手册+自动核算"的模式取代现有的纸质手册，并逐步通过与相关部委的联网取消纸质单证作业，最终实现"电子申报、网上备案、无纸通关、无纸报核"的新监管模式。

② 计算机联网监管。这是高科技监管的一种方式，主要是应用计算机将海关和加工贸易企业联网，建立电子账册或电子手册，备案、进口、出口、核销都是通过计算机进行的。海关管理科学严密，企业通关便捷高效，受到普遍欢迎，是海关对保税货物监管的主要模式。

保税加工货物海关监管模式内涵示意图如图3-1所示。

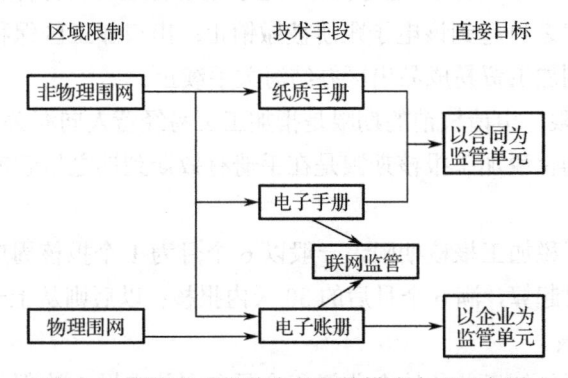

图3-1 保税加工货物海关监管模式内涵示意图

本书以电子化手册管理模式下的通关操作为例进行讲解。电子化手册管理模式目前是保税货物的常规监管模式，其特征是以合同为监管单元。这一模式适用于来料加工、进料加工、外商投资企业履行产品出口合同、保税工厂、保税集团等形式下进出口的保税加工货物，其基本程序是合同备案、货物报关、合同报核。

6）海关对保税加工货物监管的基本特征

（1）备案保税。国家规定，加工贸易料件经海关批准才能保税进口。海关批准保税是通过受理备案来实行的。凡是准予备案的加工贸易料件一律可以不办纳税手续，即保税进口。海关受理加工贸易料件备案的原则如下。

① 合法经营：是指申请保税的料件或申请保税的形式，或者保税申请人本身不属于国家禁止的范围，并且获得有关主管部门的许可，有合法进出口的凭证。

② 复运出境：是指申请保税的货物流向明确，进境加工、装配后的最终流向表明是复运出境，而且申请保税的单证能够证明进出基本是平衡的。

③ 可以监管：是指申请保税的货物无论在进出口环节，还是在境内加工、装配环节，海关都可以监管，不会因为某种不合理因素造成监管失控。

（2）纳税暂缓。国家规定专为加工出口产品而进口的料件，按实际加工复出口成品所耗用料件的数量准予免缴进口关税和进口环节增值税、消费税。这里所指的免税，是指用在出口成品上的料件可以免税。但是在料件进口的时候无法确知用于出口成品上的料件的实际数量，因此也无法免税。海关只有先准予保税，在产品实际出口并最终确定使用在出口成品上的料件数量后，再确定征免税的范围。即用于出口的免税；不出口的征税，不出口的由企业办理纳税手续。因此，保税加工的料件纳税时间被推迟到加工成品出口以后，也正是因为这个原因，保税加工货物（出口加工区的除外）经批准内销的要征收缓税利息。

（3）监管延伸。监管延伸包括地点延伸和时间延伸。保税加工的料件离开进境地口岸海关监管场所后进行加工、装配的地方，都是海关监管的场所；保税加工的料件在进境地被提取，不是海关监管的结束，而是海关保税监管的开始，海关一直要监管到加工、装配后复运出境或者办结正式进口手续为止。

① 准予保税的期限。准予保税的期限是指经海关批准保税后在境内加工、装配、复运出境的时间限制。

电子化手册管理的保税加工期限，原则上不超过 1 年，经批准可以申请延长，延长的最长期限原则上也是 1 年；联网监管模式中纳入电子账册管理的料件保税期限从企业的电子账册记录第一批料件进口之日起到该电子账册被撤销止；出口加工区保税加工的期限原则上是从加工贸易料件进区到加工贸易成品出区办结海关手续止。

② 申请核销的期限。申请核销的期限是指加工贸易经营人向海关申请核销的最后日期。

电子化手册管理的保税加工报核期限是在手册有效期到期之日起或最后一批成品出运后 30 天内。

电子账册管理的保税加工报核期限，一般以 6 个月为 1 个报核周期，首先报核是从海关批准电子账册建立之日起算，满 6 个月后的 30 天内报核；以后则从上一次报核日期起算，满 6 个月后的 30 天内报核。

出口加工区经营保税加工业务的企业每 6 个月向海关申报 1 次保税加工货物进出境、进出区的实际情况。

（4）核销结关。保税加工货物（出口加工区的除外）经过海关核销后才能"结关"。保税加工货物的报核必须如实申报实际单耗。

保税加工的料件进境后要进行加工、装配，改变原进口料件的形态，复出口的商品不再是原进口的商品。这样，向海关的报核不仅要确认进出数量是否平衡，而且还要确认成品是否由进口料件生产。在报核实践中，数量往往是不平衡的。正确处理报核中发生的数量不平衡问题，是企业报核必须解决的问题。

## 2. 合同备案的一般业务流程

业务背景及单证资料：

（编者注：由于篇幅有限，以下单证资料以电子文档的形式提供，读者可以通过扫描二维码获取。）

**阅读材料**：合同备案相关单证资料

需要说明的是，在合同备案之前，嘉兴高庄木业有限公司首先应该向所在县（嘉善县）商务局（注：现在加工贸易合同审批权已由市级下放到县级）申领《加工贸易企业经营状况及生产能力证明》。

**资料分析**：根据发票，本次业务商品名称是"RED OAK LOGS"，即"红橡木原木"；查税则号，其税则号为4403.910090；监管条件栏显示"8A"，意为"禁止出口""需经检验检疫"，检验类别为P/Q，即出境动植物、动植物产品检疫。

**具体操作**：嘉兴高庄木业有限公司准备好合同备案所需各种单证，交给代理报关方——淞海报关有限公司报关员去嘉兴海关办理。

加工贸易合同备案是指加工贸易企业持合法的加工贸易合同到主管海关备案，申请保税并领取《加工贸易登记手册》或其他准予备案凭证的行为。

合同备案的企业包括经营企业和加工企业。经营企业是指负责对外签订加工贸易进出口合同的各类进出口企业和外商投资企业，以及经批准获得来料加工经营许可的对外加工装配服务公司；加工企业是指接受经营企业委托，负责对进口料件进行加工或者装配，且具有法人资格的生产企业，以及由经营企业设立的虽不具有法人资格，但实行相对独立核算并已经办理工商营业证（执照）的工厂。

海关受理备案的加工贸易合同必须合法有效。加工贸易合同是否合法有效的标志主要是合同所涉及的加工贸易进出口国家管制商品是否获得许可。

1）合同备案的材料准备

合同备案需要的材料如下：
- 经营企业（嘉兴高庄木业有限公司）对外签订的合同（或协议）；
- 嘉兴市商务局出具的《加工贸易加工企业生产能力证明》（以下简称《生产能力证明》），经营企业在《生产能力证明》有效期内再次申请备案的，可递交加盖本企业印章的《生产能力证明》复印件；
- 经营企业委托加工的还应当递交经营企业与加工企业签订的委托加工合同（本次业务无此类情况）；
- 《加工贸易单耗申报单》（企业选择在备案环节申报单耗时提供）；
- 海关按规定需要收取的其他单证和材料。

2）预审

材料齐全后，交海关预审，预审内容包括：
- 对企业开展加工贸易的资格审核（企业是否在海关备案、经营范围、有无被海关立案调查的走私违规行为等）；
- 审核提交的单证是否齐全；

- 审核企业填报的监管方式、商品编码、征免性质、品名规格、计量单位等内容是否符合规范；
- 审核企业备案的保税料件和出口成品是否属于国家禁止进口、出口的商品，单耗是否合理；
- 审核企业生产、经营状况是否正常；
- 对初次经营加工贸易的企业提出验厂建议。

对审核无误的合同，在加工贸易合同备案申请表上加盖"同意录入"章，企业凭此录入。

不予受理备案手续的几种情况如下：
- 经营企业申请备案的进口料件或者出口成品属于国家禁止进出口的；
- 经营企业申请备案的加工产品属于海关无法实行保税监管的；
- 经营企业申请备案的加工产品属于国家禁止在我国境内加工生产的；
- 经营企业或者加工企业属于国家规定不允许开展加工贸易的；
- 经营企业无正当理由未在规定期限内向海关报核已到期的《加工贸易手册》的；
- 经营企业申请备案的单耗超过国家规定的单耗标准的；
- 法律、法规、规章规定不予备案的其他情形。

3）合同预录入

合同预录入的内容包括合同的基本信息、进口料件清单表、出口成品清单表、成品单耗表等，具体录入方式可扫描阅读"单一窗口"标准版用户手册加工贸易手册。

阅读材料："单一窗口"标准版用户手册加工贸易手册

4）海关工作时限
- 不交保证金的手册：经审核单证齐全有效，自受理起5个工作日内审批完毕，核发手册。
- 交保证金的手册：经审核单证齐全有效，自受理起5个工作日内审批完毕，企业缴纳保证金后，核发手册。

### 3. 合同备案中可能出现的情形

1）异地加工备案

国家规定开展的加工贸易业务应当由经营企业到加工企业所在地主管海关办理加工贸易合同备案手续。经营企业和加工企业可以是同一个企业，也可以不是同一个企业；可以属同一关区，也可以属不同关区。当经营企业与加工企业不在同一关区时，经营企业应先在其主管海关办理异地备案手续，然后到加工企业所在地海关办理企业备案手续后，方可再办理加工贸易合同备案业务。

（1）本关区经营企业委托外关区企业加工。

① 材料准备。需准备的材料如下：
- 加工企业所在地商务主管部门出具的《加工贸易加工企业生产能力证明》；
- 《中华人民共和国海关异地加工贸易申请表》；
- 双方企业签订的符合海关监管规定的委托加工合同；

➢ 海关按规定需要收取的其他单证和材料；

② 工作流程：接收单证→海关审核→办理异地加工贸易关封交经营单位→经营单位或其加工企业将关封送交手册备案地海关登记备案。

③ 工作时限。经审核单证齐全有效，自受理起 5 个工作日内审批完毕，核发手册。

（2）外关区经营企业委托本关区企业加工。

① 材料准备。需准备的材料如下：

➢ 经营单位主管海关加封的内有《中华人民共和国异地加工贸易申请表》《加工贸易业务批准证》《加工企业生产能力证明》的关封；

➢ 双方企业签订的符合海关监管规定的委托加工合同；

➢ 海关按规定需要收取的其他单证和材料。

② 工作流程、工作时限与本关区经营企业委托外关区企业加工的工作流程、工作时限相同。

2）《加工贸易手册》（分册）

《加工贸易手册》（分册）是指在海关核发的加工贸易《登记手册》（总册）基础上，因企业报关需要，由企业申请并经主管海关批准，将总册的部分内容重新登记备案，由海关核发该部分内容的加工贸易《登记手册》（分册）。

分册含基本情况表、进口料件情况或出口成品情况（或两者兼有），分册备案进出口数量不要求"进出口平衡"。

① 业务流程：

➢ 企业填写《加工贸易分册申请表》；

➢ 预录入《加工贸易分册呈报表》；

➢ 海关审核并核发分册。

② 办理加工贸易分册须提供的单证：

➢ 已填写并加盖印章的《加工贸易分册申请表》；

➢ 已预录入的《加工贸易分册呈报表》；

➢ 已填写并加盖印章的《加工贸易分册审批表》；

➢ 海关核发的总册、已填写基本情况的空白分册；

➢ 海关需要的其他单证。

③ 企业办理分册要注意的事项：

➢《加工贸易分册呈报表》的手册编号应与总册的手册编号相同；

➢ 分册的有效期在总册的有效期之内；

➢ 分册的进出口商品项必须在总册审批的商品项范围内；

➢ 分册经营单位、加工生产单位、商品序号、品名、规格型号、计量单位、单价、币制等必须与总册对应项一致；

➢ 分册的进出口商品数量必须在总册备案的对应商品数量范围之内。

3）5 000 美元以下 78 种列名客供辅料备案

① 递交单证。

➢ 出口合同（加盖公司公章）；

➢ 进口发票；

➢《5 000 美元以下 78 种列名辅料免税申请表》（加盖公章）。
② 工作流程。
经办人初审→科长复核→核发《征免税证明》。
③ 工作时限。
自受理齐全有效单证起当场办结。

知识拓展：5 000 美元以下 78 种列名客供辅料

**4．加工贸易商品分类管理**

1）加工贸易商品的分类管理

自 1999 年起，国家开始对加工贸易实行商品分类管理，按商品将加工贸易分为禁止类、限制类和允许类。

（1）加工贸易禁止类商品：是指《中华人民共和国对外贸易法》规定禁止进口的商品，以及海关无法实行保税监管的商品。禁止类商品不允许开展加工贸易。2004 年至今，根据国民经济发展需要和宏观调控要求，按照相关法律、法规及加工贸易管理有关规定，国家陆续将部分商品列入加工贸易禁止类目录。对列入禁止类目录的加工贸易的商品，取消其进口保税政策。按照商务部 海关总署公告 2020 年第 54 号关于调整加工贸易禁止类商品目录的公告，将《商务部、海关总署 2014 年第 90 号公告》加工贸易禁止类商品目录中符合国家产业政策，不属于高耗能、高污染的产品以及具有较高技术含量的产品剔除，共计剔除 199 个十位商品编码。同时，对部分商品禁止方式进行调整。

（2）加工贸易限制类商品：2015 年，商务部、海关总署联合发布公告（2015 年第 63 号）关于加工贸易限制类商品目录的公告。调整后的限制类目录共计 451 项商品编码。加工贸易限制类商品是指国内外差价大且海关不易监管的敏感商品，国家根据优化出口商品架构的需要，为了严格控制"两高一资"产品出口，考虑到抑制低附加值、低技术含量产品出口，减少贸易摩擦，促进贸易平衡，缓解外贸顺差过大带来突出矛盾，有利于推进加工贸易转型升级，实现外贸增长模式转变和社会经济可持续发展等因素，有时还要考虑国家实施区域发展战略的需要，引导加工贸易向中西部梯度转移，加快形成布局合理、比较优势明显、区域特点鲜明加工贸易区域发展格局，逐年对加工贸易限制类商品政策进行调整，对东部和中西部地区实行差别政策。加工贸易限制类商品包括但不限于塑料原料、聚酯切片、化纤原料、棉花、棉纱、钢材、食糖、植物油、天然橡胶、羊毛等商品。

（3）加工贸易允许类商品：是指除禁止类、限制类以外的其他商品，加工贸易企业可以自行开展此类商品的加工贸易。

2）加工贸易企业的分类管理。

海关根据企业分类管理标准对加工贸易企业设置高级认证企业、一般认证企业、一般信用企业、失信企业特殊监管区域企业与类管理措施。我国加工贸易企业保证金分类管理的具体内容如表 3-2 所示。

表 3-2　我国加工贸易企业保证金分类管理的具体内容

| 企业分类管理 | 禁止类商品 | | 限制类商品 | | 允许类商品 | | 1万美元及以下零星料件 | | 进口5 000美元及以下78种辅料 | |
|---|---|---|---|---|---|---|---|---|---|---|
| | 东部 | 中西部 | 东部 | 中西部 | 东部 | 中西部 | 东部 | 中西部 | 东部 | 中西部 |
| 高级认证企业 | 不准 | | 不交 | | 不交 | | 不交 | | 不交 | |
| 一般认证企业 | | | | | | | | | | |
| 一般信用企业 | | | 交一半 | | 不交 | | | | | |
| 失信企业 | | | 交全额 | | | | | | | |
| 特殊监管区域企业 | | | 不交 | | | | | | | |

知识拓展：加工贸易保证金

## 3.1.2　料件进口报关及其他料件处置情形海关手续

**1. 来料加工料件进口报关业务**

业务背景及单证资料：

嘉兴高庄木业有限公司签署了一笔来料加工合同，进口一批木料（详见有关单证），委托上海经贸凇海报关有限公司代理报关，相关单证资料包括销售确认书、发票、提单、装箱单、原产地证书、植物检疫证书、熏蒸/消毒证明书。

阅读材料：来料加工料件进口报关相关单证资料

来料加工料件进口报关操作流程如下。

1）审单操作

（1）确定商品品名。根据发票及提单信息显示，本次业务商品品名为"RED OAK LOGS"，即"红橡木原木"。

（2）商品归类。根据商品品名，确定其税则号为"4403.910090"。

（3）规格。根据以上信息，查《中华人民共和国进出口商品规范申报说明》，税目 4403 "原木"的申报要素包括"A.品名（中文及拉丁学名）；B.品牌类型；C.种类（树种名称）；D.加工方法（用油漆、着色剂等防腐剂处理等）；E.直径；F.长度"，品目下的子目"其他"都要"注明锯材级或切片级"。根据这一规定，本次业务商品规格栏应填报内容为："红橡木原木"（品名）、"无品牌"、"未经防腐剂处理"（加工方法）、"直径 15″以上"（直径）、"长 8′以上"（长度）、"锯材级"。

2）输单操作

下面逐一讲述本次业务报关单栏目的填写。来料加工料件进口报关单与一般进出口货物报关单相近的业务操作如表 3-3 所示，与一般进出口货物报关单不同的栏目将进行详细介绍。

## 表 3-3  来料加工料件进口报关单与一般进出口货物报关单相近的业务操作

| 序号 | 报关单栏目 | 信 息 来 源 | 本次业务操作 |
|---|---|---|---|
| 1 | 申报地海关 | 货物申报地所属直属关区/口岸海关名称及代码 | 外港海关（2225） |
| 2 | 申报状态 | 系统根据报关单进展情况自动返填 | 不可编辑 |
| 3 | 统一编号 | 系统自动生成 | 无须输入 |
| 4 | 预录入编号 | 接受申报的海关决定编号规则，计算机自动打印 | 无须输入 |
| 5 | 海关编号 | 海关接受申报时给予报关单的编号 | 无须输入 |
| 6 | 合同协议号 | 合同或协议：合同（包括协议或订单）编号 | 07-126-BI232.21 |
| 7 | 进口日期 | 相应的运输工具进境日期 | 2018-06-04 |
| 8 | 申报日期 | 预录入及 EDI 报关单向海关申报的日期，与实际情况不符时，由审单关员按实际日期修改批注 | 2018-06-05 |
| 9 | 境内收发货人 | 合同或协议：对外签订并执行贸易合同的中国境内法人、其他组织或个人的名称及海关注册编码，由计算机根据"经营单位"内容自动显示 | 嘉兴高庄木业有限公司（3304940278） |
| 10 | 境外收发货人 | 合同或协议：境外收货人通常指签订并执行出口贸易合同中的买方或合同指定的收货人，境外发货人通常指签订并执行进口贸易合同中的卖方 | DOUBLE TREE ENTERPRISE CO. LTD. |
| 11 | 消费使用单位 | 进口货物在境内的最终消费、使用单位的名称，委托方提供的资料 | 嘉兴高庄木业有限公司（3304940278） |
| 12 | 申报单位 | 对申报内容真实性直接向海关负责的企业或单位 | 上海经贸淞海报关有限公司 |
| 13 | 运输方式 | 提单（水路运输）或空运单（航空运输） | 水路运输 |
| 14 | 运输工具名称 | 载运货物进出境的运输工具名称或编号 | HYUNDAI GRACE |
| 15 | 航次号 | 提单中通常使用"Voyage No."表示的航次号 | V005W |
| 16 | 提运单号 | 提运单 | HDMUVASQ2127618 |
| 17 | 许可证号 | 国务院商务主管部门及其授权发证机关签发的进、出口货物许可证的编号 | 一般进口业务无须填写 |
| 18 | 启运国（地区） | 提运单据，提单中"Port of Loading"栏 | 美国 |
| 19 | 经停港 | 提运单据，提单中"Port of Loading"栏 | 诺福克岛 |
| 20 | 成交方式 | 发票的价格条款 | CIF |
| 21 | 运费 | 发票 | 免于填报 |
| 22 | 保费 | 发票 | 免于填报 |
| 23 | 杂费 | 发票 | 本次业务无须填写 |
| 24 | 件数 | 装箱单中"Quantity/Unit"栏 | 97 |
| 25 | 包装种类 | 装箱单中"Quantity/Unit"栏 | 其他 |
| 26 | 毛重（千克） | 装箱单、提单中"Gross Weight"栏 | 74 716.5 |
| 27 | 净重（千克） | 装箱单、提单中"Net Weight"栏 | 74 716.5 |
| 28 | 贸易国别 | 发生商业性交易的，进口填报购自国（地区） | 美国 |
| 29 | 集装箱号 | 提单中"Descriptions of Packages and Goods"栏 | 共 3 个集装箱，每个集装箱需填写集装箱号、集装箱规格拼箱标识、货重及商品项号关系 5 个栏目 |

续表

| 序号 | 报关单栏目 | 信息来源 | 本次业务操作 |
|---|---|---|---|
| 30 | 随附单证 | 业务资料中监管证件情况及附录《监管证件代码表》 | 无 |
| 31 | 入境口岸 | 提运单据：填报进境货物从跨境运输工具卸离的第一个境内口岸的中文名称或代码 | 上海港 |
| 32 | 货物存放地点 | 填报货物进境后存放的场所或地点，包括海关监管作业场所、分拨仓库、定点加工厂、隔离检疫场、企业自有仓库等 | 无相关信息 |
| 33 | 报关单类型 | 根据报关单位报关业务实际情况，选择"有纸报关""通关无纸化"等，目前大多数报关单位均为"通关无纸化" | 通关无纸化 |
| 34 | 标记唛码 | 标记唛码中除图形以外的文字、数字，无标记唛码的填报 N/M | N/M |
| 35 | 备注 | 根据相关业务单证按要求填写 | 不填 |
| 36 | 其他事项确认 | 特殊关系确认、价格影响确认、支付特许权使用费确认 | 否 |
| 37 | 业务事项 | 进出口企业、单位采用"自主申报、自行缴税"（自报自缴）模式向海关申报时，填报"是"；反之则填报"否" | 是 |
| 38 | 项号 | 报关单中的商品顺序编号 | 1 |
| 39 | 备案序号 | 备案手册中的商品顺序编号 | 1 |
| 40 | 商品编号 | 根据商品品名确定 | 4403.910090 |
| 41 | 数量及单位 | 装箱单中"Quantity"栏 | 法定第一数量：46.990；法定第一单位：立方米；法定第二数量：74 716.500；法定第二单位：千克；成交数量：46.990；成交单位：立方米 |
| 42 | 单价 | 发票 | 510.000 0 |
| 43 | 总价 | 发票 | 23 964.900 0 |
| 44 | 币制 | 发票 | USD |
| 45 | 原产国（地区） | 合同、发票中以"Made in……, Manufacture, Country of Original"等表示的国家（地区） | 美国 |
| 46 | 最终目的国（地区） | 填报已知的进出口货物的最终实际消费、使用或进一步加工制造国家（地区） | 中国 |
| 47 | 境内目的地 | 系统根据"收货单位"自动生成 | 嘉兴（33049） |

本次业务中，有以下栏目内容的填报需要特别说明。

（1）进境关别。进境关别指货物实际进入我国关境口岸海关的名称。本栏目应根据货物实际进口的口岸海关，选择填报《关区代码表》中相应的口岸海关名称及代码。

在保税加工货物中，需要注意的是：

➢ 应填手册中规定的口岸及代码；

- 按跨关区深加工结转货物，出口报关单填转出地，进口报关单填转入地；
- 不同加工区转让的货物，填报对方海关；
- 无实际进出境及无法确定口岸的，填接受货物申报海关的名称。

本次业务操作：进口关区为"外港海关"，查《加工贸易手册》，"进口口岸1"为"上海海关"，"进口口岸2"为"嘉兴海关"，填报"外港海关"符合手册规定。

（2）备案号。进出口货物收发货人在海关办理加工贸易合同备案手续时，海关核发的中华人民共和国海关《加工贸易手册》、电子账册及其分册，或者其他备案审批文件的编号。加工贸易项下货物，除少量低值辅料按规定不使用《加工贸易手册》及以后续补税监管方式办理内销征税的外，填报《加工贸易手册》编号。使用异地直接报关分册和异地深加工结转出口分册在异地口岸报关的，本栏目应填报分册号；本地直接报关分册和本地深加工结转分册限制在本地报关，本栏目应填报总册号。

加工贸易成品凭《征免税证明》转为减免税进口货物的，进口报关单填报《征免税证明》编号，出口报关单填报《加工贸易手册》编号。

对加工贸易设备之间的结转，转入和转出企业分别填制进、出口报关单，在报关单"备案号"栏目填报《加工贸易手册》编号。

此处指加工贸易合同备案文件的编号（12位）。其中，第1位是标记代码，可以区分是何种贸易。加工贸易合同备案号的标记码常用的有以下几种。

B：表示进口的料件和出口加工产品使用的《来料加工登记手册》编号。

C：表示进口的料件出口加工产品使用的《进料加工登记手册》编号。

D：表示使用《加工贸易不作价设备登记手册》进口的外商免费提供的用于加工贸易的不作价设备（重要性一般）。

Y：原产地证书代码，仅表示使用中国香港、中国澳门原产地证书适用CEPA的进口货物。

A：表示备料，一般是保税工厂、加工贸易的保税仓库进口的准备用于加工贸易的料件。

E：表示使用加工贸易联网企业使用的电子账册。

H：表示出口加工区的保税货物的电子账册备案号。

第2~5位关区代码（手册备案主管海关）；第6位是年份；第7位是经营单位企业性质（1为国营、2为合作、3为合资、4为独资）；第8~12位为手册顺序号。

涉及构成整车特征的汽车零部件的报关单，填报备案的Q账册编号。

填报要求：

一份报关单只允许填报一个备案号；无备案审批文件的报关单此栏目免于填报。

当同一批进出口货物中既有备案的商品又有非备案的商品时，应分别填写报关单申报，即分单填报。例如，某公司进口纯棉花布10 000米，其中6 000米用于加工产品后再出口，并事先在海关备案取得手册C04025004321，而另外的4 000米用于加工产品在国内销售。那么，根据描述能够判断出6 000米纯棉花布属于进料加工（根据《加工贸易手册》第1位标记代码C的含义判断出来），报关时要提供加工贸易手册，报关单备案号栏应填写C04025004321。而另外4 000米是非备案商品，属于一般贸易，应该另外填写报关单申报。同一批进出口货物中包含有不同的备案商品也应该分单填报。

本次业务操作：查《加工贸易手册》，备案号应填写B29827420238。

注意：从备案号的第一位标记码中能分析出"贸易方式""征免性质""征免方式""用途"的填写信息，它们之间是相互协调的，因此备案号标记码（第1位）表示什么要背下来。一份报关单只允许填一个备案号,将手册或者征免税证明的12位编号照抄填入到备案号栏。

**知识拓展**:备案号录入注意事项

(3)监管方式。根据实际对外贸易情况按海关规定的《监管方式代码表》选择填报相应的监管方式简称及代码。一份报关单只允许填报一种监管方式。

加工贸易货物监管方式填报要求如下:

① 进口少量低值辅料(即5 000美元以下,78种以内的低值辅料)按规定不使用《加工贸易手册》的,填报"低值辅料"。使用《加工贸易手册》的,按《加工贸易手册》上的监管方式填报。

② 外商投资企业为加工内销产品而进口的料件,属非保税加工的,填报"一般贸易"。外商投资企业全部使用国内料件加工的出口成品,填报"一般贸易"。

③ 加工贸易料件结转或深加工结转货物,按批准的监管方式填报。

④ 加工贸易料件转内销货物以及按料件办理进口手续的转内销制成品、残次品、半成品,应填制进口报关单,填报"来料料件内销"或"进料料件内销";加工贸易成品凭《征免税证明》转为减免税进口货物的,应分别填制进、出口报关单,出口报关单本栏目填报"来料成品减免"或"进料成品减免",进口报关单本栏目按照实际监管方式填报。

⑤ 加工贸易出口成品因故退运进口及复运出口的,填报"来料成品退换"或"进料成品退换";加工贸易进口料件因换料退运出口及复运进口的,填报"来料料件退换"或"进料料件退换";加工贸易过程中产生的剩余料件、边角料退运出口,以及进口料件因品质、规格等原因退运出口且不再更换同类货物进口的,分别填报"来料料件复出""来料边角料复出""进料料件复出""进料边角料复出"。

⑥ 备料《加工贸易手册》中的料件结转转入加工出口《加工贸易手册》的,填报"来料加工"或"进料加工"。

⑦ 保税工厂加工贸易进出口货物,根据《加工贸易手册》填报"来料加工"或"进料加工"。

⑧ 加工贸易边角料内销和副产品内销,应填制进口报关单,填报"来料边角料内销"或"进料边角料内销"。

⑨ 加工贸易进口料件不再用于加工成品出口,或生产的半成品(折料)、成品因故不再出口,主动放弃交由海关处理时,应填制进口报关单,填报"料件放弃"或"成品放弃"。

信息来源:根据所提供的单证判断,加工贸易应有《加工贸易手册》,其中有批注的贸易方式。据《加工贸易手册》编号第1位标记代码,也可以进行判断。

本次业务操作:《加工贸易手册》"贸易方式"栏批注为"来料加工",编号第1位标记代码为"B",可以认定为"来料加工"。

(4)征免性质。加工贸易货物报关单应按照海关核发的《加工贸易手册》中批注的征免性质简称及代码填报。特殊情况填报要求如下:

① 保税工厂经营的加工贸易,根据《加工贸易手册》填报"进料加工"或"来料加工"。

② 外商投资企业为加工内销产品而进口的料件,属非保税加工的,填报"一般征税"或其他相应征免性质。

③ 加工贸易转内销货物,按实际情况填报(如一般征税、科教用品、其他法定等)。

④ 料件退运出口、成品退运进口货物填报"其他法定"（代码0299）。

⑤ 加工贸易结转货物，本栏目免予填报。

信息来源：《加工贸易手册》中批注的征免性质简称及代码。

本次业务操作：根据《加工贸易手册》中批注的征免性质，填报"来料加工"。

（5）备注。在加工贸易报关业务中，与本报关单有关联关系的，同时在业务管理规范方面又要求填报的备案号，填报在电子数据报关单中"关联备案"栏。加工贸易结转货物及凭《征免税证明》转内销货物，其对应的备案号应填报在"关联备案"栏。

与本报关单有关联关系的，同时在业务管理规范方面又要求填报的报关单号，填报在电子数据报关单中"关联报关单"栏。加工贸易结转类的报关单，应先办理进口报关，并将进口报关单号填入出口报关单的"关联报关单"栏。

其他填写规范与一般进出口类似。

信息来源：委托方提供的有关单证。

本次业务操作：无须填写。

（6）项号（第二行，即备案序号）。本栏目专用于加工贸易、减免税等已备案、审批的货物，填报和打印该项货物在《加工贸易手册》等备案、审批单证中的顺序编号。加工贸易项下进出口货物的报关单，第一行填报报关单中的商品顺序编号，第二行填报该项商品在《加工贸易手册》中的商品项号，用于核销对应项号下的料件或成品数量。第二行特殊情况填报要求如下：

① 深加工结转货物，分别按照《加工贸易手册》中的进口料件项号和出口成品项号填报。

② 料件结转货物，包括料件、制成品和半成品折料，出口报关单按照转出《加工贸易手册》中进口料件的项号填报；进口报关单按照转进《加工贸易手册》中进口料件的项号填报。

③ 料件复出货物，包括料件、边角料、来料加工半成品折料，出口报关单按照《加工贸易手册》中进口料件的项号填报；当边角料对应一个以上料件项号时，填报主要料件项号。料件退换货物，包括料件，不包括半成品，进出口报关单按照《加工贸易手册》中进口料件的项号填报。

④ 成品退换货物，退运进境报关单和复运出境报关单按照《加工贸易手册》原出口成品的项号填报。

⑤ 加工贸易料件转内销货物，以及按料件办理进口手续的转内销制成品、半成品、残次品，应填制进口报关单，填报《加工贸易手册》进口料件的项号；加工贸易边角料、副产品内销，填报《加工贸易手册》中对应的进口料件项号。当边角料或副产品对应一个以上料件项号时，填报主要料件项号。

⑥ 加工贸易成品凭《征免税证明》转为减免税货物进口的，应先办理进口报关手续。进口报关单填报《征免税证明》中的项号，出口报关单填报《加工贸易手册》原出口成品项号，进、出口报关单货物数量应一致。

⑦ 加工贸易料件放弃或成品放弃，本栏目应填报《加工贸易手册》中的进口料件或出口成品项号。半成品放弃的应按单耗折回料件，以料件放弃申报，本栏目填报《加工贸易手册》中对应的进口料件项号。

⑧ 加工贸易副产品退运出口、结转出口或放弃，本栏目应填报《加工贸易手册》中新增的变更副产品的出口项号。

⑨ 经海关批准实行加工贸易联网监管的企业，按海关联网监管要求，企业需申报报关清

单的，应在向海关申报进出口（包括形式进出口）报关单前，向海关申报"清单"。一份报关清单对应一份报关单，报关单上的商品由报关清单归并而得。加工贸易电子账册报关单中项号、品名、规格等栏目的填制规范比照《加工贸易手册》。

优惠贸易协定项下实行原产地证书联网管理的报关单，本栏填报该项商品对应的原产地证书上的商品项号。

信息来源：《加工贸易手册》中货物的序号。

本次业务操作：查《加工贸易手册》，应填报（1）。

（7）商品名称、规格型号。加工贸易等已备案的货物，填报的内容必须与备案登记中同项号下货物的商品名称一致；加工贸易边角料和副产品内销，边角料复出口，本栏目填报其报验状态的名称和规格型号。其他填写规范与一般进出口业务一致。

信息来源：合同、发票。

本次业务操作填报："红橡木原木（RED OAK LOGS）未经防腐剂处理""直径15"以上""长 8'以上""锯材级"。

（8）数量及单位。加工贸易等已备案的货物，成交计量单位必须与《加工贸易手册》中同项号下货物的计量单位一致，加工贸易边角料和副产品内销、边角料复出口，本栏目填报其报验状态的计量单位。其他填写规范与一般进出口业务一致。

信息来源：装箱单中"Quantity"一栏。

本次业务操作：《加工贸易手册》中同项号下货物的计量单位为"立方米"，本次业务成交单位也是立方米，与《加工贸易手册》一致。成交数量为 46.990，成交单位为立方米，法定数量为 46.990，法定单位为立方米，第二数量为 74 716.500，第二单位为千克。生成报关单后，第一行显示 46.990 立方米；第二行显示 74 716.500 千克；第三行显示 46.990 立方米。

（9）征免方式。本栏目应按《征减免税方式代码表》中相应的征减免税方式的名称。加工贸易货物报关单应根据《加工贸易手册》中备案的征免规定填报；《加工贸易手册》中备案的征免规定为"保金"或"保函"的，应填报"全免"。

信息来源：《加工贸易手册》。

本次业务操作填报："全免"。

3）申报

申报流程包括电子发送及交单、配合查验、提货等现场操作。

操作程序比一般进口货物报关程序少了缴纳税费环节，其余大致一样，这里不再赘述。

编者注：在实践中，加工贸易企业的料件进口和成品出口业务间隔时间较长，一般是分开报关的，且往往委托不同的报关公司代理。因而很难搜集到一票完整的保税加工货物报关资料（含料件进口及其对应的成品出口两次报关的所有资料）。受此条件限制，本书不能完整介绍嘉兴高庄木业有限公司的成品出口报关业务操作。后文将介绍其他公司的来料加工成品出口业务。

**2. 进料加工货物进口报关业务**

业务背景及单证资料：

嘉兴大西洋钓具有限公司签署了一笔进料加工合同，原计划从韩国进口碳纤维布、玻璃纤维布各一批，从日本进口导线环、卷轮座、钓具封头、吊牌各一批（已办理加工贸易合同备案手续），后决定只从韩国进口碳纤维布，其他料件不再进口。委托上海经贸淞海报关有限公司代理报关，该业务如何操作？该业务资料的有关单证可以扫描二维码获取。

阅读材料：进料加工货物进口报关相关单证资料

1）合同变更备案

（1）加工贸易合同变更。

① 合同变更的范围。已经过海关登记备案的加工贸易合同，如果其品名、规格、金额、数量、加工期限、单耗、商品编码等发生变化的，就需要向主管海关办理合同备案变更手续，开设台账的合同还须变更台账。其中，加工期限的变更称为合同延期。

② 合同变更的审批。为简化合同变更手续，对贸易性质不变、商品品种不变，合同变更的金额小于1万美元（含1万美元）和合同延长不超过3个月的合同，仅涉及口岸、归类、规格、商品名称等变更，而不涉及数量与金额的变动，企业可直接到海关办理变更手续。加工贸易合同变更、海关备案、保证金相应程序如表3-4所示。

表3-4 加工贸易合同变更、海关备案、保证金相应程序

| 变 更 情 形 | 海关变更备案 | 保 证 金 |
|---|---|---|
| 一般变更情形 | 变更 | 不交 |
| 变更金额小于1万美元（含1万美元）和合同延长不超过3个月 | 直接变更 | 不交 |
| 1万美元及以下合同变更后超过1万美元 | 变更 | 东部地区适用一般信用企业，变更后如进料料件属限制类商品，须交一半保证金 |
| 因企业管理类别调整，合同由"不交"变为"全额交" | 变更 | 经海关批准，只对未出口部分的商品收取保证金 |

③ 业务流程。加工贸易合同变更的业务流程如下：

➢ 企业填写《合同变更申请表》（加盖经营单位公章），到预录入公司进行数据预录，并打印《企业加工合同变更预申报情况表》；

➢ 企业将原备案手册等齐全、有效的单证交海关申请手册变更；

➢ 海关办理手册变更审核；

➢ 企业向海关缴纳保证金；

➢ 海关向企业核发《登记手册》。

（2）《加工贸易手册》延期。

《加工贸易手册》的出口成品返销截止日期原则上是以企业出口合同的有效期为准，初次申报一般不得超过一年，其中，食糖、棉花、植物油、羊毛和天然橡胶加工贸易的制成品返销期限原则上不超过6个月。如企业有客观原因需要延期，必须在手册有效期内向外经贸局申请批准，海关凭外经贸局的批准证办理延期。

延期一般不得超过两次，每次延期一般不超过6个月。

① 递交单证。需要递交的单证如下：

➢ 经营企业填写的《合同延期申请表》；

➢ 海关核发的《加工贸易手册》（电子账册、电子手册企业除外）；

➢ 海关按规定需要收取的其他单证材料。

## 项目 3　保税货物通关

② 工作流程。

企业填写《合同延期申请表》→预录入"延期申请"→海关审核→核发延期后的《加工贸易手册》。

风险保证金征收：按规定征收相当于税款的保证金。

本次业务操作步骤如下：

➢ 嘉兴市大西洋钓具有限公司填写《合同变更申请表》（加盖单位公章），到预录入公司进行数据预录，并打印《企业加工合同变更预申报情况表》；

➢ 嘉兴市大西洋钓具有限公司将齐全、有效的单证交嘉兴海关申请手册变更；

➢ 嘉兴海关办理手册变更审核；

➢ 嘉兴海关向嘉兴市大西洋钓具有限公司核发《登记手册》。

2）进料加工货物报关操作

进料加工货物报关的流程与来料加工及一般进口报关的流程大致相似，此处省略申报前的单证准备环节及海关现场操作部分，不再赘述，只介绍本次业务报关单填制的情况。

进料加工报关步骤如下。

**步骤 1**：输单。

进料加工货物报关与一般货物进出口报关相近的业务操作如表 3-5 所示。

表 3-5　进料加工货物报关与一般进出口报关相近的业务操作

| 序号 | 报关单栏目 | 信息来源 | 本次业务操作 |
|---|---|---|---|
| 1 | 申报地海关 | 货物申报地所属直属关区/口岸海关名称及代码 | 吴淞海关（2202） |
| 2 | 申报状态 | 系统根据报关单进展情况自动返填 | 不可编辑 |
| 3 | 统一编号 | 系统自动生成 | 无须输入 |
| 4 | 预录入编号 | 接受申报的海关决定编号规则，计算机自动打印 | 无须输入 |
| 5 | 海关编号 | 海关接受申报时给予报关单的编号 | 无须输入 |
| 6 | 进境关别 | 货物实际进入我国关境口岸海关的名称及代码 | 吴淞海关（2202） |
| 7 | 备案号 | 《加工贸易手册》编号 | C29088421389 |
| 8 | 合同协议号 | 合同或协议：合同（包括协议或订单）编号 | JX015 |
| 9 | 进口日期 | 相应的运输工具进境日期 | 2018-12-17 |
| 10 | 申报日期 | 预录入及 EDI 报关单向海关申报的日期，与实际情况不符时，由审单关员按实际日期修改批注 | 2018-12-22 |
| 11 | 境内收发货人 | 合同或协议：对外签订并执行贸易合同的中国境内法人、其他组织或个人的名称及海关注册编码，由计算机根据"经营单位"内容自动显示 | 嘉兴大西洋钓具有限公司（3304940742） |
| 12 | 境外收发货人 | 合同或协议：境外收货人通常指签订并执行出口贸易合同中的买方或合同指定的收货人，境外发货人通常指签订并执行进口贸易合同中的卖方 | HWA SUNG TRADE |
| 13 | 消费使用单位 | 进口货物在境内的最终消费、使用单位的名称及海关注册编码，根据委托方提供的资料填写 | 嘉兴大西洋钓具有限公司（3304940742） |
| 14 | 申报单位 | 对申报内容真实性直接向海关负责的企业或单位 | 上海贸易淞海报关有限公司 |

续表

| 序号 | 报关单栏目 | 信息来源 | 本次业务操作 |
|---|---|---|---|
| 15 | 运输方式 | 提单（水路运输）或空运单（航空运输） | 航空运输 |
| 16 | 运输工具名称 | 载运货物进出境的运输工具名称或编号 | PEGASUS PLENTY |
| 17 | 航次号 | 提单中通常使用"Voyage No."表示的航次号 | 873W |
| 18 | 提运单号 | 提运单 | PCSLICSHC0802575*07 |
| 19 | 许可证号 | 国务院商务主管部门及其授权发证机关签发的进、出口货物许可证的编号 | 无须填写 |
| 20 | 启运国（地区） | 提运单据，提单中"Port of Loading"栏 | 韩国 |
| 21 | 经停港 | 提运单据，提单中"Port of Loading"栏 | 釜山 |
| 22 | 成交方式 | 发票的价格条款 | CIF |
| 23 | 运费 | 发票 | 免于填报 |
| 24 | 保费 | 发票 | 免于填报 |
| 25 | 杂费 | 发票 | 本次业务无须填写 |
| 26 | 件数 | 装箱单中"Quantity/Unit"栏 | 3 |
| 27 | 包装种类 | 装箱单中"Quantity/Unit"栏 | 纸质箱 |
| 28 | 毛重（千克） | 装箱单、提单中"Gross Weight"栏 | 74.6 |
| 29 | 净重（千克） | 装箱单、提单中"Net Weight"栏 | 21 |
| 30 | 贸易国别 | 发生商业性交易的进口填报购自国（地区），出口填报售予国（地区） | 韩国 |
| 31 | 集装箱号 | 提单中"Descriptions of Packages and Goods"栏 | 无须填写 |
| 32 | 随附单证 | 业务资料中监管证件情况及附录《监管证件代码表》 | 无 |
| 33 | 入境口岸 | 提运单据：填报进境货物从跨境运输工具卸离的第一个境内口岸的中文名称 | 吴淞港 |
| 34 | 货物存放地点 | 填报货物进境后存放的场所或地点，包括海关监管作业场所、分拨仓库、定点加工厂、隔离检疫场、企业自有仓库等 | 无相关信息 |
| 35 | 报关单类型 | 根据报关单位报关业务实际情况，选择"有纸报关""通关无纸化"等，目前大多数报关单位均为"通关无纸化" | 通关无纸化 |
| 36 | 标记唛码及备注 | 标记唛码中除图形以外的文字、数字，无标记唛码的填报 N/M | N/M |
| 37 | 其他事项确认 | 特殊关系确认、价格影响确认、支付特许权使用费确认 | 否 |
| 38 | 业务事项 | 进出口企业、单位采用"自主申报、自行缴税"（自报自缴）模式向海关申报时，填报"是"；反之则填报"否" | 是 |
| 39 | 项号 | 报关单中的商品顺序编号 | 1 |
| 40 | 备案序号 | 备案手册中的商品顺序编号 | 1 |
| 41 | 商品编号 | 根据商品品名确定 | 6815.9910.99 |
| 42 | 商品名称规格型号 | 合同、发票，且与《加工贸易手册》中的商品名称、规格型号一致 | 碳纤维布 0500-2509 |

续表

| 序号 | 报关单栏目 | 信息来源 | 本次业务操作 |
|---|---|---|---|
| 43 | 数量及单位 | 装箱单中"Quantity"一栏 | 法定数量：21.000<br>法定单位：千克<br>成交数量：21.000<br>成交单位：千克 |
| 44 | 单价 | 发票 | 30.000 0 |
| 45 | 总价 | 发票 | 630.000 0 |
| 46 | 币制 | 发票 | USD |
| 47 | 原产国（地区） | 合同、发票中以"Made in……，Manufacture，Country of original"等表示的国家（地区） | 韩国 |
| 48 | 最终目的国(地区) | 填报已知的进出口货物的最终实际消费、使用或进一步加工制造国家（地区） | 中国 |
| 49 | 境内目的地 | 系统根据"消费使用单位"自动生成 | 嘉兴（33049） |
| 50 | 征免方式 | 根据《加工贸易手册》"征免方式"栏 | 全免 |

本次业务中，有以下栏目的填报需要特别说明：

（1）提运单号。报关单所填报的提单号与提单上的提单号是不一致的，这是因为本次业务资料中的提单是货代开出的提单，业内人士称之为"货代单"，而填到报关单上的提单号应为"船东单"，即船公司开出的提单。

知识拓展：报关单填写小常识："船东单"与"货代单"

（2）监管方式。按海关规定的《贸易方式代码表》选择填报相应的贸易方式简称或代码。一份报关单只允许填报一种贸易方式。

信息来源：《加工贸易手册》。

本次业务操作：进料对口（0615）。

（3）征免性质。进料加工（503）。在以前的海关管理中，进料加工分成进料对口和进料非对口管理，但现在已不再实施进料非对口管理。因此，进料非对口的贸易方式已不再使用。凡是经海关批准进料加工的加工贸易，海关一律以进料对口管理，进口料件全额保税，报关单贸易方式栏目都填写"进料对口"或"0615"。其对应的征免性质为"进料加工"，征免方式为"全免"。

本次业务操作：本次业务为来料加工，无须填报。

进料加工报关单各栏目逻辑对应关系如表3-6所示。

表3-6 进料加工报关单各栏目逻辑对应关系

| 贸易方式 | 代码 | 备案号 | 征免性质 | 代码 | 征免 |
|---|---|---|---|---|---|
| 进料对口 | 0615 | 有（C） | 进料加工 | 503 | 全免 |
| 低值辅料 | 0815 | 无 | 进料加工 | 503 | 全免 |

**步骤2：申报**

申报工作流程包括电子发送及交单、配合查验、提货等现场操作。

知识拓展：加工贸易不作价设备报关业务

知识拓展：出料加工

3）料件进口后可能出现的几种处置情形

（1）料件退换。

① 定义及代码。料件退换是指来料、进料加工进口的保税料件因品质、规格等原因退运出境，更换料件复进口。料件退换包括"来料加工料件退换（0300）""进料加工料件退换（0700）"。

料件退换进出口时，应先退出不符合加工条件的料件，再换进符合加工条件的料件。从海关监管角度来讲，料件退换进、出口的监管方式应该一致，同一手册（账册）的料件退换进、出口的数量、美元值应该一致。

② 适用范围。料件退换进、出口的监管方式不适用于来料加工、进料加工过程中产生的剩余料件、边角料、废料退运出境，以及进口料件因品质、规格等原因退运出境且不再更换同类货物进境。这几类货物分别适用于以下监管方式：来料料件复出（0265）、来料边角料复出（0865）、进料料件复出（0664）、进料边角料复出（0864）。

③ 所需单证。所需单证包括发票、装箱单、料件退换说明、料件退换协议、《加工贸易手册》、原进口报关单、报关委托书等。

④ 报关单有关栏目的填报。料件退换报关单主要栏目应填报内容如表3-7所示。

表3-7 料件退换报关单主要栏目应填报内容

| 栏　　目 | 应填报内容 |
| --- | --- |
| 监管方式 | 来/进料料件退换（根据原进境贸易方式进行选择） |
| 征免性质 | 其他法定 |
| 备案号 | 《加工贸易手册》编号 |
| 运输方式 | 实际出/进境运输方式 |
| 运输工具名称 | 实际出/进境运输工具名称 |
| 起运国/运抵国 | 实际起运国/运抵国 |
| 项号（第2行） | 手册对应进口料件项号 |
| 征免方式 | 全免 |

（2）余料结转。

① 定义及代码。剩余料件，是指加工贸易企业在从事加工复出口业务过程中剩余的、可以继续用于加工制成品的加工贸易进口料件。加工贸易企业申请将剩余料件结转到另一个加工贸易合同使用，限同一经营单位、同一加工厂、同样进口料件和同一加工贸易方式。经海关加贸部门审批，同意后开具"余料结转工作联系单"，企业凭此办理手续。余料结转包括"来

料加工余料结转（0258）""进料加工余料结转（0657）"。

② 所需单证。经营企业转入、转出《登记手册》；进口货物报关单；经营企业拟结转的剩余料件清单；经营企业申请报告；来料加工余料结转，企业还应递交经外商确认的有关函电或协议；其他按规定应提交的单证。

③ 报关单有关栏目填报。余料结转报关单主要栏目应填报内容如表3-8所示。

表3-8 余料结转报关单主要栏目应填报内容

| 栏　　目 | 应填报内容 ||
|---|---|---|
| 监管方式 | 来/进料余料结转 ||
| 进出境关别 | 接受申报的海关 ||
| 征免性质 | 免于填报 ||
| 备案号 | 转入手册编号（形式进口时） | 转出手册编号（形式出口时） |
| 运输方式 | 其他运输 ||
| 运输工具名称 | 免予填报 ||
| 起运国/运抵国 | 中国 ||
| 备注 | 转出手册编号 | 转入进口报关单号；转入手册编号 |
| 项号（第2行） | 转入手册对应进口料件项号 | 转出手册对应进口料件项号 |
| 征免方式 | 全免 ||

（3）深加工结转。

① 定义及代码。深加工结转是指加工贸易企业将保税进口料件加工的产品转至另一加工贸易企业进一步加工后复出口的经营活动。对转出企业而言，深加工结转视同出口，应办理出口报关手续，如以外汇结算的，海关可以办理收汇报关单证明手续；对转入企业而言，深加工结转视同进口，应办理进口报关手续，如与转出企业以外汇结算的，海关可以办理付汇报关单证明手续。深加工结转包括"来料深加工结转货物（0255）""进料深加工结转货物（0654）"。

② 所需单证：保税货物结转审批表；加工贸易保税料件深加工结转申请表；加工贸易《登记手册》；海关按规定需收取的其他单证资料。

③ 报关单有关栏目填报。深加工结转报关单主要栏目应填报内容如表3-9所示。

表3-9 深加工结转报关单主要栏目应填报内容

| 栏　　目 | 应填报内容 ||
|---|---|---|
| ^^ | 形式进口 | 形式出口 |
| 贸易方式 | 来/进料深加工 ||
| 进出境关别 | 接受申报的海关 ||
| 征免性质 | 免予填报 ||
| 备案号 | 转入手册编号（形式进口时） | 转出手册编号（形式出口时） |
| 运输方式 | 其他运输 ||
| 运输工具名称 | 免予填报 ||
| 起运国/运抵国 | 中国 ||
| 备注 | 转出手册编号 | 转入进口报关单号；转入手册编号 |
| 项号（第2行） | 转入手册对应进口料件项号 | 转出手册对应出口成品项号 |
| 征免方式 | 全免 ||

④ 深加工结转业务办理流程。

计划申报（如未报或错报未获批者，重新从头申报）。转出企业持"转出计划"、"深加工结转申请表"（共四联）至海关备案；海关备案，后三联退转出企业交转入企业；转入企业持"转入计划"、"深加工结转申报表"（后三联、填本企业内容并签章），20日内向主管海关备案；转入海关审核，第三、第四联退转入、转出企业（第三、四联成为报关随附单据）。

收、发货均登记"结转情况登记表"，并加盖"结转专用名章"。退货同样登记，并注明"退货"，加盖"结转专用名章"。

深加工结转报关：先进后出。因为无监管区，同意先进再出。

转入企业凭"申请表""登记表"等办理结转进口报关，并于次日将报关情况通知转入企业；转出企业10日内凭"申请表""登记表"等办理出口报关。如分批报关结转，则须在90日内完成。

转出、转入报关申报价格为结转货物的实际成交价格。两份报关单相对应，申报序号、商品编号、数量、价格、手册编号均应当一致。注意关联备案号的填写。

深加工结转业务办理流程如图3-2所示。

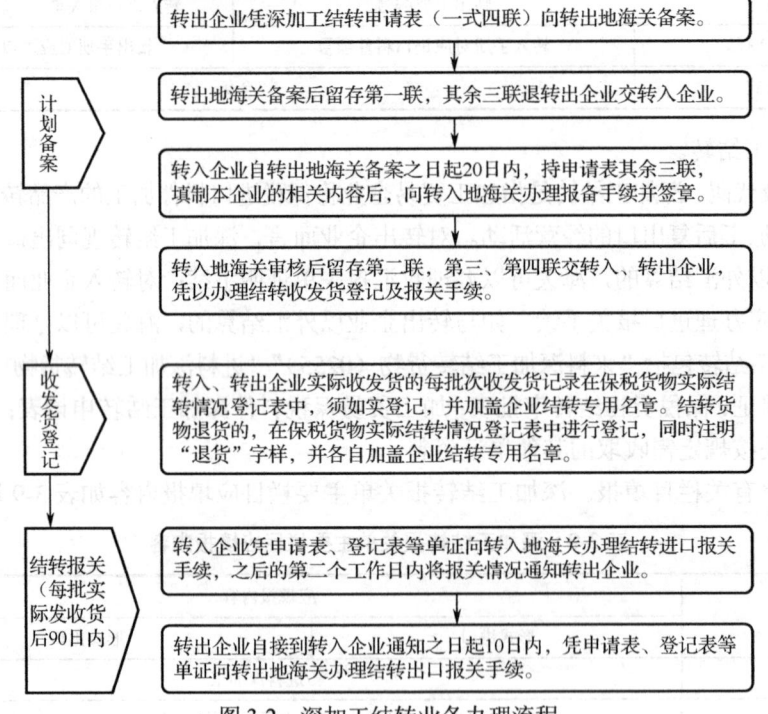

|  |  |
|---|---|
| 计划备案 | 转出企业凭深加工结转申请表（一式四联）向转出地海关备案。 |
| | 转出地海关备案后留存第一联，其余三联退转出企业交转入企业。 |
| | 转入企业自转出地海关备案之日起20日内，持申请表其余三联，填制本企业的相关内容后，向转入地海关办理报备手续并签章。 |
| | 转入地海关审核后留存第二联，第三、第四联交转入、转出企业，凭以办理结转收发货登记及报关手续。 |
| 收发货登记 | 转入、转出企业实际收发货的每批次收发货记录在保税货物实际结转情况登记表中，须如实登记，并加盖企业结转专用名章。结转货物退货的，在保税货物实际结转情况登记表中进行登记，同时注明"退货"字样，并各自加盖企业结转专用名章。 |
| 结转报关（每批实际发收货后90日内） | 转入企业凭申请表、登记表等单证向转入地海关办理结转进口报关手续，之后的第二个工作日内将报关情况通知转出企业。 |
| | 转出企业自接到转入企业通知之日起10日内，凭申请表、登记表等单证向转出地海关办理结转出口报关手续。 |

图3-2 深加工结转业务办理流程

**知识拓展**：深加工结转业务企业录入相关操作流程及注意事项

（4）料件内销。

① 定义及代码。料件内销是指经营企业因故不能按规定加工复出口，而需将保税进口料件在国内销售，或转用于内销产品的生产，包括"来料料件内销（0245）""进料料件内销（0644）""来料边角料内销（0845）""进料边角料内销（0844）"。

料件内销贸易方式不包括以下情形：

- 来料、进料加工之成品或半成品，在境内转让给其他承接进口料件加工复出口业务之单位再加工装配，其贸易方式应为"来料深加工结转货物（0255）"或"进料深加工结转货物（0654）"。
- 海关事后发现有关企业擅自内销按走私处理的情形。

② 加工贸易保税进口料件内销的条件。加工贸易保税进口料件应全部加工出口，确有特殊原因需内销的，须具备下列条件之一：

- 外商因故与经营单位协商，要求中止执行原已签订的出口合同，经营企业能够提供有关证明，并且从价格等方面考虑，很难再签订新的出口合同。
- 因国际市场价格下跌，经营企业继续执行原已签订的开价出口合同将遭受严重的经济损失，并且能够提供已与外商达成的中止执行合同的协议。
- 进口料件已投入加工使用，但加工的制成品质量不符合已签订的出口合同规定的标准。
- 因改进加工工艺、降低单耗而产生一部分余料，或者由于加工工艺的技术要求，而不可避免地产生了数量合理的边角料。
- 因不可抗力致使已签订的出口合同无法继续执行。
- 具备其他要求内销的正当理由。

③ 加工贸易进口保税料件内销的办理流程，即向主管海关办理补税和核销手续，需提交以下材料：

- 加工贸易货物内销补税审批表；
- 加工贸易货物内销征税联系单；
- 加工贸易《登记手册》；
- 许可证件；
- 内销补税对应的原进口报关单；
- 海关按规定需收取的其他单证资料。

海关除依法补征税款外，还要加征缓税利息。加工贸易缓税利息根据填发税款缴款书的上一年度 12 月 31 日中国人民银行公布的活期存款储蓄利息率按日征收。

缓税利息计算公式：缓税利息=补征税款×计息期限×活期存款储蓄年利息率÷360。

企业内销补税后，再向主管海关办理核销手续。

未经批准，擅自内销加工贸易保税料件或成品的，按照《中华人民共和国海关法》《中华人民共和国海关法行政处罚实施细则》的有关规定处理。

④ 报关单有关栏目填报。料件内销报关单主要栏目应填报内容如表 3-10 所示。

表 3-10 料件内销报关单主要栏目应填报内容

| 栏　目 | 应填报内容 |
| --- | --- |
| 监管方式 | 来/进料料件内销 |
| 进境关别 | 接受申报的海关 |
| 征免性质 | 一般征税 |
| 备案号 | 《加工贸易手册》编号 |
| 运输方式 | 其他运输 |
| 运输工具名称 | 免予填报 |
| 起运国 | 中国 |

续表

| 栏　目 | 应填报内容 |
| --- | --- |
| 随附单据代码 | C |
| 备注 | 海关审核通过的内销征税联系单号 |
| 项号（第2行） | 手册对应进口料件项号 |
| 原产国 | 原进口料件原产国 |
| 征免 | 照章征税 |

**注意**：加工贸易料件转内销货物（以及按料件办理进口手续的转内销制成品、半成品、残次品）应填制进口报关单，填报《加工贸易手册》进口料件的项号；加工贸易边角料、副产品内销，填报《加工贸易手册》中对应的进口料件项号。当边角料或副产品对应一个以上料件项号时，填报主要料件项号。

⑤ 加工贸易进口涉证商品转内销有关规定。加工贸易企业进口涉证商品因故不能复出口需转内销的，主管海关给予办理加工贸易内销补税核销手续。

到期也无法提交相关进口管理机构签发的进口许可证件，主管海关按照"35号文"的规定补征税款及税款利息，并处进口料件案值等值以下、30%以上的罚款后，按规定为企业办理《加工贸易手册》核销手续。

⑥ 特殊加工贸易商品转内销的有关规定。以加工贸易方式进口的原料药、药材及其制成品，按照有关规定禁止内销。

企业开展游戏设备及其零、附件加工贸易业务，应按规定全部加工复出口；逾期不能出口的，禁止内销，由海关依法予以收缴或监督有关企业予以销毁。

对只读光盘和光盘生产设备、易制毒化学品、军民同用化学品加工贸易内销，企业除提供本办法规定的文件材料外，还须提供有关部门出具的进口批准证。若无法提供相应进口批准证，将不予批准内销。

（5）保税货物外发加工。

① 定义。外发加工是指加工贸易企业因受自身生产工序限制，经海关批准并办理有关手续，委托承揽企业对加工贸易出口产品生产环节中的个别工序进行加工，在规定期限内将加工后的产品运回本企业并最终复出口的行为。

② 申请资格。

- 开展外发加工的企业主要是各级外贸公司及工贸公司；
- 外发加工企业和承接外发加工企业的海关管理类别须在C级以上；
- 企业经营情况正常，审计、年检合格；
- 无走私违规情事发生；
- 海关认为需符合的其他有关条件。

③ 审批原则。

- 料件进口特别是属重点敏感和限制类商品的，原则上不得直接外发加工；
- 外发加工仅限于整个生产过程中因环保、工艺上的特殊要求等原因而无法自身完成的某道次要工序或后处理工序，重要工序不得外发加工；
- 承接外发加工企业原则上应在本关区范围内寻找；
- 对加工贸易重点敏感商品、限制类商品外发加工，必要时收取风险担保金；

- 外发加工时限不得超过手册的有效期；
- 对需外发加工的加工贸易合同，在合同备案时需向海关提出申请。

④ 所需单证。
- 企业签章的《中华人民共和国海关保税货物外发加工申请表》（以下简称《外发加工申请表》）；
- 经营企业与承揽企业签订的加工合同或协议；
- 合同双方对委托加工的材料、制成品、残次品、边角料等货物的财务和仓库管理制度文件；
- 承接加工企业《营业执照》、税务登记证、法定代表人身份证明复印件；
- 《登记手册》（手册未领取的除外）；
- 承接加工企业的海关登记编码及《加工企业生产能力证明》；
- 按规定需提供的其他单证。

⑤ 业务流程。
- 企业递交有关单证；
- 海关审核，并核发回执（将回执粘贴在手册粘贴栏内并加盖骑缝章）；
- 企业根据海关要求如实报告外发加工货物的发运、加工、单耗、存储等情况。

(6) 加工贸易"串料"。

① 定义。经营企业因加工出口产品急需，申请本企业内部进行"料件串换"的，需提交书面申请并符合串换料件之间的同品种、同规格、同数量、关税、许可证件管理等规定的条件。经海关批准的保税进口料件和征税进口料件之间及保税进口料件和国产料件之间发生串换，串换下来的同等数量的保税进口料件，由企业自行处置。

料件串换情形及条件、被串换料件的处置对照表如表 3-11 所示。

表 3-11 料件串换情形及条件、被串换料件的处置对照表

| 料件串换情形 | 料件串换条件 | 被串换料件的处置 |
| --- | --- | --- |
| 保税料件与保税料件串换 | 同品种、同规模、同数量 | 继续受保税管理 |
| 保税料件与已征税进口料件串换 | 同品种、同规模、同数量 | 被串换料件可自行处置 |
| 保税料件与国产料件串换 | 同品种、同规模、同数量 | 被串换料件可自行处置 |
| | 关税税率为零、非许可证件管理 | |

**注意**：来料加工保税进口料件不得参与串换。

② 所需单证。
- 企业申请串换的书面申请报告，详细说明因加工出口产品急需的有关情况，并随附相关加工合同；
- 需串换的保税料件涉及的电子手册、电子账册或电子化手册编号，以及列有需串换保税料件的备案序号、品名、商品编码、规格、数量的详细清单；
- 说明用以串换的非保税料件来源的相关资料，如用以串换的非保税料件是国产料件，则需附有国内购货合同、发票或企业关于料件国内采购情况的书面说明；如用以串换的非保税料件是进口料件，则需提供有关料件对应的进口报关单复印件；
- 按规定需要收取的其他证明文件和材料。

③ 业务流程。
- 经营企业向主管海关提出申请并提交申请文件资料；

➤ 主管海关受理后进行审核，做出是否准予其串换的决定并书面告知企业。

（7）加工贸易料件复出。

① 定义及代码。加工贸易料件复出是指来料加工、进料加工的保税料件因品质、规格等原因退运，以及加工过程中产生的剩余料件、边角料、废料退运出境。

来料加工料件复出监管方式代码"0265"；

来料加工边角料复出监管方式代码"0865"；

进料加工料件复出监管方式代码"0664"；

进料加工边角料复出监管方式代码"0864"。

② 适用范围。

本监管方式适用于以下范围：来料加工、进料加工进口的保税料件因品质、规格等原因退运，以及加工过程中产生的剩余料件、边角料、废料退运出境；经营企业因加工贸易出口产品售后服务需要，申请出口《加工贸易手册》项下进口的保税料件。

本监管方式不适用于以下范围：加工贸易进口料件、剩余料件及边角料、废料复运出境后更换同类货物进口，监管方式为"来料料件退换"（0300）、"进料料件退换"（0700）。

③ 所需单证。所需单证包括发票、装箱单、料件复出的说明、料件复出的协议、《加工贸易手册》、原进口报关单（手册核销联）代理报关委托书等。

④ 报关单有关栏目填报。加工贸易料件复出报关单主要栏目应填报内容如表3-12所示。

表3-12　加工贸易料件复出报关单主要栏目应填报内容

| 栏　目 | 应填报内容 |
| --- | --- |
| 监管方式 | 来/进料料件复出 |
| 出境关别 | 指定范围实际进出口岸海关 |
| 征免性质 | 其他法定 |
| 备案号 | 《加工贸易手册》编号 |
| 运输方式 | 实际出境运输方式 |
| 运输工具名称 | 实际出境运输工具名称 |
| 起运国/运抵国 | 实际运抵国 |
| 项号（第2行） | 手册对应进口料件项号 |
| 最终目的国 | 实际最终目的国 |
| 征免方式 | 全免 |

**注意**：料件复出货物（包括料件、边角料、来料加工半成品折料），出口报关单按照《加工贸易手册》中进口料件的项号填报；当边角料对应一个以上料件项号时，填报主要料件项号。料件退换货物包括料件，但不包括半成品。

**3. 进料料件复出货物出口报关业务**

业务背景及单证资料：

阳明实业（浙江）有限公司，于2019年8月2日从中国台湾的台湾必翔实业有限公司进口料件，其中部分料件与《加工贸易手册》上的成车机型不匹配，同时在加工过程中还产生了部分残次品，阳明实业（浙江）有限公司经与台湾必翔实业有限公司协商，退回与成车机型不匹配的部分料件及部分残次品，有关单证资料扫描二维码获取。

项目 3　保税货物通关

阅读材料：进料料件复出货物出口报关相关单证资料

进料料件复出货物出口报关单各栏填报内容如表 3-13 所示。

表 3-13　进料料件复出货物出口报关单各栏填报内容

| 序号 | 报关单栏目 | 信息来源 | 本次业务操作 |
| --- | --- | --- | --- |
| 1 | 申报地海关 | 货物申报地所属直属关区/口岸海关名称及代码 | 上海海关（2200） |
| 2 | 申报状态 | 系统根据报关单进展情况自动返填 | 不可编辑 |
| 3 | 统一编号 | 系统自动生成 | 无须输入 |
| 4 | 预录入编号 | 接受申报的海关决定编号规则，计算机自动打印 | 无须输入 |
| 5 | 海关编号 | 海关接受申报时给予报关单的编号 | 无须输入 |
| 6 | 出境关别 | 货物实际进入我国关境口岸海关的名称 | 上海海关（2200） |
| 7 | 备案号 | 《加工贸易手册》编号 | C29088420692 |
| 8 | 合同协议号 | 合同或协议：合同（包括协议或订单）编号 | 资料未显示相关信息 |
| 9 | 出口日期 | 运载出口货物的运输工具办结出境手续的日期 | 免予填报 |
| 10 | 申报日期 | 预录入及 EDI 报关单向海关申报的日期，与实际情况不符时，由审单关员按实际日期修改批注 | 免予填报 |
| 11 | 境内收发货人 | 合同或协议：对外签订并执行贸易合同的中国境内法人、其他组织或个人的名称及海关注册编码，由计算机根据"经营单位"内容自动显示 | 阳明实业（浙江）有限公司（3304940862） |
| 12 | 境外收发货人 | 合同或协议：境外收货人通常指签订并执行出口贸易合同中的买方或合同指定的收货人，境外发货人通常指签订并执行进口贸易合同中的卖方 | 台湾必翔实业有限公司 |
| 13 | 生产销售单位 | 进口货物在境内的最终消费、使用单位的名称及海关注册的编码，根据委托方提供的资料 | 阳明实业（浙江）有限公司（3304940862） |
| 14 | 申报单位 | 对申报内容真实性直接向海关负责的企业或单位 | 阳明实业（浙江）有限公司 |
| 15 | 运输方式 | 提单（水路运输）或空运单（航空运输） | 水路运输 |
| 16 | 运输工具名称 | 载运货物进出境的运输工具名称或编号 | 资料未显示相关信息 |
| 17 | 航次号 | 提单中通常使用"Voyage No."表示的航次号 | 资料未显示相关信息 |
| 18 | 提运单号 | 提运单 | 资料未显示相关信息 |
| 19 | 监管方式 | 根据实际对外贸易情况按海关规定的《监管方式代码表》选择填报相应的监管方式简称及代码 | 进料料件复出（0664） |
| 20 | 征免性质 | 根据实际情况按海关规定的《征免性质代码表》选择填报相应的征免性质简称及代码 | 其他法定（299） |
| 21 | 许可证号 | 国务院商务主管部门及其授权发证机关签发的进、出口货物许可证的编号 | 无须填写 |
| 22 | 运抵国（地区） | 提运单据，根据提单中"Port of Loading"栏所填内容 | 中国台湾 |
| 23 | 指运港 | 提运单据，根据提单中"Port of Loading"栏所填内容 | 资料未显示相关信息 |
| 24 | 成交方式 | 发票的价格条款 | FOB |
| 25 | 运费 | 发票 | 免予填报 |

续表

| 序号 | 报关单栏目 | 信息来源 | 本次业务操作 |
|---|---|---|---|
| 26 | 保费 | 发票 | 免于填报 |
| 27 | 杂费 | 发票 | 本次业务无须填写 |
| 28 | 件数 | 装箱单中"Quantity/Unit"栏 | 5 |
| 29 | 包装种类 | 装箱单中"Quantity/Unit"栏 | 纸质箱 |
| 30 | 毛重（千克） | 装箱单、提单中"Gross Weight"栏 | 37.9 |
| 31 | 净重（千克） | 装箱单、提单中"Net Weight"栏 | 32.04 |
| 32 | 贸易国别 | 发生商业性交易的进口填报购自国（地区），出口填报售予国（地区） | 中国台湾 |
| 33 | 集装箱号 | 提单中"Descriptions of Packages and Goods"栏 | 无须填写 |
| 34 | 随附单证 | 根据业务资料中监管证件情况及附录《监管证件代码表》 | 无 |
| 35 | 出境口岸 | 提运单据：填报进境货物从跨境运输工具卸离的第一个境内口岸的中文名称或代码 | 上海港 |
| 36 | 货物存放地点 | 填报货物进境后存放的场所或地点，包括海关监管作业场所、分拨仓库、定点加工厂、隔离检疫场、企业自有仓库等 | 无相关信息 |
| 37 | 报关单类型 | 根据报关单位报关业务实际情况，选择"有纸报关""通关无纸化"等，目前大多数报关单位均为"通关无纸化" | 通关无纸化 |
| 38 | 标记唛码及备注 | 标记唛码中除图形以外的文字、数字，无标记唛码的填报N/M | N/M |
| 39 | 其他事项确认 | 特殊关系确认、价格影响确认、支付特许权使用费确认 | 否 |
| 40 | 业务事项 | 进出口企业、单位采用"自主申报、自行缴税"（自报自缴）模式向海关申报时，填报"是"；反之则填报"否" | 是 |
| 41 | 项号 | 报关单中的商品顺序编号 | 1、2 |
| 42 | 备案序号 | 备案手册中的商品顺序编号 | 22、37 |
| 43 | 商品编号 | 根据商品品名确定 | 8537.1011.90、8537.1011.90 |
| 44 | 商品名称规格型号 | 合同、发票，且与《加工贸易手册》中的商品名称、规格型号一致 | 残疾车控制器、残疾车用控制器 |
| 45 | 数量及单位 | 装箱单中"Quantity"一栏 | 第1项货物：101units<br>0<br>101units<br>第2项货物：4units<br>0<br>4units |
| 46 | 单价 | 发票 | 第1项货物：28.290 0<br>第2项货物：26.060 0 |

续表

| 序号 | 报关单栏目 | 信息来源 | 本次业务操作 |
|---|---|---|---|
| 47 | 总价 | 发票 | 第1项货物：2857.29<br>第2项货物：104.24 |
| 48 | 币制 | 发票 | 第1项货物：USD<br>第2项货物：USD |
| 49 | 原产国（地区） | 合同、发票中以"Made in……，Manufacture，Country of Original"等表示的国家（地区） | 第1项货物：中国<br>第2项货物：中国 |
| 50 | 最终目的国（地区） | 填报已知的进出口货物的最终实际消费、使用或进一步加工制造国家（地区） | 第1项货物：中国台湾<br>第2项货物：中国台湾 |
| 51 | 境内货源地 | 系统根据"消费使用单位"自动生成 | 第1项货物：嘉兴（33049）<br>第2项货物：嘉兴（33049） |
| 52 | 征免方式 | 《加工贸易手册》"征免方式"栏 | 第1项货物：全免<br>第2项货物：全免 |

### 4．加工贸易货物料件处理方式比较

加工贸易货物料件处置环节几种近似的贸易方式的比较如表3-14所示。

表3-14　加工贸易货物料件处置环节几种近似的贸易方式的比较

| 贸易方式 | 比较内容 |
|---|---|
| 异地加工 | 经营企业委托另一关区加工企业加工，并在加工企业所在地海关备案，成品回收后出口 |
| 外发加工 | 已备案合同内料件，委托另一企业进行某工序加工，产品运回（或经海关批准不运回）后复出口 |
| 深加工结转 | 将加工贸易产品（半成品）结转至另一关区企业，由其重新备案后深加工，并由深加工企业出口 |
| 剩余料件结转 | 从一个合同结转至本企业另一个合同 |

加工贸易料件进口及料件进口后处置环节报关单填制各栏目对应关系如表3-15所示。

表3-15　加工贸易料件进口及料件进口后处置环节报关单填制各栏目对应关系

| 项目 | 料件进口 | 料件退换 | 余料结转 | 深加工结转 | 料件内销 | 料件复出 |
|---|---|---|---|---|---|---|
| 进出境形式 | 进境 | 先出境后进境 | 形式进口 | 形式出口 | 形式进口 | 形式出口 | 形式进口 | 出境 |
| 贸易方式 | 来料加工 | 进料对口 | 来/进料料件退换 | 来/进料料件退换 | 来/进料料件深加工 | 来/进料料件内销 | 来/进料料件复出 |
| 进出境关别 | 指定范围内实际进出口岸的海关 | 接受申报的海关 | 指定范围实际进出口岸的海关 |
| 征免性质 | 来料加工 | 进料对口 | 其他法定 | 免于填报 | 一般征税 | 其他法定 |
| 备案号 | 《加工贸易手册》编号 | 转入手册编号 | 转出手册编号 | 转入手册编号 | 转出手册编号 | 《加工贸易手册》编号 |
| 运输方式 | 实际进境运输方式 | 实际出/进境运输方式 | 其他运输 | 实际出境运输方式 |
| 运输工具名称 | 实际进境运输工具名称 | 实际出/进境运输工具名称 | 免于填报 | 实际出境运输工具名称 |

续表

| 项目 | 料件进口 | 料件退换 | 余料结转 | 深加工结转 | 料件内销 | 料件复出 |
|---|---|---|---|---|---|---|
| 起运国/运抵国 | 实际起运国 | 实际起运/运抵国 | 中国 | 中国 | | 实际运抵国 |
| 备注 | — | | 转出手册编号 | 转入进口报关单号、转入手册编号 | 转出手册编号 | 转入进口报关单号、转入手册编号 | — | — |
| 项号（第2行） | 手册对应进口料件项号 | 转入手册对应进口料件项号 | 转出手册对应进口料件项号 | 转入手册对应进口料件项号 | 转出手册对应进口料件项号 | 手册对应进口料件项号 |
| 原产国/最终目的国 | 料件进口原产国/成品出口最终目的国 | 原进口料件原产国 | 原进口料件原产国 | 中国 | 原进口料件原产国 | 实际最终目的国 |
| 征免方式 | 全免 | | | | 照章征税 | 全免 |

### 3.1.3 成品出口报关及其他成品处置情形海关手续

在加工贸易中，所出口的成品一般是指全部使用进口料件加工所得成品，其出口是免税的；但如果成品加工过程中使用了部分国产料件，且成品为出口应税商品，则须按其所使用的国产料件的比例（价值）征收出口关税。

出口环节可能出现的情况包括来料加工成品出口、进料加工成品出口、成品内销及成品退换等情形。

**1. 来料加工成品出口**

**业务背景及单证资料：**

嘉兴恒丰包装有限公司，根据与中国台湾 BRAVO PACKAGING CO.LTD. 公司签署的来料加工协议，将一批加工好的成品出口，有关单证资料可通过扫描二维码获取。

**阅读材料**：来料加工成品出口相关单证资料

来料加工成品出口报关单各栏填报内容如表 3-16 所示。

表 3-16 来料加工成品出口报关单各栏填报内容

| 序号 | 报关单栏目 | 信息来源 | 本次业务操作 |
|---|---|---|---|
| 1 | 申报地海关 | 货物申报地所属直属关区/口岸海关名称及代码 | 上海海关（2200） |
| 2 | 申报状态 | 系统根据报关单进展情况自动返填 | 不可编辑 |
| 3 | 统一编号 | 系统自动生成 | 无须输入 |
| 4 | 预录入编号 | 接受申报的海关决定编号规则，计算机自动打印 | 无须输入 |

续表

| 序号 | 报关单栏目 | 信息来源 | 本次业务操作 |
|---|---|---|---|
| 5 | 海关编号 | 海关接受申报时给予报关单的编号 | 无须输入 |
| 6 | 出境关别 | 货物实际进入我国关境口岸海关的名称 | 上海海关（2200） |
| 7 | 备案号 | 《加工贸易手册》编号 | B29089320811 |
| 8 | 合同协议号 | 合同或协议：合同（包括协议或订单）编号 | HF-200910LL |
| 9 | 出口日期 | 运载出口货物的运输工具办结出境手续的日期 | 免予填报 |
| 10 | 申报日期 | 预录入及EDI报关单向海关申报的日期，与实际情况不符时，由审单关员按实际日期修改批注 | 免予填报 |
| 11 | 境内收发货人 | 合同或协议：对外签订并执行贸易合同的中国境内法人、其他组织或个人的名称及海关注册编码，由计算机根据"经营单位"内容自动显示 | 嘉兴恒风包装有限公司（3304931107） |
| 12 | 境外收发货人 | 合同或协议：境外收货人通常指签订并执行出口贸易合同中的买方或合同指定的收货人，境外发货人通常指签订并执行进口贸易合同中的卖方 | BRAVO PACKAGING CO.LTD. |
| 13 | 生产销售单位 | 进口货物在境内的最终消费、使用单位的名称，委托方提供的资料 | 嘉兴恒风包装有限公司（3304931107） |
| 14 | 申报单位 | 对申报内容真实性直接向海关负责的企业或单位 | 嘉兴恒风包装有限公司 |
| 15 | 运输方式 | 提单（水路运输）或空运运单（航空运输） | 水路运输 |
| 16 | 运输工具名称 | 载运货物进出境的运输工具名称或编号 | SITC SHANGHAI |
| 17 | 航次号 | 提单中通常使用"Voyage No."表示的航次号 | 649S |
| 18 | 提运单号 | 提运单 | DSLL10020159 |
| 19 | 监管方式 | 根据实际对外贸易情况按海关规定的《监管方式代码表》选择填报相应的监管方式简称及代码 | 来料加工（0214） |
| 20 | 征免性质 | 根据实际情况按海关规定的《征免性质代码表》选择填报相应的征免性质简称及代码 | 来料加工（502） |
| 21 | 许可证号 | 国务院商务主管部门及其授权发证机关签发的进、出口货物许可证的编号 | 无须填写 |
| 22 | 运抵国（地区） | 提运单据，提单中"Port of Loading"栏 | 中国台湾 |
| 23 | 指运港 | 提运单据，提单中"Port of Loading"栏 | 基隆 |
| 24 | 成交方式 | 发票的价格条款 | FOB |
| 25 | 运费 | 发票 | 免于填报 |
| 26 | 保费 | 发票 | 免于填报 |
| 27 | 杂费 | 发票 | 本次业务无须填写 |
| 28 | 件数 | 装箱单中"Quantity/Unit"栏 | 200 |
| 29 | 包装种类 | 装箱单中"Quantity/Unit"栏 | 纸质箱 |
| 30 | 毛重（千克） | 装箱单、提单中"Gross Weight"栏 | 6 025 |
| 31 | 净重（千克） | 装箱单、提单中"Net Weight"栏 | 5 565 |
| 32 | 贸易国别 | 发生商业性交易的进口填报购自国（地区），出口填报售予国（地区） | 中国台湾 |

续表

| 序号 | 报关单栏目 | 信息来源 | 本次业务操作 |
|---|---|---|---|
| 33 | 集装箱号 | 提单中"Descriptions of Packages and Goods"栏 | 集装箱号：TGHU3171658<br>集装箱规格：普通标准箱（S）<br>集装箱货重：（资料未显示信息）<br>拼箱标识：否<br>商品项号关系：1、2、3 |
| 34 | 随附单证 | 根据业务资料中监管证件情况及附录《监管证件代码表》 | 无 |
| 35 | 出境口岸 | 提运单据：填报进境货物从跨境运输工具卸离的第一个境内口岸的中文名称或代码 | 上海港 |
| 36 | 货物存放地点 | 填报货物进境后存放的场所或地点，包括海关监管作业场所、分拨仓库、定点加工厂、隔离检疫场、企业自有仓库等 | 无相关信息 |
| 37 | 报关单类型 | 根据报关单位报关业务实际情况，选择"有纸报关""通关无纸化"等，目前大多数报关单位均为"通关无纸化" | 通关无纸化 |
| 38 | 标记唛码及备注 | 标记唛码中除图形以外的文字、数字，无标记唛码的填报N/M | N/M |
| 39 | 其他事项确认 | 特殊关系确认、价格影响确认、支付特许权使用费确认 | 否 |
| 40 | 业务事项 | 进出口企业、单位采用"自主申报、自行缴税"（自报自缴）模式向海关申报时，填报"是"；反之则填报"否" | 是 |
| 41 | 项号 | 报关单中的商品顺序编号 | 1、2、3 |
| 42 | 备案序号 | 备案手册中的商品顺序编号 | 04、01、02 |
| 43 | 商品编号 | 根据商品品名确定 | 第1项：7612.9090.00<br>第2项：4823.6900<br>第3项：4823.6900 |
| 44 | 商品名称规格型号 | 合同、发票，且与《加工贸易手册》中的商品名称、规格型号一致 | 第1项：铝箔盘 ALUMINUM FOIL DISH NO 1<br>第2项：白牛皮纸杯 WHITE KRAFT PAPER CUP NO 1<br>第3项：白牛皮纸杯 WHITE KRAFT PAPER CUP NO 2 |
| 45 | 数量及单位 | 装箱单中"Quantity"一栏 | 第1项货物：7 200 000PCS　2 280KGS<br>第2项货物：1 000 000PCS　1 850KGS<br>第3项货物：700 000PCS　1 435KGS |
| 46 | 单价 | 发票 | 第1项货物：0.002 0<br>第2项货物：0.007 9<br>第3项货物：0.008 9 |

续表

| 序号 | 报关单栏目 | 信息来源 | 本次业务操作 |
|---|---|---|---|
| 47 | 总价 | 发票 | 第1项货物：14 720.69<br>第2项货物：7 885.71<br>第3项货物：6 253.33 |
| 48 | 币制 | 发票 | 第1项货物：USD<br>第2项货物：USD<br>第3项货物：USD |
| 49 | 原产国（地区） | 合同、发票中以"Made in……，Manufacture，Country of Original"等来表示的国家（地区） | 第1项货物：中国<br>第2项货物：中国<br>第3项货物：中国 |
| 50 | 最终目的国（地区） | 填报已知的进出口货物的最终实际消费、使用或进一步加工制造国家（地区） | 第1项货物：中国台湾<br>第2项货物：中国台湾<br>第3项货物：中国台湾 |
| 51 | 境内货源地 | 系统根据"消费使用单位"自动生成 | 第1项货物：嘉兴（33049）<br>第2项货物：嘉兴（33049）<br>第3项货物：嘉兴（33049） |
| 52 | 征免方式 | 根据《加工贸易手册》"征免方式"一栏 | 第1项货物：全免<br>第2项货物：全免<br>第3项货物：全免 |

本票业务中"备注"栏值得特别注意：

来料加工成品出口报关单中，该栏须填报"料件费、工缴费"。

信息来源：来料加工出口成品发票中，一般有注明"CMT"（即 Cutting/Making/Trims），意为工缴费，从 FOB 价中扣除工缴费即为料件费。

本次业务操作：FOB USD28 859.73 工缴费：USD 3 584.00 料件费：USD25 275.73。

### 2. 进料加工成品出口

阳明实业（浙江）有限公司，根据与中国台湾 PIHSIANG MACHINERY MFG CO．，LTD. 公司签署的进料加工协议，将一批加工好的成品出口到美国塔科马港（TACOMA），有关单证资料可通过扫描二维码获取。

阅读材料：进料加工成品出口相关单证资料

进料加工成品出口报关单各栏填报内容如表 3-17 所示。

表 3-17 进料加工成品出口报关单各栏填报内容

| 序号 | 报关单栏目 | 信息来源 | 本次业务操作 |
|---|---|---|---|
| 1 | 申报地海关 | 货物申报地所属直属关区/口岸海关名称及代码 | 航交办（2229） |
| 2 | 申报状态 | 系统根据报关单进展情况自动返填 | 不可编辑 |
| 3 | 统一编号 | 系统自动生成 | 无须输入 |
| 4 | 预录入编号 | 接受申报的海关决定编号规则，计算机自动打印 | 无须输入 |

续表

| 序号 | 报关单栏目 | 信息来源 | 本次业务操作 |
| --- | --- | --- | --- |
| 5 | 海关编号 | 海关接受申报时给予报关单的编号 | 无须输入 |
| 6 | 出境关别 | 货物实际进入我国关境口岸海关的名称及代码 | 外港海关（2225） |
| 7 | 备案号 | 《加工贸易手册》编号 | C29080420390 |
| 8 | 合同协议号 | 合同或协议：合同（包括协议或订单）编号 | 资料未显示相关信息 |
| 9 | 出口日期 | 运载出口货物的运输工具办结出境手续的日期 | 免予填报 |
| 10 | 申报日期 | 预录入及 EDI 报关单向海关申报的日期，与实际情况不符时，由审单关员按实际日期修改批注 | 免予填报 |
| 11 | 境内收发货人 | 合同或协议：对外签订并执行贸易合同的中国境内法人、其他组织或个人的名称及海关注册编码，由计算机根据"经营单位"内容自动显示 | 阳明实业（浙江）有限公司（3304940862） |
| 12 | 境外收发货人 | 合同或协议：境外收货人通常指签订并执行出口贸易合同中的买方或合同指定的收货人，境外发货人通常指签订并执行进口贸易合同中的卖方 | PIHSIANG MACHINERY MFG CO., LTD. |
| 13 | 生产销售单位 | 进口货物在境内的最终消费、使用单位的名称，根据委托方提供的资料 | 阳明实业（浙江）有限公司（3304940862） |
| 14 | 申报单位 | 对申报内容真实性直接向海关负责企业或单位 | 上海航联报关有限责任公司 |
| 15 | 运输方式 | 提单（水路运输）或空运运单（航空运输） | 水路运输 |
| 16 | 运输工具名称 | 载运货物进出境的运输工具名称或编号 | BREMEN BRIDGE |
| 17 | 航次号 | 提单中通常使用"Voyage No."表示的航次号 | 055E |
| 18 | 提运单号 | 提运单 | KKLUSH7105982 |
| 19 | 监管方式 | 根据实际对外贸易情况按海关规定的《监管方式代码表》选择填报相应的监管方式简称及代码 | 进料对口（0615） |
| 20 | 征免性质 | 根据实际情况按海关规定的《征免性质代码表》选择填报相应的征免性质简称及代码 | 进料加工（503） |
| 21 | 许可证号 | 国务院商务主管部门及其授权发证机关签发的进、出口货物许可证的编号 | 无须填写 |
| 22 | 运抵国（地区） | 提运单据，提单中"Port of Loading"栏 | 美国（502） |
| 23 | 指运港 | 提运单据，提单中"Port of Loading"栏 | 美国（502） |
| 24 | 成交方式 | 发票的价格条款 | FOB |
| 25 | 运费 | 发票 | 免于填报 |
| 26 | 保费 | 发票 | 免于填报 |
| 27 | 杂费 | 发票 | 本次业务无须填写 |
| 28 | 件数 | 装箱单（Packing List）中"Quantity/Unit"栏 | 510 |
| 29 | 包装种类 | 装箱单（Packing List）中"Quantity/Unit"栏 | 纸质箱 |
| 30 | 毛重（千克） | 装箱单、提单中"Gross Weight"栏 | 29 478 |
| 31 | 净重（千克） | 装箱单、提单中"Net Weight"栏 | 26 916 |
| 32 | 贸易国别 | 发生商业性交易的进口填报购自国（地区），出口填报售予国（地区） | 中国台湾 |

续表

| 序号 | 报关单栏目 | 信息来源 | 本次业务操作 |
|---|---|---|---|
| 33 | 集装箱号 | 提单中"Descriptions of Packages and Goods"栏 | 集装箱号：KKFU1371621<br>集装箱规格：普通标准箱（S）<br>集装箱货重：（资料未显示信息）<br>拼箱标识：否<br>商品项号关系：1、2 |
| 34 | 随附单证 | 业务资料中监管证件情况及附录《监管证件代码表》 | 无 |
| 35 | 出境口岸 | 提运单据：填报进境货物从跨境运输工具卸离的第一个境内口岸的中文名称或代码 | 上海港 |
| 36 | 货物存放地点 | 填报货物进境后存放的场所或地点，包括海关监管作业场所、分拨仓库、定点加工厂、隔离检疫场、企业自有仓库等 | 无相关信息 |
| 37 | 报关单类型 | 根据报关单位报关业务实际情况，选择"有纸报关""通关无纸化"等，目前大多数报关单位均为"通关无纸化" | 通关无纸化 |
| 38 | 标记唛码及备注 | 标记唛码中除图形以外的文字、数字，无标记唛码的填报 N/M | N/M |
| 39 | 其他事项确认 | 特殊关系确认、价格影响确认、支付特许权使用费确认 | 否 |
| 40 | 业务事项 | 进出口企业、单位采用"自主申报、自行缴税"（自报自缴）模式向海关申报时，填报"是"；反之则填报"否" | 是 |
| 41 | 项号 | 报关单中的商品顺序编号 | 1、2 |
| 42 | 备案序号 | 备案手册中的商品顺序编号 | 6、7 |
| 43 | 商品编号 | 根据商品品名确定 | 第1项：8713.9090<br>第2项：8713.9090 |
| 44 | 商品名称规格型号 | 合同、发票，且与《加工贸易手册》中的商品名称、规格型号一致 | 第1项：四轮电动残疾人用车888W<br>第2项：四轮电动残疾人用车888W_ELR |
| 45 | 数量及单位 | 装箱单中"Quantity"栏 | 第1项货物：174.000 辆<br>0.000<br>174.000 辆<br>第2项货物：168.000 辆<br>0.000<br>168.000 辆 |
| 46 | 单价 | 发票 | 第1项货物：530.000 0<br>第2项货物：564.000 0 |
| 47 | 总价 | 发票 | 第1项货物：92 220.00<br>第2项货物：94 752.00 |
| 48 | 币制 | 发票 | 第1项货物：USD<br>第2项货物：USD |
| 49 | 原产国（地区） | 合同、发票中以"Made in……, Manufacture, Country of Original"等表示的国家（地区） | 第1项货物：中国<br>第2项货物：中国 |

续表

| 序号 | 报关单栏目 | 信息来源 | 本次业务操作 |
|---|---|---|---|
| 50 | 最终目的国（地区） | 填报已知的进出口货物的最终实际消费、使用或进一步加工制造国家（地区） | 第1项货物：美国<br>第2项货物：美国 |
| 51 | 境内货源地 | 系统根据"消费使用单位"自动生成 | 第1项货物：嘉兴（33049）<br>第2项货物：嘉兴（33049） |
| 52 | 征免方式 | 根据《加工贸易手册》"征免方式"栏 | 第1项货物：全免<br>第2项货物：全免 |

需要注意的是，本票业务中"指运港"栏目应根据实际情况按海关规定的《港口航线代码表》选择填报相应的港口中文名称及代码。在《港口航线代码表》中无港口中文名称及代码的，可选择填报相应的国家中文名称或代码。

本次业务此栏填报"美国"，并在备注栏注明"TACOMA"港。

**3. 成品内销**

加工贸易成品内销可能有两种情形：一是按料件补税（见料件内销有关内容），二是转减免税。

1）按料件补税

（1）定义。按料件补税是指对加工贸易保税进口料件制成的成品因故转为内销时，海关凭主管部门准予内销的有效批准文件，对保税进口料件依法征收税费的行为，税费包括进口关税、进口环节增值税和缓税利息。

（2）业务流程。加工贸易成品内销的办理流程与加工贸易料件内销基本相同，这里不再赘述。

（3）报关单有关栏目填报。成品内销（按料件补税）报关单主要栏目填报内容如表3-18所示。

表3-18 成品内销（按料件补税）报关单主要栏目填报内容

| 栏　目 | 填报内容 |
|---|---|
| 监管方式 | 来/进料件内销 |
| 进出境关别 | 接受申报的海关 |
| 征免性质 | 一般征税 |
| 备案号 | 《加工贸易手册》编号 |
| 运输方式 | 其他运输 |
| 运输工具名称 | 免予填报 |
| 起运国/运抵国 | 中国 |
| 备注 | — |
| 项号（第2行） | 手册进口料件项号 |
| 原产国/最终目的国 | 中国 |
| 征免方式 | 照章征税 |

此处与料件内销业务不同的是，"原产国/最终目的国"一栏应填报"中国"，而料件内销业务该栏应填报"原进口料件原产国"。

成品内销、料件内销补税税额有关规定如表3-19所示。

表3-19 成品内销、料件内销补税税额有关规定

| | |
|---|---|
| 关于征税数量 | 剩余料件、边角料直接按申报数量征税 |
| | 制成品、残次品根据折算后的料件数量征税 |
| | 副产品按报验状态的数量征税 |
| 关于征税完税价 | 进料加工料件或制成品、残次品根据原进口成交价为基础确定,不能确定时,按下列方式确定: |
| | 来料加工料件或制成品、残次品以接受申报的同时,或者大约同时进口的与料件相同或类似的货物进口成交价为基础确定; |
| | 副产品、边角料以内销价格确定 |
| 关于征税的税率 | 正常的转内销征税,适用海关接受申报之日实施的税率 |
| | 属关税配额管理但没有配额证的,按该商品配额外适用的税率 |
| 关于征税的缓税利息 | 剩余料件、制成品、残次品、副产品应交付缓税利息 |
| | 边角料免交付缓税利息 |

2)转减免税

(1)定义。转减免税包括来料加工成品凭《征免税证明》转减免税(0345)、进料加工成品凭征免税证明转减免税(0744)。前者指来料加工项下已加工的成品凭《征免税证明》转减免税的货物;后者指进料加工项下已加工的成品凭《征免税证明》转减免税的货物。

(2)业务流程。加工贸易成品凭《征免税证明》转为享受减免税进口货物的,应先办理进口报关手续,再办理出口报关手续,并在出口报关单本栏目填报进口方关区代码(前两位)及进口报关单号。

(3)报关单有关栏目填报。成品内销"转减免税"报关单主要栏目填报内容如表3-20所示。

表3-20 成品内销"转减免税"报关单主要栏目填报内容

| 项 目 | 形式进口 | 形式出口 |
|---|---|---|
| 监管方式 | 来/进料成品减免 | |
| 进出境别 | 接受申报的海关 | |
| 征免性质 | 《征免税证明》所批征免性质 | 免予填报 |
| 备案号 | 《征免税证明》编号 | 《加工贸易手册》编号 |
| 运输方式 | 其他运输 | 其他运输 |
| 运输工具名称 | 免予填报 | 免予填报 |
| 起运国/运抵国 | 中国 | 中国 |
| 备注 | 转出手册编号 | 转入《征免税证明》编号 |
| 项号(第2行) | 《征免税证明》对应项号 | 手册原出口成品对应项号 |
| 原产国/最终目的国 | 中国 | |
| 征免方式 | 全免 | |

4. 成品退换

1)定义及代码

指来料、进料加工进口的成品因品质、规格或其他原因退运进境,经加工、维修或更换

同类商品复出口。加工贸易项下成品发生退运时,方式应分别填报为进料成品退换(4600)和来料成品退换(4400),有别于一般项下产品的退运货物(4561)。

本监管方式不适用于来料加工、进料加工过程中产生的剩余料件、边角料、废料退运出境,以及进口料件因品质、规格等原因退运出境且不再更换同类货物进境。这几类货物分别适用以下监管方式:来料料件复出(0265)、来料边角料复出(0865)、进料料件复出(0664)、进料边角料复出(0864)。

2)办理流程

成品退换进出口时,应先将不符合要求的成品退运进境,再将符合要求的同类成品复出口。从海关监管角度来讲,成品退换进、出口的监管方式应该一致,同一手册(账册)的成品退换进、出口的数量、美元值应该一致。

在申报时须提供原《加工贸易手册》、原出口报关单的退税联和外汇核销联、外汇核销单,以及国税部门和外管部门的有关证明;如果该手册已经在海关办理核销手续,应提供主管海关的手册已核销手续、主管海关的手册已核销证明,贸易方式申报为修理物品(1300),并交纳退运成品相应税款的保证金,待货物在海关规定期限内复运出口后,向海关申请退还。

3)报关单有关栏目填报

成品退换报关单主要栏目填报内容如表3-21所示。

表3-21 成品退换报关单主要栏目填报内容

| 监管方式 | 来/进料成品退换 |
|---|---|
| 进出境关别 | 指定范围进出口岸海关 |
| 征免性质 | 其他法定 |
| 备案号 | 《加工贸易手册》编号 |
| 运输方式 | 实际进/出境运输方式 |
| 运输工具名称 | 实际进/出境运输工具名称 |
| 起运国/运抵国 | 实际起运国/运抵国 |
| 备注 | — |
| 项号(第2行) | 手册原出口成品对应项号 |
| 原产国/最终目的国 | 中国/实际最终目的国 |
| 征免方式 | 全免 |

综上,加工贸易成品出口或其他处置环节报关单填制各栏目对应关系如表3-22所示。

表3-22 加工贸易成品出口或其他处置环节报关单填制各栏目对应关系

| 栏目 | 成品出口 | | 成品内销 | | | 成品退换 | |
|---|---|---|---|---|---|---|---|
| | 出境 | | 按料件补税 | 转减免税 | | 进境 | 出境 |
| | | | 形式进口 | 形式进口 | 形式出口 | | |
| 监管方式 | 来料加工 | 进料对口 | 来/进料料件内销 | 来/进料成品减免 | | 来/进料成品退换 | |
| 进出境关别 | 指定范围内实际进出口岸海关 | | 接受申报的海关 | | | 指定范围实际进出口岸海关 | |
| 征免性质 | 来料加工 | 进料加工 | 一般征税 | 征免税证明所批的征免性质 | 免于填报 | 其他法定 | |
| 备案号 | 《加工贸易手册》编号 | | 征免税证明编号 | | | 《加工贸易手册》编号 | |

续表

| 栏目 | 成品出口 出境 | 成品内销 按料件补税 形式进口 | 成品内销 转减免税 形式进口 | 成品内销 转减免税 形式出口 | 成品退换 进境 | 成品退换 出境 |
|---|---|---|---|---|---|---|
| 运输方式 | 实际出境运输方式 | 其他运输方式 | 其他运输方式 | | 实际进/出境运输方式 | |
| 运输工具名称 | 实际进境运输工具名称 | 免于填报 | | | 实际进/出境运输工具名称 | |
| 起运国/运抵国 | 实际运抵国 | 中国 | | | 实际启运/运抵国 | |
| 备注 | 料件费、工缴费 | — | — | 转出手册编号 | 转入征免税证明编号 | — |
| 项号（第2行） | 手册出口成品对应项号 | 手册对应进口料件项号 | 征免税证明对应项号 | | 手册原出口成品对应项号 | |
| 原产国/最终目的国 | 实际最终目的国 | 中国 | | | 实际最终目的国 | |
| 征免方式 | 一般为全免，应征出口税的"照章征税" | 照章征税 | 全免 | | | |

**5．加工贸易料件及成品处置中可能出现的情形**

1）受灾保税货物

（1）定义。受灾保税货物是指加工贸易企业从事加工出口业务中，因不可抗力原因或者其他经海关审核认可的正当理由造成灭失、短少、损毁等导致无法复出口的保税进口料件和制品。

加工贸易受灾保税货物（包括边角料、剩余料件、残次品、副产品）在运输、仓储、加工期间发生灭失、短少、损毁等情事的，加工贸易企业应当及时向主管海关报告，海关可以视情况派员核查取证。

（2）相关手续。

① 因不可抗力因素造成的加工贸易受灾保税货物。

经海关核实，对受灾保税货物灭失或虽未灭失，但完全失去使用价值且无法再利用的，海关予以免税核销；对受灾保税货物虽失去原使用价值，但可以再利用的，海关按照审定的受灾保税货物价格、其对应进口料件适用的税率计征税款和税款缓税利息后核销。受灾保税货物对应的原进口料件，属于发展改革委、商务部、环保部及其授权部门进口许可证件管理范围的，免于提交许可证件。企业在规定的核销期内报请核销时，应当提供下列证明材料：

保险公司出具的保险赔款通知书或检验检疫部门出具的有关检验检疫证明文件；海关认可的其他有效证明文件。

② 除不可抗力因素外，加工贸易企业因其他经海关审核认可的正当理由导致加工贸易保税货物在运输、仓储、加工期间发生灭失、短少、损毁等情事的，海关凭商务主管部门的签注意见、有关主管部门出具的证明文件和保险公司出具的保险赔款通知书或者检验检疫部门出具的有关检验检疫证明文件，按照规定予以计征税款和缓税利息后办理核销手续。本款所规定的受灾保税货物对应的原进口料件，如属进口许可证件管理范围的，企业须按照规定向

海关提交有关进口许可证件（注意：《中华人民共和国海关关于加工贸易边角料、剩余料件、残次品、副产品和受灾保税货物的管理办法》第四条、第六条、第七条规定免于提交进口许可证件的除外）。

2）放弃

（1）定义及范围。加工贸易企业因故无法内销，或者退运而申请放弃边角料、剩余料件、残次品、副产品，或者受灾保税货物的，凭企业放弃该批货物的申请和海关受理企业放弃货物的有关单证经海关核实无误后办理核销手续。放弃的货物按照下列情况办理：

- 经海关核定有使用价值的，由主管海关依照《中华人民共和国海关法》第三十条第四款的规定变卖处理；
- 经主管海关核定无使用价值的，由企业自行处理；
- 对按规定需销毁的，由企业负责销毁，海关凭有关销毁的证明材料办理核销手续。

（2）需要提交的单证。企业如欲放弃"加工贸易废料"，则需要提供如下单证：

企业放弃加工贸易货物的书面申请；企业申请放弃的加工贸易货物无法内销或退运的说明；企业申请放弃的加工贸易货物清单，应列明货物的品名、数量、重量、规格型号、包装方式、瑕疵情况和状态；经政府价格主管部门认定资质的价格评估机构出具的关于拟申请放弃的加工贸易货物的价值证明；企业申请放弃的加工贸易货物为残次品的，除上述单证外，海关还应收取有关单耗资料，以及根据单耗折算的残次品所耗用的原进口料件清单；企业申请放弃来料加工货物，除上述单证外，海关还应收取货物所有人的放弃声明；海关按规定需要收取的其他单证和材料。

（3）不予放弃的情形。存在下列情形之一的，海关加贸部门根据有关规定不准予放弃，并告知企业按规定将有关货物做退运、征税内销、在海关或者有关主管部门监督下予以销毁，或者进行其他妥善处理：

- 企业申请放弃的加工贸易货物属于国家禁止进口、限制或自动许可进口的可用作原料的固体废物的；
- 企业申请放弃的加工贸易货物属于对环境造成污染的；
- 企业申请放弃的加工贸易货物属于列入国家危险废物名录的；
- 海关总署规定不准予放弃的其他情形。

（4）可重新受理的情形。存在下列情形之一的，企业能够补充完整有关材料或排除有关情形的，海关加贸部门可重新受理，否则告知企业按内销征税处理：

- 企业申请放弃的加工贸易货物所属手册已超过有效期或账册已进入下一核销周期的；
- 企业申请放弃的加工贸易货物为成品、半成品、残次品或副产品，无法提供真实有效的单耗数据的；
- 企业申请放弃的加工贸易货物未具体列明品名、数量、重量、规格型号、包装方式、瑕疵情况和状态的；
- 企业申请放弃的加工贸易货物单单不符的；
- 企业申请放弃的加工贸易货物未分类存放，海关无法核对的。

3）销毁

需进行销毁处理的加工贸易放弃货物（包括"加工贸易废料"），企业应自海关做出准予放弃之日起15日内完成全部放弃货物的销毁工作。

企业应向海关提供销毁货物清单、销毁报告及销毁过程的全程录像光盘。其中，需销毁的加工贸易放弃货物为原进口料件或成品的，企业应向海关提供经海关认可的销毁机构实施销毁的接收单据、销毁合同（或协议）和处置证明；同一手册项下或账册同一核销周期内，原进口料件或成品价值累计在1 000美元以下的"加工贸易废料"，企业可自行处理，免于提交销毁机构销毁。

知识拓展：放弃与销毁的货物如何报关？

## 3.1.4 合同报核

加工贸易合同报核，是指加工贸易企业在加工贸易合同履行完毕或终止合同并按规定对未出口部分货物进行处理后，按照规定的期限和规定的程序，向加工贸易主管海关申请核销要求结案的行为。

加工贸易合同核销，是指加工贸易经营企业加工复出口或办理内销等海关手续后，凭规定单证向海关申请解除监管，海关经审查、核查属实且符合有关法律、行政法规、规章的规定，予以办理解除监管手续的海关行政许可事项。

经营企业应当在规定的期限内将进口料件加工复出口，并自《加工贸易手册》项下最后一批成品出口或者《加工贸易手册》到期之日起30日内向海关报核。

**1．报核需提供的单证**

报核需提供的单证包括以下内容：
- 企业合同核销申请表；
- 《加工贸易登记手册》，包括分册、续册；
- 进出口报关单；
- 核销核算表；
- 其他海关需要的资料。

**2．报核的步骤**

报核的步骤如下：
- 合同履约后，及时将《加工贸易登记手册》和进出口报关单进行收集、整理、核对；
- 根据有关账册记录、仓库记录、生产工艺资料等查清此合同加工生产的"实际单耗"，并据以填写核销核算表（产品的实际单耗如与合同备案单耗不一致的，应在最后一批成品出口前进行单耗的变更）；
- 填写核销预录入申请单，办理"报核预录入"手续；
- 携带有关报核需要的单证，到主管海关报核。

**3．特殊情况的报核**

（1）遗失登记手册的合同报核。企业遗失《加工贸易登记手册》应当及时向主管海关报告。主管海关及时移交缉私部门按规定进行处理。缉私部门处理后，企业应当持海关规定的相关单证向主管海关报核。

（2）遗失进出口报关单的合同报核。按规定企业应当用报关单留存联报核，在遗失报关单的情况下，可以以报关单复印件向原报关地海关申请加盖海关印章后报核。

（3）无须申领《登记手册》的5 000美元及以下的78种列名服装辅料合同的报核。企业直接持进出口报关单、合同、核销核算表报核。报核的出口报关单应当是注明备案编号的一般贸易出口报关单。

（4）撤销合同报核。加工贸易合同备案后因故提前终止执行，未发生进出口而申请撤销的，应报商务主管部门审批，企业凭审批件和手册报核。

（5）有违规走私行为的加工贸易合同核销。加工贸易企业因走私行为被海关缉私部门或者法院没收加工贸易保税货物的，海关凭相关证明材料，如"行政处罚决定书""行政复议决定书""判决书""裁决书"等办理核销手续。

加工贸易企业因违规等行为被海关缉私部门或法院处以警告、罚款等处罚但不没收加工贸易保税货物的，不予免除加工贸易企业办理相关海关手续的义务。

4．海关受理报核和核销

海关对企业的报核应当依法进行审核，不符合规定不予受理的应当书面告知理由，并要求企业重新报核；符合规定的，应当受理。

海关自受理企业报核之日起20个工作日内，应当核销完毕，情况特殊，可以由直属海关的关长批准，或者由直属海关的关长授权的隶属海关关长批准延长10个工作日。

经审核核销情况正常未缴纳保证金的，海关应当立即签发"核销结案通知书"；经审核核销情况正常，已经缴纳保证金的，应当退回保证金，再向海关领取核销结案通知书。

本项目是以电子化手册管理下的保税加工货物的通关操作为例进行讲解的。关于电子账册管理下的保税加工货物通关操作，读者可以通过扫描下面的二维码进行拓展学习。

**知识拓展**：电子账册管理下的保税加工货物通关操作

### 思考与练习

1．上网搜索《加工贸易业务批准证申请表》《加工贸易企业经营状况及生产能力证明》《深加工结转申请表》《结转情况登记表》，自学该表各栏目的填写要求。

2．给学生一票来料进口业务资料，要求学生填写加工贸易来料进口报关单。

3．给学生一票进料进口业务资料，要求学生填写加工贸易进料进口报关单。

4．给学生一票来料加工成品出口业务资料，要求学生填写来料加工成品出口报关单。

5．给学生一票进料加工成品出口业务资料，要求学生填写进料加工成品出口报关单。

# 任务 3.2　保税物流货物通关操作

## 学习目标

1. 了解保税物流货物的含义与特征。
2. 了解保税物流中各特殊监管区域之间的关系。
3. 掌握各种保税物流货物报关的操作程序。

## 知识导图

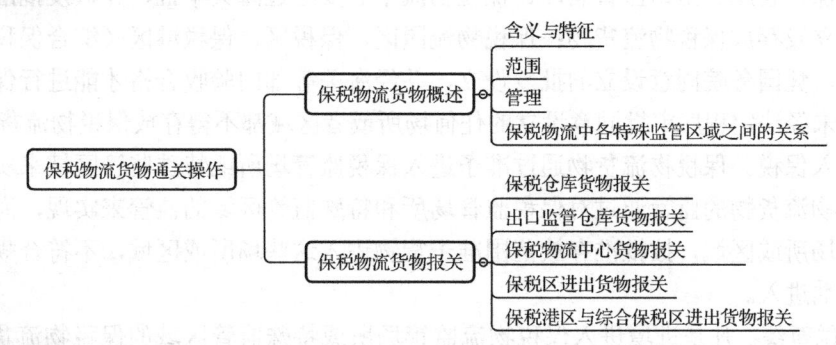

```
                              ┌─ 含义与特征
                              ├─ 范围
               ┌─ 保税物流货物概述 ─┤
               │              ├─ 管理
               │              └─ 保税物流中各特殊监管区域之间的关系
保税物流货物通关操作 ─┤
               │              ┌─ 保税仓库货物报关
               │              ├─ 出口监管仓库货物报关
               └─ 保税物流货物报关 ─┤── 保税物流中心货物报关
                              ├─ 保税区进出货物报关
                              └─ 保税港区与综合保税区进出货物报关
```

## 任务实施

### 3.2.1 保税物流货物概述

**1. 含义与特征**

保税物流货物是指经海关批准未办理纳税手续进境,在境内进行分拨、配送或储存后复运出境的货物,也称作保税仓储货物。已办结海关出口手续尚未离境,经海关批准存放在海关专用监管场所或特殊监管区域的货物,带有保税物流货物的性质。

保税物流货物有以下特征:

(1) 进境时暂缓缴纳进口关税及进口环节海关代征税,复运出境免税,内销应当缴纳进口关税和进口环节海关代征税,不征收缓税利息。

(2) 进出境时除国家另有规定外,免予交验进出口许可证件。

(3) 进境海关现场放行不是结关,进境后必须进入海关保税监管场所或特殊监管区域,运离这些场所或区域则必须办理结关手续。

**2. 范围**

保税物流货物包括:

(1) 进境经海关批准进入海关保税监管场所或特殊监管区域,保税储存后转口境外的货物;

(2) 已经办理出口报关手续尚未离境,经海关批准进入海关保税监管场所或特殊监管区域储存的货物;

(3) 经海关批准进入海关保税监管场所或特殊监管区域储存的加工贸易货物,供应国际航行船舶和航空器油料、物料及维修用零部件,供维修外国产品所进口寄售的零配件,外商进境暂存货物；

（4）经海关批准进入海关保税监管场所或特殊监管区域保税的其他未办结海关手续的进境货物。

### 3. 管理

海关对保税物流货物的监管模式有两大类：一类是非物理围网的监管模式，包括保税仓库、出口监管仓库；另一类是物理围网的监管模式，包括保税物流中心、保税物流园区、保税区、保税港区（综合保税区）。

对各种监管形式的保税物流货物的管理，主要可以归纳为以下五点：

（1）设立审批。保税物流货物必须存放在经过法定程序审批设立的保税监管场所或特殊监管区域。保税仓库、出口监管仓库、保税物流中心要经过海关审批，并核发批准证书，凭批准证书设立及存放保税物流货物；保税物流园区、保税区、保税港区（综合保税区）经过国务院审批，凭国务院同意设立的批复设立，并经海关等部门验收合格才能进行保税物流货物的运作。未经法定程序审批同意设立的任何场所或者区域都不得存放保税物流货物。

（2）准入保税。保税物流货物通过准予进入保税监管场所或特殊监管区域来实现保税。海关对保税物流货物的监管通过对保税监管场所和特殊监管区域的监管来实现，海关应当依法监管这些场所或区域，按批准存放范围准予货物进入这些场所或区域，不符合规定存放范围的货物不准进入。

（3）纳税暂缓。凡是进境进入保税物流监管场所或特殊监管区域的保税物流货物，在进境时都可以暂不办理进口纳税手续，等到运离海关保税监管场所或特殊监管区域时才办理纳税手续，或者征税，或者免税。在这一点上，保税物流监管制度与保税加工监管制度是一致的，但是保税物流货物在运离海关保税监管场所或特殊监管区域征税时不需同时征收缓税利息，而保税加工货物（特殊监管区域内的加工贸易货物和边角料除外）内销征税时要征收缓税利息。

（4）监管延伸。

① 监管地点延伸。进境货物从进境地海关监管现场，已办结海关出口手续尚未离境的货物从出口申报地海关现场，分别延伸到保税监管场所或特殊监管区域。

② 监管时间延伸。

- 保税仓库存放保税物流货物的时间是1年，可以申请延长，最长可延长1年；
- 出口监管仓库存放保税物流货物的时间是6个月，可以申请延长，最长可延长6个月；
- 保税物流中心存放保税物流货物的时间是2年，可以申请延长，最长可延长1年；
- 保税物流园区、保税区、保税港区（综合保税区）存放保税物流货物的时间没有限制。

（5）运离结关。

除外发加工和暂准运离（维修、测试、展览等）需要继续监管以外，每一批货物运离保税监管场所或特殊监管区域，都必须根据货物的实际流向办结海关手续。

### 4. 保税物流中各特殊监管区域之间的关系

1）三个层次、六种模式的保税物流体系

目前海关保税物流体系为"以保税区区港联动为龙头，以保税物流中心（A型、B型）为枢纽，以优化后星罗棋布的公共型、自用型保税仓库和出口监管仓库为网点"的多元化、立体的保税物流体系，概括而言就是三个层次、六种模式。

（1）网点层次——两仓（包括保税仓库和出口监管仓库两种模式）。

保税仓库、出口监管仓库（以下简称"两仓"）是传统的海关保税仓储形式，为促进国际贸易和加工贸易的发展起到了重要作用。

保税仓库是指经海关批准设立的专门存放保税货物及其他未办结海关手续货物的仓库。其中，按照使用对象的不同可划分为公共型保税仓库和自用型保税仓库；按专用型可划分为液体危险品保税仓库、备料保税仓库、寄售维修保税仓库和其他专用型保税仓库。

出口监管仓库是指存放已按规定领取了出口货物许可证或批件，已对外卖断结汇并向海关办完全部出口海关手续的货物的专用仓库。存放在该仓库内的货物为出口监管仓库货物。

（2）枢纽层次——保税物流中心（包括保税物流中心 A 型和保税物流中心 B 型两种模式）。

保税物流中心是指经海关及相关部门审批通过的具有从事保税仓储物流业务的海关集中监管场所。其中，按照保税物流中心内企业的种类不同分为保税物流中心 A 型和保税物流中心 B 型。

保税物流中心 A 型是两仓的优化整合，分为自用型和公共型两种；保税物流中心 B 型是多个 A 型的聚集地或集中布局。A 型和 B 型保税物流中心在功能上没有根本的区别。

（3）龙头层次——区港联动的保税物流园区（包括保税物流园区一种模式）。

保税物流园区是指经国务院批准，在保税区规划面积或毗邻保税区的特定港区内设立的、专门发展现代国际物流业的海关特殊监管区域，其主要功能是专门用于发展现代国际物流业，提供货物在国家（或地区）之间自由、便捷流通的平台。

（4）保税港区——保税加工、保税物流功能的高度整合，等同于保税区。

保税港区是经国家批准，在特定港区及其附近区域设立的用于国际中转、配送、采购、转口贸易和出口加工等业务功能的海关监管特定区域。

根据国务院的批复，保税港区的主要税收政策如下：

- 国外货物入港区保税；
- 货物出港区进入国内销售按货物进口的有关规定办理报关手续，并按货物实际状态征税；
- 国内货物入港区视同出口，实行退税；
- 港区内企业之间的货物交易不征收增值税和消费税。

2）各特殊监管区域的异同点分析

（1）主要区别。

① 保税仓库、出口监管仓库一般是成对出现，保税仓库主要是为了进口保税，出口监管仓库的主要功能是用于出口退税，但就海关有关的政策而言，出口监管仓库必须有 90%以上的业务属于实际出口时才可享受出口退税政策。

② 保税物流中心 A 型和 B 型的主要区别在于中心内是由一家还是多家企业经营的。另外，保税物流中心 B 型有别于其他特殊监管区域的一个特点在于，中心的管理企业不可开展物流相关业务。

③ 在税收优惠方面，保税物流园区享受保税区的优惠政策和关税优惠，而其他特殊监管区域只享受部分关税优惠。

④ 区港联动方面，保税物流园区具有区港联动功能，保税物流中心一般不具有区港联动功能。

(2) 主要联系。

物流园区是物流中心的空间载体，与从空间角度所指的物流中心是一致的，是物流中心发展的高级阶段。出口监管仓库和保税仓库是物流中心的实际载体。

### 3.2.2 保税物流货物报关

**1. 保税仓库货物报关**

1）保税仓库简介

（1）含义。保税仓库是指经海关批准设立的专门存放保税货物及其他未办结海关手续货物的仓库。保税仓库根据使用对象分为公用型和自用型两种。

① 公用型保税仓库。公用型保税仓库是由主营仓储业务的中国境内独立企业法人经营，专门向社会提供保税仓储服务的保税仓库。

② 自用型保税仓库。自用型保税仓库由特定的中国境内独立企业法人经营，仅存储供本企业自用的保税货物的保税仓库。

根据所存货物的特定用途，公用型保税仓库和自用型保税仓库下面还衍生出一种专用型保税仓库，即专门用来存储具有特定用途或特殊种类商品的保税仓库，包括液体危险品保税仓库、备料保税仓库、寄售维修保税仓库和其他专用保税仓库。其中，液体危险品保税仓库是指符合国家关于危险化学品存储规定的，专门提供石油、成品油或其他散装液体危险化学品保税仓储服务的保税仓库。

（2）功能。保税仓库的功能单一，就是仓储，而且只能存放进境货物。

经海关批准可以存入保税仓库的进境货物有下列几种：
- 加工贸易进口货物；
- 转口货物；
- 供应国际航行船舶和航空器的油料、物料及维修用零部件；
- 供维修外国产品所进口寄售的零配件；
- 外商进境暂存货物；
- 未办结海关手续的一般贸易进口货物；
- 经海关批准的其他未办结海关手续的进境货物。

保税仓库不得存放国家禁止进境货物，不得存放未经批准的影响公共安全、公共卫生或健康、公共道德或秩序的国家限制进境货物及其他不得存入保税仓库的货物。

（3）设立。保税仓库应当设立在设有海关机构、便于海关监管的区域。申请设立保税仓库的企业应当是已在海关办理进出口收发货人注册登记的，不同时拥有报关企业身份的企业，同时还应当具备下列条件：

① 经市场监管部门注册登记，具有企业法人资格；
② 注册资本最低限额为 300 万元人民币；
③ 具备向海关缴纳税款的能力；
④ 经营特殊许可商品存储的，应当持有规定的特殊许可证件；
⑤ 经营备料保税仓库的加工贸易企业，年出口额最低为 1 000 万美元；
⑥ 具有专门存储保税货物的营业场所并达到下列要求：

- 符合海关对保税仓库布局的要求；
- 具备符合海关监管要求的安全隔离设施、监管设施和办理业务必需的其他设施；
- 具备符合海关监管要求的保税仓库计算机管理系统并与海关联网；
- 具备符合海关监管要求的保税仓库管理制度，符合《会计法》要求的会计制度；
- 符合国家土地管理、规划、交通、消防、安全、质检、环保等方面法律、行政法规及有关规定；
- 公用保税仓库面积最低为2 000平方米，液体危险品保税仓库容积最低为5 000立方米，寄售维修保税仓库面积最低为2 000平方米。

企业申请设立保税仓库的，应向仓库所在地主管海关提交书面申请，提供能够证明上述条件已经具备的有关文件，由主管海关受理并报直属海关审批。

（4）管理。

① 保税仓库所存货物的储存期限为1年。需要延长储存期限的，应向主管海关申请延期，经海关批准可以延长。无特殊情形，延长的期限最长不超过1年。特殊情况下，延期后货物存储期超过2年的，由直属海关审批。

保税仓库货物超出规定的存储期未申请延期或海关不批准延期申请的，经营企业应当办理超期货物的退运、纳税、放弃、销毁等手续。

② 保税仓库所存货物，是海关监管货物，未经海关批准并按规定办理有关手续，任何人不得出售、转让、抵押、质押、留置、移作他用或进行其他处置。

③ 货物在仓库储存期间发生损毁或灭失，除不可抗力原因外，保税仓库应当依法向海关缴纳损毁、灭失货物的税款，并承担相应的法律责任。

④ 保税仓库货物可以进行分级分类、分拆分拣、分装、计量、组合包装、打膜、加刷或刷贴运输标志、改换包装、拼装等辅助性简单作业。在保税仓库内从事上述作业必须事先向主管海关提出书面申请，经主管海关批准后方可进行。

⑤ 保税仓库经营企业应于每月前5个工作日内，向海关提交月报关单报表、库存总额报表及其他海关认为必要的月报单证，将上月仓库货物入、出、转、存、退等情况以计算机数据和书面形式报送仓库主管海关。

2）保税仓库货物报关的内容

（1）进仓报关。保税仓库货物进境入仓，经营企业应当在仓库主管海关办理报关手续，经主管海关批准，也可以直接在进境口岸海关办理报关手续。保税仓库货物进境入仓，除易制毒化学品、监控化学品、消耗臭氧层物质外，免领进口许可证件。

如果仓库主管海关与进境口岸海关不是同一直属海关的，经营企业可以按照"提前报关转关"的方式，先到仓库主管海关申报，再到口岸海关办理转关手续，货物运到仓库，由主管海关验放入仓；或者按照"直接转关"的方式，先到口岸海关转关，货物运到仓库，向主管海关申报，验放入仓。

如果仓库主管海关与进境口岸海关是同一直属海关的，经直属海关批准，可不按照转关运输方式办理，由经营企业直接在口岸海关办理报关手续，口岸海关放行后，企业自行提取货物入仓。

保税仓库货物进仓报关程序如表3-23所示。

表 3-23　保税仓库货物进仓报关程序

| 关区类别 | | 报关程序 |
|---|---|---|
| 跨关区 | 提前报关转关 | 仓库主管海关申报→口岸海关办理报关手续→转关运输→验放入仓 |
| | 直接转关 | 口岸海关办理报关手续→转关运输→仓库主管海关申报→验放入仓 |
| 同关区 | | 口岸海关办理报关手续→直接入仓 |

（2）出仓报关。保税仓库货物出仓可能出现进口报关和出口报关两种情况，既可以逐一报关，也可以集中报关。

① 出口报关。保税仓库出仓复运出境货物，应当按照转关运输方式办理出仓手续。仓库主管海关和口岸海关是同一直属海关的，经直属海关批准，可以不按照转关运输方式，由企业自行提取货物出仓到口岸海关办理出口报关手续。

② 进口报关。保税仓库货物出仓运往境内其他地方转为正式进口的，必须经主管海关保税监管部门审核同意。转为正式进口的同一批货物，要填制两张报关单：一份办结出仓报关手续，填制出口货物报关单，贸易方式栏填保税间货物代码"1200"；一份办理进口申报手续，按照实际进口监管方式填制进口货物报关单。进口手续大体可分为以下几种：

A. 保税仓库货物出仓用于加工贸易的，由加工贸易企业或其代理人按保税加工货物的报关程序办理进口报关手续。

B. 保税仓库货物出仓用于可以享受特定减免税的特定地区、特定企业和特定用途（简称"三特"）的，由享受特定减免税的企业或其代理人按特定减免税货物的报关程序办理进口报关手续。

C. 保税仓库货物出仓进入国内市场或使用于境内其他方面，包括保修期外维修，由保税仓库经营企业按一般进口货物的报关程序办理进口报关手续。

D. 保税仓库内的寄售维修零配件申请以保修期内免税出仓的，由保税仓库经营企业办理进口报关手续，填制进口货物报关单，贸易方式栏填"无代价抵偿货物"，代码"3100"，并确认免税出仓的维修件在保修期内且不超过原设备进口之日起 3 年，维修件由外商免费提供，更换下的零部件合法处理。

③ 集中报关。保税货物出仓批量少、批次频繁的，经海关批准可以办理定期集中报关手续。

集中报关出仓的，保税仓库经营企业应当向主管海关提出书面申请，写明集中报关的商品名称、发货流向、发货频率、合理理由。

集中报关由主管海关的分管关长审批，并按以下要求办理手续：

- 仓库主管海关可以根据企业资信状况和风险度收取保证金；
- 集中报关的时间根据出货的频率和数量、价值合理设定；
- 为保证海关有效监管，企业当月出仓的货物最迟应在次月前 5 个工作日办理报关手续，并且不得跨年度申报。

保税仓库货物出仓报关程序如表 3-24 所示。

表 3-24　保税仓库货物出仓报关程序

| 报关类别 | | | 报关方法 |
|---|---|---|---|
| 出口报关（出仓复运出境的货物） | 跨关区 | | 按转关运输方式报关 |
| | 同关区 | | 自行提货→口岸海关报关 |
| 进口报关（出仓转进口的货物，填两张报关单） | 进口报关单 | 出口报关单 | 填制出口货物报关单（贸易方式栏填"保税间货物，1200"，由保税仓库经营企业办理） |
| | | 用于加工贸易的 | 按保税加工货物的报关程序报关（由加工贸易企业或其代理人办理） |
| | | 用于"三特"的 | 按特定减免税货物的报关程序报关（由享受特定减免税的企业或其代理人办理） |
| | | 进入国内市场的 | 按一般货物进口的报关程序报关（由保税仓库经营企业办理） |
| | | 属于寄售维修零配件保修期内免税出仓的 | 填制进口货物报关单（贸易方式栏填"无代价抵偿货物，3100"，由保税仓库经营企业办理） |
| 集中报关（针对批量少、批次频的货物） | | | 定期集中报关，由主管海关分管关长审批 |

（3）流转报关。在保税仓库与海关特殊监管区域或其他海关保税监管场所流转的货物，按转关运输的有关规定办理相关手续。

保税仓库和特殊监管区域或其他海关保税监管场所在同一直属关区内的，经直属海关批准，可不按转关运输方式办理。

保税仓库货物转往其他保税仓库的，应当在各自仓库主管的海关报关，报关时应先办理进口报关，再办理出口报关。

保税仓库进出口报关单的填写规范如表3-25所示。

表 3-25　保税仓库进出口报关单的填写规范

| 栏目 | 进仓环节 | | | 出仓环节 | | | | |
|---|---|---|---|---|---|---|---|---|
| | 从境外进口存入保税仓库 | 从保税仓库或保税物流中心存入保税仓库 | | 保税仓库货物转出境外 | 保税仓库货物转入国内（除保税物流场所外） | | 保税仓库货物转入保税仓库、保税物流中心 | |
| | | 转入方 | 转出方（形式报关） | | 收货单位 | 保税仓库（形式报关） | 转入方 | 转出方（形式报关） |
| 备案号 | 保税仓库电子账册号或其分册号 | 保税仓库电子账册号或其分册号 | 按实际情况填写 | 保税仓库电子账册号或其分册号 | 按实际情况填写 | 保税仓库电子账册号或其分册号 | 收货保税仓库电子账册号或其分册号 | 发货保税仓库电子账册号或其分册号 |
| 境内收发货人 | 实际经营单位名称及编码 | 实际经营单位名称及编码 | 实际发货企业名称及编码 | 实际经营单位名称及编码 | 实际收货单位名称及编码 | 实际收货单位名称及编码 | 实际经营单位名称及编码 | 实际经营单位名称及编码 |
| 消费使用单位/生产销售单位 | 保税仓库名称及编码 | 转入方保税仓库名称及编码 | 实际转出方保税仓库或保税物流中心名称及编码 | 保税仓库名称及编码 | 实际提货单位名称及编码 | 保税仓库名称及编码 | 转入方保税场所名称及编码 | 转出方保税仓库名称及编码 |

续表

| 栏目 | 进仓环节 | | | 出仓环节 | | | | |
|---|---|---|---|---|---|---|---|---|
| | 从境外进口存入保税仓库 | 从保税仓库或保税物流中心存入保税仓库 | | 保税仓库货物转出境外 | 保税仓库货物转入国内（除保税物流场所外） | | 保税仓库货物转入保税仓库、保税物流中心 | |
| | | 转入方 | 转出方（形式报关） | | 收货单位 | 保税仓库（形式报关） | 转入方 | 转出方（形式报关） |
| 运输方式 | 实际运输方式 | 其他，9 | 其他，9 | 按实际情况填写 | 保税仓库，8 | 其他运输，9 | 其他运输，9 | 其他运输，9 |
| 监管方式 | 保税仓库货物，1233 | 保税间货物，1200 | 保税间货物，1200 | 保税仓库货物，1233 | 按实际情况填写 | 保税间货物，1200 | 保税间货物，1200 | 保税间货物，1200 |
| 征免性质 | （空） | （空） | （空） | （空） | 按实际情况填写 | 按实际情况填写 | （空） | （空） |
| 征税方式 | 全免，3 | 全免，3 | 全免，3 | 全免，3 | 按实际情况填写 | 按实际情况填写 | 全免，3 | 全免，3 |
| 起运国/运抵国 | 实际情况 | 中国，142 | 中国，142 | 按实际情况填写 | 中国，142 | 中国，142 | 中国，142 | 中国，142 |
| 经停港/指运港 | 实际情况 | （空） | 中国境内，142 | （空） | （空） | 中国境内，142 | 中国境内，142 | 中国境内，142 |
| 备案序号 | 保税货物备案序号 | 保税货物备案序号 | 保税货物备案序号 | 保税货物备案序号 | 保税货物备案序号 | 保税货物备案序号 | 保税货物备案序号 | 保税货物备案序号 |
| 备注（关联报关单） | （空） | （空） | 本次对应的18位进口报关单号码 | （空） | （空） | 本次对应的18位进口报关单号码 | （空） | 本次对应的18位进口报关单号码 |

**2. 出口监管仓库货物报关**

1）出口监管仓库简介

（1）含义。出口监管仓库是指经海关批准设立，对已办结海关出口手续的货物进行存储、保税货物配送，提供流通性增值服务的海关专用监管仓库。

出口监管仓库分为出口配送型仓库和国内结转型仓库。出口配送型仓库是指存储以实际离境为目的的出口货物的仓库。国内结转型仓库是指存储用于国内结转的出口货物的仓库。

（2）功能。出口监管仓库的功能也只有仓储功能，主要用于存放出口货物。

经海关批准可以存入出口监管仓库的货物有以下几种：

- ➢ 一般贸易出口货物；
- ➢ 加工贸易出口货物；
- ➢ 从其他海关特殊监管区域、场所转入的出口货物；
- ➢ 其他已办结海关出口手续的货物。

出口配送型仓库还可以存放为拼装出口货物而进口的货物。

出口监管仓库不得存放下列货物：

- ➢ 国家禁止进出境货物；
- ➢ 未经批准的国家限制进出境货物；
- ➢ 海关规定不得存放的货物。

(3) 设立。
① 申请设立的条件。

出口监管仓库的设立应当符合区域物流发展和海关对出口监管仓库布局的要求，符合国家土地管理、规划、交通、消防、安全、环保等有关法律、行政法规的规定。申请设立出口监管仓库的经营企业，应当具备下列条件：

- 经市场监管部门注册登记，具有企业法人资格；
- 具有进出口经营权和仓储经营权；
- 注册资本在 300 万元人民币以上；
- 具备向海关缴纳税款的能力；
- 具有专门存储货物的场所，其中出口配送型仓库的面积不得低于 5 000 平方米，国内结转型仓库不得低于 1 000 平方米。

② 申请设立和审批。企业申请设立出口监管仓库，应当向仓库所在地主管海关提交书面申请，提供能够证明上述条件已经具备的有关文件。

海关受理、审查设立出口监管仓库的申请属于海关行政许可，应当按照行政许可的法定程序，对符合条件的，做出准予设立的决定，并出具批准文件；对不符合条件的，做出不予设立的决定，并书面告知申请企业。

③ 验收和运营。申请设立出口监管仓库的企业应当自海关出具批准文件之日起 1 年内向海关申请验收出口监管仓库。

出口监管仓库验收合格后，经海关注册登记并核发《出口监管仓库注册登记证书》，方可开展有关业务。

(4) 管理。
① 出口监管仓库必须专库专用，不得转租、转借给他人经营，不得下设分库。

② 出口监管仓库经营企业应当如实填写有关单证、仓库账册，真实记录并全面反映其业务活动和财务状况，编制仓库月度进、出、转、存情况表和年度财务会计报告，并定期报送主管海关。

③ 出口监管仓库所存货物的储存期限为 6 个月。如因特殊情况需要延长储存期限的，应在到期之前向主管海关申请延期，经海关批准可以延长，延长的期限最长不超过 6 个月。

货物存储期满前，仓库经营企业应当通知发货人或其代理人办理货物的出境或进口手续。

④ 出口监管仓库所存货物，是海关监管货物，未经海关批准并按规定办理有关手续，任何人不得出售、转让、抵押、质押、留置、移作他用或进行其他处置。

⑤ 货物在仓库储存期间发生损毁或灭失，除不可抗力原因外，出口监管仓库应当依法向海关缴纳损毁、灭失货物的税款，并承担相应的法律责任。

⑥ 经主管海关同意，可以在出口监管仓库内进行品质检验、分级分类、分拣分装、印刷运输标志、改换包装等流通性增值服务。

2) 出口监管仓库货物报关程序

出口监管仓库货物报关，大体可以分为进仓报关、出仓报关、结转报关和更换报关。

(1) 进仓报关。出口货物存入出口监管仓库时，发货人或其代理人应当向主管海关办理出口报关手续，填制出口货物报关单。按照国家规定应当提交出口许可证件和缴纳出口关税的，发货人或其代理人必须提交许可证件和缴纳出口关税。

发货人或其代理人按照海关规定提交报关需要的单证和仓库经营企业填制的"出口监管仓库货物入仓清单"。

经主管海关批准，对批量少、批次频繁的入仓货物，可以办理集中报关手续。

（2）出仓报关。出口监管仓库货物出仓可能出现出口报关和进口报关两种情况。

① 出口报关。出口监管仓库货物出仓出境时，仓库经营企业或代理人应当向主管海关申报。仓库经营企业或其代理人按照海关规定提交报关需要的单证，并提交仓库经营企业填制的"出口监管仓库货物出仓清单"。

出仓货物出境口岸不在仓库主管海关的，经海关批准，可以在口岸所在地海关办理相关手续，也可以在主管海关办理相关手续。

② 进口报关。出口监管仓库货物转进口，应当经海关批准，按照进口货物的有关规定办理相关手续。用于加工贸易的，由加工贸易企业或其代理人按保税加工货物的报关程序办理进口报关手续；用于可以享受特定减免税的特定地区、特定企业和特定用途的，由享受特定减免税的企业或其代理人按特定减免税货物的报关程序办理进口报关手续；进入国内市场或用于境内其他方面，由收货人或其代理人按一般进口货物的报关程序办理进口报关手续。

（3）结转报关。经转入、转出方所在地主管海关批准，并按照转关运输的规定办理相关手续后，出口监管仓库之间，出口监管仓库与保税区、出口加工区、保税物流园区、保税港区、保税物流中心、保税仓库等特殊监管区域和保税监管场所之间可以进行货物流转。

（4）更换报关。对已存入出口监管仓库因质量等原因要求更换的货物，经仓库所在地主管海关批准，可以进行更换。被更换货物出仓前，更换货物应当先行入仓，并应当与原货物的商品编码、品名、规格型号、数量和价值相同。

出口监管仓库货物的报关程序如表 3-26 所示。

表 3-26 出口监管仓库货物的报关程序

| 报关类别 | | | 报关方法 |
| --- | --- | --- | --- |
| 进仓报关 | 出口报关单 | | 填制出口货物报关单，验证、纳税（由收发人申报，仓库经营企业填制"出口监管仓库货物入仓清单"） |
| | 进口报关单 | | 享受入仓退税的，入仓后即可办理退税证明手续；不享受的，实际离境后可办理退税证明手续 |
| | 集中申报 | | 定期集中报关，由主管海关分管关长审批 |
| 出仓报关 | 出口报关 | | 填制出口货物报关单（仓库经营企业申报，填写"出口监管仓库货物出仓清单"） |
| | 进口报关 | 用于加工贸易的 | 按保税加工货物的报关程序报关（由加工贸易企业或其代理人办理） |
| | | 用于"三特"的 | 按特定减免税货物的报关程序报关（由享受特定减免税的企业或其代理人办理） |
| | | 进入国内市场的 | 按一般货物进口的报关程序报关（由保税仓库经营企业办理） |
| 结转报关 | | | 按转关运输方式办理报关程序 |
| 更换报关（因质量问题可进行更换） | | | 被更换货物出仓前，更换货物先行入仓，且与原货物商品编码、名称、规格型号、数量、价值相同 |

出口监管仓库进出口报关单的填写规范如表 3-27 所示。

表 3-27　出口监管仓库进出口报关单的填写规范

| 栏目 | 进仓环节 | | | 出仓环节 | | |
|---|---|---|---|---|---|---|
| 出口监管仓库情形 | 一般贸易出口货物、加工贸易出口货物存入出口监管仓库的 | 为拼装出口货物而进仓的货物以及为改换出口监管仓库货物包装而进口的包装物料存入出口配送型出口监管仓库的 | 出口监管仓库货物出仓后运往境外的 | 出口监管仓库货物出仓转为加工贸易进口或转入国内市场销售的 | 出口监管仓库货物出仓后转至保税仓库继续实施保税监管的 | 从其他出口监管仓库（保税仓库）转出的出口货物存入出口监管仓库的 |
| 报关单 | 由存入方填写出口报关单 | 进口报关单 | 出口报关单 | 由实际提货单位填写进口报关单 | 由出口监管仓库填写出口报关单，保税仓库按《保税仓库报关单填制注意事项》填写进口报关单 | 由转出方填写出口报关单 |
| 境内收发货人 | 实际经营单位名称及编码 | 实际经营单位名称及编码 | 出口监管仓库经营单位名称及编码 | 实际经营单位名称及编码 | 转出出口监管仓库经营单位名称及编码 | 转出出口监管仓库经营单位名称及编码 |
| 生产销售单位 | 实际发货单位名称及编码 | 出口监管仓库经营单位名称及编码 | 出口监管仓库经营单位名称及编码 | 实际收货单位名称及编码 | 转出出口监管仓库经营单位名称及编码 | 转出出口监管仓库经营单位名称及编码 |
| 运输方式 | 监管仓库，1 | 实际运输方式 | 实际运输方式 | 监管仓库，1 | 其他运输，9 | 其他运输，9 |
| 监管方式 | 按实际贸易方式填报 | 保税仓库货物，1233 | 保税仓库货物，1233 | 按实际贸易方式填报 | 保税间货物，1200 | 保税间货物，1200 |
| 起运国/运抵国 | 中国，142 | — | 实际最后运抵国 | 中国，142 | 中国，142 | 中国，142 |
| 经停港/指运港 | 中国境内，142 | — | 实际最终目的港 | 中国境内，142 | 中国境内，142 | 中国境内，142 |
| 最终目的国 | 中国，142 | — | 出口货物的最终实际消费、使用或进一步加工制造国家（地区） | — | — | 中国，142 |
| 备注 | 存入出口监管仓库的名称，以及出口监管仓库货物入仓清单编号 | 存入出口监管仓库的名称，以及出口监管仓库货物入仓清单编号 | 对应出口监管仓库的名称，出口监管仓库货物出仓清单编号，以及出口监管仓库货物原进仓报关单编号 | 对应出口监管仓库的名称，以及出口监管仓库货物出仓清单编号 | 转至+转入保税仓库的名称及电子账册编号，对应转出出口监管仓库的名称，以及出口监管仓库货物流转申请表编号 | 转自+转出出口监管仓库的名称，出口监管仓库货物流转申请表编号（转自+转保税仓库的名称及电子账册编号，保税仓库货物流转申请表编号），存入出口监管仓库的名称 |
| 关联报关单 | CJ+出口监管仓库10位数编码 | — | — | CJ+出口监管仓库10位数编码 | 保税仓库电子账册编号 | CJ+转入出口监管仓库10位数编码 |

**3. 保税物流中心货物报关**

1) 保税物流中心简介

（1）含义。保税物流中心是指经海关批准，由中国境内企业法人经营，专门从事保税仓储物流业务的海关监管场所，分 A 型和 B 型两种。保税物流中心 A 型是指由一家法人企业设立并经营的从事保税物流服务的海关监管场所；保税物流中心 B 型是指经海关批准，由中国境内一家企业法人经营，多家企业进入并从事保税仓储物流业务的海关监管场所。

保税物流中心 A 型因主要针对大型生产型的跨国公司和大型物流企业，因而对申请设立的资格要求较高，要求企业注册资本量最低为 3 000 万人民币；保税物流中心 B 型经批准设立后，对企业的入驻资格要求较低，以注册资本为例，只需达到 5 万元人民币即可。

保税物流中心 A 型应由企业申请，经直属海关审批并由直属海关会同省级国税、外汇管理部门验收；保税物流中心 B 型由直属海关受理审核后报海关总署审批，并由海关总署、国家税务总局和国家外汇管理局等部门组成联合验收小组进行验收。

（2）功能。保税物流中心的功能是保税仓库和出口监管仓库功能的叠加，既可以存放进口货物，也可以存放出口货物，还可以开展多项增值服务。

① 存放货物的范围。
- 国内出口货物；
- 转口货物和国际中转货物；
- 外商暂存货物；
- 加工贸易进出口货物；
- 供应国际航行船舶和航空器的物料、维修用零部件；
- 供维修外国产品所进口寄售的零配件；
- 未办结海关手续的一般贸易进口货物；
- 经海关批准的其他未办结海关手续的货物。

② 开展业务的范围。

保税物流中心可以开展以下业务：
- 保税存储进出口货物及其他未办结海关手续的货物；
- 对所存储货物开展流通性简单加工和增值服务；
- 全球采购和国际分拨、配送；
- 转口贸易和国际中转业务；
- 经海关批准的其他国际物流业务。

保税物流中心不得开展以下业务：
- 商业零售；
- 生产和加工制造；
- 维修、翻新和拆解；
- 存储国家禁止进出口货物，以及危害公共安全、公共卫生或健康、公共道德或秩序的国家限制进出口货物；
- 存储法律、行政法规明确规定不能享受保税政策的货物；
- 其他与保税物流中心无关的业务。

（3）设立。

① 保税物流中心 A 型的设立（依据《中华人民共和国海关对保税物流中心（A 型）的暂

行管理办法》执行，2018海关总署第240号令修改并重新发布）。

A．保税物流中心A型经营企业应当具备下列资格条件：
- 经工商行政管理部门注册登记，具有独立的企业法人资格；
- 具有专门存储货物的营业场所；
- 具有符合海关监管要求的管理制度。

B．物流中心经营企业申请设立物流中心应当具备下列条件：
- 符合海关对物流中心的监管规划建设要求；
- 公用型物流中心的仓储面积（含堆场），东部地区不低于4 000平方米，中西部地区、东北地区不低于2 000平方米；
- 自用型物流中心的仓储面积（含堆场），东部地区不低于2 000平方米，中西部地区、东北地区不低于1 000平方米；
- 物流中心为储罐的，容积不低于5 000立方米；
- 建立符合海关监管要求的计算机管理系统，提供供海关查阅数据的终端设备，并按照海关规定的认证方式和数据标准与海关联网；
- 设置符合海关监管要求的隔离设施、监管设施和办理业务必需的其他设施。

② 保税物流中心B型的设立（依据《中华人民共和国海关对保税物流中心（B型）的暂行管理办法》执行，2018海关总署第240号令修改并重新发布）。

A．设立保税物流中心B型应当具备下列条件：
- 物流中心仓储面积，东部地区不低于50 000平方米，中西部地区、东北地区不低于20 000方米；
- 符合海关对物流中心的监管规划建设要求；
- 选址在靠近海港、空港、陆路交通枢纽及内陆国际物流需求量较大，交通便利，设有海关机构且便于海关集中监管的地方；
- 经省级人民政府确认，符合地方经济发展总体布局，满足加工贸易发展对保税物流的需求；
- 建立符合海关监管要求的计算机管理系统，提供供海关查阅数据的终端设备，并按照海关规定的认证方式和数据标准，通过"电子口岸"平台与海关联网，以便海关在统一平台上与国税、外汇管理等部门实现数据交换及信息共享；
- 设置符合海关监管要求的隔离设施、监管设施和办理业务必需的其他设施。

B．保税物流中心B型经营企业应当具备下列资格条件：
- 经工商行政管理部门注册登记，具有独立企业法人资格；
- 具备对中心内企业进行日常管理的能力；
- 具备协助海关对进出物流中心的货物和中心内企业的经营行为实施监管的能力。

（4）管理。

① 保税物流中心经营企业应当设立管理机构负责物流中心的日常工作，制定完善的物流中心管理制度，协助海关实施对进出物流中心的货物及中心内企业经营行为的监管。

② 保税物流中心经营企业不得在本中心内直接从事保税仓储物流的经营活动。

③ 保税物流中心内货物保税存储期限为2年，确有正当理由的，经主管海关同意可以予以延期，除特殊情况外，延期不得超过1年。

④ 企业根据需要经主管海关批准，可以分批进出货物，月度集中报关，但集中报关不得

跨年度办理。实行集中申报的进出口货物,应当适用每次货物进出口时海关接受申报之日实施的税率、汇率。

⑤ 未经海关批准,保税物流中心不得擅自将所存货物抵押、质押、留置、移作他用或进行其他处置。

保税物流中心内货物可以在中心内企业之间进行转让、转移,但必须办理相关海关手续。

⑥ 保税仓储货物在存储期间发生损毁或灭失的,除不可抗力外,保税物流中心经营企业应当依法向海关缴纳损毁、灭失货物的税款,并承担相应的法律责任。

2)保税物流中心进出货物报关程序

(1)保税物流中心与境外之间的进出货物报关。

① 保税物流中心与境外之间进出的货物,应当在保税物流中心主管海关办理相关手续。保税物流中心与口岸不在同一主管海关的,经主管海关批准,可以在口岸海关办理相关手续。

② 保税物流中心与境外之间进出的货物,除实际出口被动配额管理和中华人民共和国参加或缔结的国际条约及国家另有明确规定的以外,不实行进出口配额、许可证件管理。

③ 从境外进入保税物流中心内的货物,凡属于规定存放范围内的货物予以保税;属于保税物流中心企业进口自用的办公用品、交通运输工具、生活消费品等,以及物流中心开展综合物流服务所需进口的机器、装卸设备、管理设备等,按照进口货物的有关规定和税收政策办理相关手续。

(2)保税物流中心与境内之间的进出货物报关。保税物流中心内货物运往所在关区外,或者跨越关区提取保税物流中心内的货物,可以在保税物流中心主管海关办理进出中心的报关手续,也可以按照境内监管货物转关运输的方式办理相关手续。

保税物流中心与境内之间的进出货物报关按下列规定办理:

① 出中心。

A. 出中心进入关境内的其他地区。保税物流中心货物出中心进入关境内的其他地区视同进口,按照货物进入境内的实际流向和实际状态填制进口货物报关单,办理进口报关手续;属于许可证件管理的商品,企业还应当向海关出具有效的许可证件。

进口申报手续同保税仓库出库进入境内货物的报关手续一样,具体手续见保税仓库货物报关有关内容。

从保税物流中心进入境内用于在保修期内免费维修有关外国产品并符合无代价抵偿货物有关规定的零部件,或者用于国际航行船舶和航空器的物料,或者属于国家规定可以免税的货物,免征进口关税和进口环节的海关代征税。

B. 出中心运往境外。保税物流中心货物出中心运往境外填制出口货物报关单,办理出口报关手续,具体手续同保税仓库和出口监管仓库出库运往境外货物的报关手续一样。

② 进中心。货物从境内进入保税物流中心视同出口,办理出口报关手续。如需缴纳出口关税的,应当按照规定纳税;属于许可证件管理的商品,还应当向海关出具有效的出口许可证件。

从境内运入保税物流中心的原进口货物,境内发货人应当向海关办理出口报关手续,经主管海关验放;已经缴纳的关税和进口环节海关代征税,不予退还。

从境内运入保税物流中心的下列货物,海关不办理出口货物报关单退税证明手续:

➢ 供中心企业自用的生活消费品、交通运输工具;

> 供中心企业自用的进口机器设备、装卸设备、管理设备、检测检验设备等；
> 保税物流中心之间、保税物流中心与出口加工区、保税物流园区和已实行国内货物入仓环节出口退税政策的出口监管仓库等海关特殊监管区域，或者海关保税监管场所往来的货物。

保税物流中心与境内之间进出货物报关程序如表 3-28 所示。

表 3-28　保税物流中心与境内之间进出货物报关程序

| 进出中心类别 | | 报关方法 |
|---|---|---|
| 出中心 | 出中心进入关境内其他地区 | 视同进口，填进口货物报关单，验证 |
| | | 手续同保税仓库货物出仓报关 |
| | | 符合无代价抵偿的货物免税 |
| | 出中心运往境外 | 视同出口 |
| 进中心 | 视同出口，征出口关税，验证 | |
| | 境内运入原进口货物办理出口手续，已征税费不退 | |

### 4. 保税区进出货物报关

1）保税区简介

（1）含义。保税区是指经国务院批准在中华人民共和国境内设立的由海关进行监管的特定区域。

（2）功能。保税区具有出口加工、转口贸易、商品展示、仓储运输等功能，也就是说既有保税加工的功能，又有保税物流的功能。

（3）管理。保税区与境内其他地区之间，设置符合海关监管要求的隔离设施。

① 禁止事项。

A．除安全保卫人员外，其他人员不得在保税区居住。

B．国家禁止进出口的货物、物品，不得进出保税区。

C．国家明令禁止进出口的货物和列入加工贸易禁止类商品目录的商品在保税区内也不准开展加工贸易。

② 物流管理。海关对进出保税区的货物、物品、运输工具、人员及区内有关场所，有权依照《海关法》的规定进行检查、查验。

在保税区内设立的企业，必须向海关办理注册手续。区内企业必须依照国家有关法律、行政法规的规定设置账簿、编制报表，凭合法、有效凭证记账并进行核算，记录有关进出保税区货物和物品的库存、转让、转移、销售、加工、使用的损耗等情况。

区内企业必须与海关实行电子计算机联网，进行电子数据交换。

进出保税区的运输工具的负责人，必须持保税区主管机关批准的证件连同运输工具的名称、数量、牌照号码及驾驶员姓名等清单，向海关办理登记备案手续。

未经海关批准，从保税区到非保税区的运输工具和人员不得运输、携带保税区内的免税、保税货物。

从非保税区进入保税区的货物，按照出口货物办理手续。企业在办结海关手续后，可办理结汇、外汇核销、加工贸易核销等手续。出口退税须在货物实际报关离境后才能办理。

保税区内的转口货物可以在区内仓库或区内其他场所进行分级、挑选、印刷运输标志、改换包装等简单加工。

③ 加工贸易管理。保税区企业开展加工贸易，除进口易制毒化学品、监控化学品、消耗臭氧层物质要提供进口许可证件，生产激光光盘要主管部门批准外，其他加工贸易料件进口免予交验许可证件。

区内加工企业加工的制成品及其在加工过程中产生的边角余料运往境外时，应当按照国家有关规定向海关办理手续，除法律、行政法规另有规定外，免征出口关税。

区内加工企业将区内加工贸易料件及制成品、在加工过程中产生的副产品、残次品、边角料，运往非保税区时，应当依照国家有关规定向海关办理进口报关手续，并依法纳税，免交缓税利息。

2）保税区进出货物报关程序

保税区货物报关分进出境报关和进出区报关。

（1）进出境报关。进出境报关采用报关制和备案制相结合的运行机制，即保税区与境外之间进出境货物，属自用的，采取报关制，填写进出口货物报关单；属非自用的，包括加工出口、转口、仓储和展示，采取备案制，填写进出境货物备案清单，即保税区内企业的加工贸易料件、转口贸易货物、仓储货物进出境，由收货人或其代理人填写进出境货物备案清单向海关报关；对保税区内企业进口自用合理数量的机器设备、管理设备、办公用品及工作人员所需自用合理数量的应税物品及货样，由收货人或其代理人填写进口货物报关单向海关报关。

保税区与境外之间进出的货物，除易制毒化学品、监控化学品、消耗臭氧层物质等国家规定的特殊货物外，不实行进出口许可证件管理，免予交验许可证件。

为保税加工、保税仓储、转口贸易、展示而从境外进入保税区的货物可以保税。

从境外进入保税区的以下货物可以免税：

① 区内生产性的基础设施建设项目所需的机器、设备和其他基建物资；

② 区内企业自用的生产、管理设备和自用合理数量的办公用品及其所需的维修零配件，生产用燃料，建设生产厂房、仓储设施所需的物资、设备、交通车辆和生活用品除外；

③ 保税区行政管理机构自用合理数量的管理设备和办公用品及其所需的维修零配件。

免税进入保税区的进口货物，海关按照规定减免税货物进行监管。

（2）进出区报关。进出区报关要根据不同的情况按不同的报关程序报关。

① 保税加工货物进出区。进区，报出口，要有加工贸易电子化手册或加工贸易电子账册、电子手册，填写出口货物报关单，提供有关的许可证件。出口应当征收出口关税商品的，须缴纳出口关税；海关不办理出口货物报关单退税证明手续。

出区，报进口，按不同的流向填写不同的进口货物报关单：

A. 出区进入国内市场的，按一般进口货物报关，填写进口货物报关单，提供有关的许可证件。

关于保税加工货物内销征税的完税价格由海关按以下规定审查确定：

保税区内的加工企业内销的进口料件或其制成品（包括残次品），以接受内销申报的同时，或者大约同时进口的相同或类似货物的进口成交价格为基础确定完税价格。

保税区内的加工企业内销的进料加工制成品中，如果含有从境内采购的料件，以制成品所含有的从境外购入的料件的原进口成交价格为基础确定完税价格。料件的原进口成交价格不能确定的，在接受内销申报的同时，或大约同时进口的与料件相同或类似货物的进口成交价格为基础确定完税价格。

保税区内的加工企业内销的来料加工制成品中，如果含有从境内采取的料件，在接受内销申报的同时，或者大约同时进口的与料件相同或类似货物的进口成交价格为基础确定完税价格。

保税区内加工企业内销加工过程中产生的边角料或副产品，以内销价格作为完税价格。

B．出区用于加工贸易的，按加工贸易货物报关，填制加工贸易进口货物报关单，提供加工贸易纸质手册或加工贸易电子账册、电子化手册。

C．出区用于可以享受特定减免税企业的，按特定减免税货物报关，提供进出口货物征免税证明和应当提供的许可证件，免缴进口税。

② 进出区外发加工。保税区企业货物外发到区外加工，或者区外企业货物外发到保税区加工的，需经主管海关核准。

进区提交外发加工合同向保税区海关备案，加工出区后核销，不填写进出口货物报关单，不缴纳税费。

出区外发加工的，须由区外加工贸易经营企业在加工企业所在地海关办理加工贸易备案手续，申领纸质手册，或者建立电子账册、电子化手册，需要建立银行保证金台账的应当设立台账，加工期限最长6个月，情况特殊，经海关批准可以延长，延长的最长期限是6个月。备案后按保税加工货物出区进行报关。

③ 设备进出区。不管是施工设备还是投资设备，进出区均须向保税区海关备案，设备进区不填写报关单，不缴纳出口税，海关不办理出口货物报关单退税证明手续，设备从国外进口已征进口税的，不退进口税；设备退出区外的，也不必填写报关单进行申报，但要报保税区海关销案。

保税区进出货物进出区报关方法如表3-29所示。

表3-29 保税区进出货物进出区报关方法

| 进区或出区 | | | 报关方法 | |
|---|---|---|---|---|
| 进区（报出口） | | 提供手册，填写出口货物报关单，验证，征出口税 | | |
| 出区（报进口，根据实际情况填进口货物报关单） | 进入国内市场（一般进口，验证） | 类型 | | 完税价格审定方法 |
| | | 内销进口料件或其制成品 | | 接受内销申报同时进口相同货物进口成交价格 |
| | | 内销进料加工制成品含国产料件 | | 以从境外购入料件原进口成交价格 |
| | | 内销来料加工制成品含境内料件 | | 以接受内销申报同时进口与料件相同货物进口成交价格 |
| | | 边角料/副产品 | | 内销价格 |
| | 进出区外发加工 | 需主管海关批准，进区提交合同备案，加工出区后核销，不填写报关单，免税出区，由经营企业在加企所在地海关备案，领册，交保证金，期限半+半，出区报关 | | |
| | 设备进出区 | 施工/投资设备均需备案，进区不填报关单，不征出口税，设备原进口时已征进口税不退；出区的，不报关，需销案 | | |

## 5．保税港区与综合保税区进出货物报关

1）保税港区与综合保税区简介

（1）含义。保税港区是指经国务院批准，设立在国家对外开放的口岸港区和与之相连的特定区域内，具有口岸、物流、加工等功能的海关特殊监管区域。

综合保税区是设立在内陆地区的具有保税港区功能的海关特殊监管区域，由海关参照有关规定对综合保税区进行管理，执行保税港区的税收和外汇政策，集保税区、出口加工区、保税物流区、港口的功能于一身，可以发展国际中转、配送、采购、转口贸易和出口加工等业务。

截至2021年，全国共有保税港区2个，综合保税区147个。

（2）功能。保税港区与综合保税区具备保税加工、保税物流功能，可以开展下列业务：

- 存储进出口货物和其他未办结海关手续的货物；
- 国际转口贸易；
- 国际采购、分销和配送；
- 国际中转；
- 检测和售后服务维修；
- 商品展示；
- 研发、加工、制造；
- 港口作业；
- 经海关批准的其他业务。

（3）管理。保税港区与综合保税区实行封闭式管理。保税港区与中华人民共和国关境内的其他地区之间设置符合海关监管要求的卡口、围网、视频监控系统及海关监管所需的其他设施。

保税港区与综合保税区享受的税收和外汇管理政策。主要税收政策：国外货物入港区保税；货物出港区进入国内销售按货物进口的有关规定办理报关手续，并按货物实际状态征税；国内货物入港区视同出口，实行退税；港区内企业之间的货物交易不征增值税和消费税。

① 禁止事项。保税港区与综合保税区有以下禁止事项：

- 保税港区与综合保税区内不得居住人员；
- 除保障保税港区与综合保税区内人员正常工作、生活需要的非营利性设施外，保税港区与综合保税区内不得建立商业性生活消费设施和开展商业零售业务；
- 国家禁止进出口的货物、物品不得进出保税港区与综合保税区；
- 区内企业的生产经营活动应当符合国家产业发展，不得开展高耗能、高污染和资源性产品及列入《加工贸易禁止类商品目录》商品的加工贸易业务。

② 物流管理。海关对进出保税港区与综合保税区的运输工具、货物、物品及保税港区与综合保税区内企业、场所进行监管。

区内企业需要开展危险化工品和易燃易爆物品生产、经营和运输业务的，应当取得安全监督、交通等相关部门的行政许可，并报保税港区主管海关备案。

有关储罐、装置、设备等设施应当符合海关的监管要求。通过管道进出区的货物，应当配备计量检测装置和其他便于海关监管的设施、设备。

申请在区内开展维修业务的企业应当具有企业法人资格，并在区主管海关登记备案。区内企业所开展的维修业务仅限于我国出口的机电产品的售后维修，维修后的产品、更换的零配件及维修过程中产生的物料等应当复运出境。

经区主管海关批准，区内企业可以在区综合办公区专用的展示场所举办商品展示活动。展示的货物应当在海关备案，并接受海关监管。

区内货物可以自由流转。区内企业转让、转移货物的，双方企业应当及时向海关报送转让、转移货物的品名、数量、金额等电子数据信息。

保税港区与综合保税区货物不设存储期限。但存储期限超过2年的，区内企业应当每年向海关备案。

经海关核准，区内企业可以办理集中申报手续。实行集中申报的区内企业应当对1个自然月内申报清单数据进行归并，填制进出口货物报关单，在次月底前向海关办理集中申报手续。集中申报适用报关单集中申报之日实施的税率、汇率。集中申报不得跨年度办理。

③ 加工贸易管理。区内企业不实行加工贸易合同核销制度，海关对区内加工贸易货物不实行单耗标准管理。区内企业应当自开展业务之日起，定期向海关报送货物的进区、出区和储存情况。

④ 特殊情况处理。区内企业申请放弃的货物，经海关及有关主管部门核准后，由区主管海关依法提取变卖，变卖收入由海关按照有关规定处理，但法律、行政法规和海关规章规定不得放弃的货物除外。

因不可抗力造成区内货物损毁、灭失的，区内企业应当及时书面报告区主管海关，说明情况并提供灾害鉴定部门的有关证明。经区主管海关核实确认后，按照下列规定处理：

- 货物灭失，或者虽未灭失但完全失去使用价值的，海关予以办理核销和免税手续；
- 进境货物损毁，失去部分使用价值的，区内企业可以向海关办理退运手续，如不退运出境并要求运往区外的，由区内企业提出申请，经保税港区主管海关核准，按照海关审定的价格进行征税；
- 区外进入区内的货物损毁，失去部分使用价值，且需向出口企业进行退换的，可以退换为与损毁货物相同或者类似的，并向区主管海关办理退运手续。

需退运到区外的，属于尚未办理出口退税手续的，可以向保税港区主管海关办理退运手续；属于已经办理出口退税手续的，按照进境货物运往区外的规定办理。

因保管不善等非不可抗力因素造成货物损毁、灭失的，区内企业应当及时书面报告区主管海关，说明情况。经区主管海关核实确认后，按照下列规定办理：

- 从境外进入区内的货物，区内企业应当按照一般贸易进口货物的规定，按照海关审定的货物损毁或灭失前的完税价格，以货物损毁或灭失之日适用的税率、汇率缴纳关税、进口环节海关代征税；
- 从区外进入区内的货物，区内企业应当重新缴纳因出口而退还的国内环节有关税收，海关据此办理核销手续，已缴纳出口关税的，不予退还；
- 从区外进入区内的原进口货物、包装物料、设备、基建物资等，区外企业应当向海关提供上述货物或者物品的清单，按照出口货物的有关规定办理申报手续，原已缴纳的关税、进口环节海关代征税不予退还。

2）进口保税港区与综合保税区货物的报关程序

区内企业向海关申报货物进出境、进出区，以及在同一区域内或者不同特殊区域之间流转货物的双方企业，应填制海关进（出）境货物备案清单。保税港区与综合保税区与境内（区外）之间进出的货物，区外企业应同时填制进（出）口货物报关单，向区主管海关办理进出口报关手续。

货物在同一区企业之间、不同特殊区域企业之间或保税港区、综合保税区与区外之间流转的，应先办理进口报关手续，后办理出口报关手续。

具体程序如下：

（1）保税港区与综合保税区与境外之间进出的货物。保税港区与综合保税区与境外之间进出的货物应当在区主管海关办理报关手续；进出境口岸不在区主管海关辖区内的，经区主管海关批准，可以在口岸海关办理海关手续。

海关对区内与境外之间进出的货物实行备案制管理，对从境外进入区内的货物予以保税。货物的收发货人或者代理人应当如实填写进出境货物备案清单，向海关备案。

下列货物从境外进入保税港区或综合保税区，海关免征进口关税和进口环节海关代征税：

① 区内生产性的基础设施建设项目所需的机器、设备和建设生产厂房、仓储设施所需的基建物资；

② 区内企业生产所需的机器、设备、模具及其维修用零配件；

③ 区内企业和行政管理机构自用合理数量的办公用品。

从境外进入区内，供区内企业和行政管理机构自用的交通运输工具、生活消费用品，按进口货物的有关规定办理报关手续，海关按照有关规定征收进口关税和进口环节海关代征税。

从区内运往境外的货物免征出口关税。

区内与境外之间进出的货物，除法律、行政法规和规章另有规定的外，不实行进出口配额、许可证件管理。

对于同一配额、许可证件项下的货物，海关在进区环节已经验核配额、许可证件的，在出境环节不再要求企业出具配额、许可证件原件。

保税港区、综合保税区与境外之间进出货物报关方法如表 3-30 所示。

表 3-30 保税港区、综合保税区与境外之间进出货物报关方法

| 货物进出情形 | 报关方法 |
| --- | --- |
| 境外入区免证情形 | 区内生产建设所需基建物资，区内企业所需机器，企业自用合理数量办公用品 |
| 境外入区，自用交通工具 | 按进口货物办理，征进口税 |
| 港区运往境外 | 免出口关税 |
| 区内与境外之间进出 | 不实行出口配额、免证，同一配额、许可证项下货物，进口已验证的，出口免证 |

（2）保税港区、综合保税区与区外非特殊监管区域或场所之间进出的货物。保税港区、综合保税区与区外之间进出的货物，区内企业或者区外收发货人按照进出口货物的有关规定向区主管海关办理申报手续。需要征税的，区内企业或者区外收发货人按照货物进出区时的实际状态缴纳税款；属于配额、许可证件管理商品的，区内企业或者区外收货人还应当向海关出具配额、许可证件。对于同一配额、许可证件项下的货物，海关在进境环节已经验核配额、许可证件的，在出区环节不再要求企业出具配额、许可证件原件。

① 出区。

A. 一般贸易货物出区。一般贸易货物出区直接进入生产或消费领域流通的按一般进口货物的报关程序办理海关手续，属于优惠贸易协定项下货物，符合海关总署相关原产地管理规定的，按协定税率或者特惠税率办理海关征税手续。

一般贸易货物出区符合保税或者特定减免税条件的，可以按保税货物或者特定减免税货物的报关程序办理海关手续。

B. 加工贸易货物出区。区内企业生产的加工贸易成品及在加工生产过程中产生的残次品、副产品出区内销的，按进口货物办理进口手续，海关按内销时的实际状态征税。属于进口配额、许可证件管理的，企业应当向海关出具进口配额、许可证件。

区内企业在加工生产过程中产生的边角料、废品，以及加工生产、储存、运输等过程中产生的包装材料，区内企业提出书面申请并且经海关批准的，可以运往区外，海关按出区时的实际状态征税。属于进口配额、许可证件管理的，免领进口配额、许可证件；列入《禁止

进口废物目录》的废物及其他危险废物需出区进行处置的,有关企业凭区行政管理机构及所在地的市级环保部门批件等材料,向海关办理出区手续。

区内企业生产的加工贸易成品出区深加工结转按出口加工区深加工结转程序办理海关手续。

C. 出区展示。区内企业在区外其他地方举办商品展示活动的,比照海关对暂准进境货物的管理规定办理有关手续。

D. 出区检测、维修。区内使用的机器、设备、模具和办公用品等海关监管货物,可以比照进境修理货物的有关规定,运往区外进行检测、维修。区内企业将模具运往区外进行检测、维修的,应当留存模具所生产产品的样品或者图片资料。

运往区外进行检测、维修的机器、设备、模具和办公用品等,不得在区外用于加工生产和使用,并且应当自运出之日起 60 日内运回区内。因特殊情况不能如期运回的,区内企业或者区行政管理机构应当在期限届满前 7 日内,以书面形式向海关申请延期,延长期限不得超过 30 日。检测、维修完毕运回区内的机器、设备、模具和办公用品等应当为原物。有更换新零件、配件或者附件的,原零件、配件或者附件应当一并运回区内。对在区外更换的国产零件、配件或者附件,需要退税的,由区内企业或者区外企业提出申请,区主管海关按照出口货物的有关规定办理手续。

E. 出区外发加工。区内企业需要将模具、原材料、半成品等运往区外进行加工的,应当在开展外发加工前,凭承揽加工合同或者协议、承揽企业营业执照复印件和区内企业签章确认的承揽企业生产能力状况等材料,向区主管海关办理外发加工手续。

委托区外企业加工的期限不得超过 6 个月,加工完毕后的货物应当按期运回区内。在区外开展外发加工产生的边角料、废品、残次品、副产品不运回区内的,海关应当按照实际状态征税。区内企业凭出区时委托区外加工申请书及有关单证,向海关办理验放核销手续。

② 进区。区外货物进区的,按照货物出口的有关规定办理缴税手续。

A. 从区外进区供区内企业开展业务的国产货物及其包装材料,海关按照对出口货物的有关规定办理。

B. 从区外进区供保税港区行政管理机构和区内企业使用的国产基建物资、机器、装卸设备、管理设备、办公用品等,海关按照对出口货物的有关规定办理;从区外进区的原进口货物、包装材料、设备、基建物资等,区外企业应当向海关提供上述货物或者物品的清单,按照出口货物的有关规定办理申报手续,原已缴纳的关税、进口环节海关代征税不予退还。

区内与区外非特殊监管区域或场所之间进出货物报关方法如表 3-31 所示。

表 3-31 区内与区外非特殊监管区域或场所之间进出货物报关方法

| | | | |
|---|---|---|---|
| 出区 | 一般贸易货物出区 | 直接进入生产流通 | 一般进口货物,适用原产地管理 |
| | | 符合保税/三特 | 按保税/三特办理 |
| | 加贸货物出区 | 成品、残次品、副产品出区内销 | 进口货物,征税、验证 |
| | | 边角料、废品等 | 运往区外,征税、免证 |
| | 出区展示 | 按暂准进出境货物处理 | |
| | 出区检测、维修 | 不得在区外用于生产和使用,出运 60 日内运回,在期限满前 7 日申请延长,不超过 30 日,运出的应是原物 | |
| | 出区外发加工 | 加工前办理外发加工手续,期限不超过 6 个月,加工后应按期运回,不运回的,按实际状态征税 | |
| | 进区 | 按货物出口手续办理 | |

（3）保税港区、综合保税区与其他海关特殊监管区域或者保税监管场所之间往来的货物。

海关对于保税港区、综合保税区与其他海关特殊监管区域或者保税监管场所之间往来的货物，实行保税监管。保税港区、综合保税区与其他海关特殊监管区域或者保税监管场所之间的流转货物，不征收进出口环节的有关税收。承运保税港区、综合保税区与其他海关特殊监管区域或者保税监管场所之间往来货物的运输工具，应当符合海关监管要求。

各种监管形式下的保税物流货物的管理要点比较如表3-32所示。

表3-32  各种监管形式下的保税物流货物的管理要点比较

| 监管场所区域名称 | 存货范围 | 储存期限 | 服务功能 | 注册资本（不低于） | 面积（不低于）东部 | 面积（不低于）中西部 | 审批权限 | 入区免税 | 备注 |
|---|---|---|---|---|---|---|---|---|---|
| 保税仓库 | 进口 | 1+1 | 储存 | 300W | 公用维修 $2Qm^2$ 液体 $5Qm^2$ | | 直属海关 | 否 | 按月报核 |
| 出口监管仓库 | 出口 | 半+半 | 储存，出口配送，国内结转 | | 配送 $5Qm^2$ 结转 $1Qm^2$ | | | | 退换货物先入后出 |
| 保税物流中心 | | 2+1 | 储存，全球采购配送，国内结转，转口，中转 | 5 000W | $10Wm^2$ | $5Wm^2$ | 海关总署 | 是 | — |
| 保税区 | 进出口 | 无期限 | 物流园区功能+维修，加工 | | — | | | 否 | 离境退税 |
| 保税港区、综合保税区 | | | 保税区功能+港口功能 | | | | | 是 | — |

### 思考与练习

根据当地实际情况，课后参观某一个保税物流货物监管区域（上述五种中任选一个），并就其功能区的规划发表自己的看法。

# 项目 4

# 特定减免税货物通关

## 任务 4.1 特定地区减免税货物报关

### 学习目标

1. 了解特定减免货物及特定地区的定义。
2. 掌握特定地区减免税货物报关的操作程序。

### 知识导图

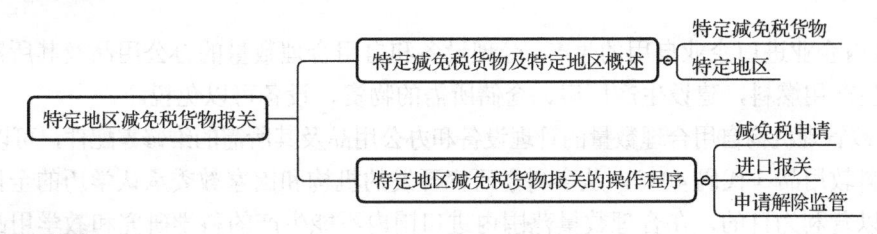

```
特定地区减免税货物报关 ─┬─ 特定减免税货物及特定地区概述 ─┬─ 特定减免税货物
                        │                                └─ 特定地区
                        │
                        └─ 特定地区减免税货物报关的操作程序 ─┬─ 减免税申请
                                                            ├─ 进口报关
                                                            └─ 申请解除监管
```

### 任务实施

### 4.1.1 特定减免税货物及特定地区概述

**1. 特定减免税货物**

1) 特定减免税货物的含义

特定减免税货物是指海关根据国家的政策规定准予减税、免税进口使用于特定地区、特定企业、特定用途的货物。

特定地区是指我国关境内由行政法规规定的某一特别限定区域，主要包括出口加工区、保税区、综合保税区、珠海园区、保税物流园区、保税港区以及自由贸易试验区等。如享受减免税优惠的进口货物只能在这一特别限定的区域内使用;特定企业主要是指外商投资企业,包括外资企业、中外合资企业、中外合作企业,是指由国务院制定的行政法规专门规定的企业,享受减免税优惠的进口货物只能由这些专门规定的企业使用。特定用途(国内投资项目、利用外资项目、科教用品项目、残疾人专用品)是指国家规定可以享受减免税优惠的进口货物只能用于行政法规专门规定的用途。

2)特定减免税的分类

(1)外商投资企业进口物资(代码601、602、603、789)。

① 属于国家鼓励发展产业的外商投资项目:在投资额内进口的自用设备,除《外商投资项目不予免税的进口商品目录》所列商品外,免征进口关税和进口环节增值税;按照合同随设备进口的技术及配套件、备件,免征进口关税和进口环节增值税。

② 属于国家鼓励发展产业的外商投资企业、外商研究开发中心,先进技术型、产品出口型的外商投资企业,在企业投资额以外的自有资金(指企业储备基金、发展基金、折旧、税后利润)内,对原有设备更新和维修进口国内不能生产或性能不能满足需要的设备,以及上述设备配套的技术、配件、备件,可以免征进口关税和进口环节增值税。

(2)国内投资项目进口设备(代码789)。属国家重点鼓励发展产业的国内投资项目,在投资额内进口的自用设备,除《国内投资项目不予免税的进口商品目录》所列商品外,可以免征进口关税和进口环节增值税;按照合同随设备进口的技术及配套件、备件,免征进口关税和进口环节增值税。

(3)贷款项目进口物资(代码609)。外国政府贷款和国际金融组织贷款项目进口的自用设备,除《外商投资项目不予免税的进口商品目录》所列商品外,可以免征进口关税和进口环节增值税;按照合同随设备进口的技术及配套件、备件,免征进口关税和进口环节增值税。

(4)特定区域物资(代码301、307)。

① 保税区、出口加工区等特定区域进口区内生产性基础项目所需机器、设备和基建物资可以免税。

② 区内企业进口企业自用的生产、管理设备和自用合理数量的办公用品及其所需的维修零配件,生产用燃料,建设生产厂房、仓储所需的物资、设备可以免税。

③ 行政管理机构自用合理数量的管理设备和办公用品及其所需的维修零配件,可以免税。

(5)科教用品(代码401)。从事科学研究开发的机构和国家教委承认学历的全日制大专院校,不以营利为目的,在合理数量范围内进口国内不能生产的科学研究和教学用品,且直接用于科学研究或教学的,可以免征进口关税和进口环节增值税、消费税。

(6)残疾人专用品(代码413)。民政部直属企事业单位和省、自治区、直辖市民政部门所属福利机构和康复机构进口的残疾人专用物品,免征进口关税和进口环节增值税、消费税。

(7)救灾捐赠物资(代码801)。对外国民间团体、企业、友好人士和华侨、港澳居民和台湾同胞无偿向我国境内受灾地区(限于新华社对外发布和民政部《中国灾情信息》公布的受灾地区)捐赠的直接用于救灾的物资,在合理数量范围内,免征关税和进口环节增值税、消费税。

(8)扶贫慈善捐赠物资(代码802)。境外捐赠人无偿向受赠人捐赠的直接用于扶贫、慈善事业的物资,免征进口关税和进口环节增值税。

此外,还有重大项目(代码406)、远洋渔业(代码417)、远洋船舶设备及关键部件项目

（代码 420）、自有资金项目（代码 799）、无偿援助（代码 201）、货款中标项目（代码 611）、国批减免项目（代码 898）等项目，也属于特定减免税货物范畴。

3）减免税的种类

一般情况下都是"全免"，即全额免税。

4）监管要点

（1）减免税货物报关，除出口加工区凭企业设备电子账册以外，一律申领"进出口货物征免税证明"。

（2）申请凭税款担保先予办理货物放行手续的情形：

① 主管海关按照规定已经受理减免税备案或者审批申请，尚未办理完毕的；

② 有关进口税收优惠政策已经国务院批准，具体实施措施尚未明确，海关总署已确认减免税申请人属于享受该政策范围的；

③ 其他经海关总署核准的情况。

**注意**：国家对进出口货物有限制性规定，应当提供许可证件而不能提供的，以及法律、行政法规不得担保的其他情形，不得办理减免税货物凭税款担保放行手续。

④ 税收担保期限：不超过 6 个月，经直属海关关长或其授权人批准可以予以延期，延期时间自保税担保期限届满之日起算，延长期限不超过 6 个月。特殊情况仍需延期的，应当经海关总署批准。

（3）减免税货物因品质或规格原因原状退运出境（两种情况）：以无代价抵偿方式进口同一类型货物的，不予恢复其减免税额度；未以无代价抵偿方式进口同一类型货物的，可以恢复其减免税额度。需减免税申请人在原免税货物退运出境之日起 3 个月内向海关申请，经批准可恢复。

**2. 特定地区**

特定地区主要指保税区、出口加工区、特定地区及其他执行特殊政策地区出口货物。特定地区减免税货物如表 4-1 所示。

表 4-1 特定地区减免税货物

| 特 殊 区 域 | 特定减免税货物（均从境外进口的） |
| --- | --- |
| 出口加工区（填写进出境货物备案清单） | 区内企业自用的生产、管理所需设备、物资，除自用交通运输工具、生活消费品以外 |
| 保税区（填写进口报关单） | 区内生产性的基础设施建设项目所需的机器、设备和其他基建物资；<br>区内企业自用的生产、管理设备和自用合理数量的办公用品及其所需的维修零配件，生产用燃料，建设生产厂房、仓储设施所需的物资、设备；<br>保税区行政管理机构自用合理数量的管理设备和办公用品及其所需的维修零配件，除自用交通运输工具、生活消费品以外 |
| 保税港区 | 区内生产性的基础设施建设项目所需的机器、设备和建设生产厂房、仓储设施所需的基建物资；<br>区内企业生产所需的机器、设备、模具及其维修用零配件；<br>区内企业和行政管理机构自用合理数量的办公用品，除自用交通运输工具、生活消费品以外 |
| 保税物流中心（保税仓库、出口监管仓库） | 属于物流中心企业进口自用的办公用品、交通运输工具、生活消费品等，以及物流中心开展综合物流服务所需进口的机器、装卸设备、管理设备等按进口货物办理，不属于特定减免税货物 |

按照征免性质分述如下：

（1）保税区。保税区进口自用物资指对保税区单独实施征减免税政策的进口自用物资。包括：保税区进口用于基础设施建设的物资，保税区行政管理机构进口自用合理数量的管理设备和办公用品，以及保税区内企业（外商投资企业除外）进口的生产设备和其他企业自用物资，免征进口关税，但照章征收监管手续费。

征免性质：保税区（307）。

（2）出口加工。出口加工区进口用于基础设施建设的物资，出口加工区行政管理机构进口自用合理数量的管理设备和办公用品，以及出口加工区内企业进口的生产设备和其他企业自用物资；边民互市贸易中规定的金额或数量范围内进口的商品。

（3）特定地区。特定区域进口自用物资及出口货物指深圳、珠海、汕头、厦门、海南等5个经济特区及上海浦东新区和苏州工业园区在国家核定额度内实行关税和进口环节增值税先征后返的进口自用物资及对这些地区单独实施免税政策的出口货物。

征免性质：特定区域（301）。

（4）其他执行特殊政策地区出口货物。其他执行特殊政策地区出口货物指对经济技术开发区、高新技术产业开发区等单独实施免税政策的出口货物。

征免性质：其他地区（399）。

### 4.1.2　特定地区减免税货物报关的操作程序

**1. 减免税申请**

1）备案登记

（1）保税区特定减免税货物进口备案登记。保税区企业向保税区海关办理减免税备案登记时，应当提交企业批准证书、经营执照、合同、章程等备案，并将有关企业情况输入海关计算机系统。海关签发企业征免税登记手册，企业凭手册办理货物减免税申请手续。

（2）出口加工区特定减免税货物进口备案登记。出口加工区企业向出口加工区海关办理减免税备案登记时，应当提交出口加工区管理委员会的批准文件、营业执照等，并将有关企业情况输入海关计算机系统。海关审核后批准建立企业设备电子账册，企业凭以办理货物减免税申请手续。

2）进口申请

（1）保税区特定减免税货物进口申请。保税区企业在进口特定减免税机器设备等货物以前，向保税区海关提交企业征免税登记手册、发票、装箱单等，并将申请进口货物的有关数据输入海关计算机系统。经海关核准后签发《进出口货物征免税证明》交申请企业。

（2）出口加工区特定减免税货物进口申请。出口加工区企业在进口特定减免税机器设备等货物以前，向出口加工区海关提交发票、装箱单等，经海关核准后在企业设备电子账册中进行登记。

海关审批程序：确定免税方式→签发《进出口货物征免税证明》。

**注意**：《征免税证明》的有效期一般为6个月，最长延期6个月；《征免税证明》实行"一证一批"制管理。

## 2. 进口报关

特定减免税货物进口报关阶段，由进口申报、配合查验、缴纳税费、提取货物这4个作业环节构成。这4个作业环节的一般操作步骤，参见一般进出口货物报关程序有关内容。但是，特定减免税货物与一般进口货物报关的具体手续还是有所不同的。

特定减免税货物进口报关手续注意点如下：

（1）特定减免税货物进口报关时，进出口货物收、发货人或其代理人除了向海关提交报关单及随附的基本单证，还应当向海关提交《进出口货物征免税证明》。海关在审单时从计算机调阅征免税证明的电子数据，核对纸质的《进出口货物征免税证明》。

（2）特定减免税货物一般不豁免进出口许可证件，但对外资、港澳台及华侨投资企业免于交验许可证件（除与公共卫生、公共安全、公共道德相关的管制外）；对外商投资企业在投资总额内进口，免于交验自动进口许可证。

**注意**：国家对进出口货物有限制性规定，应当提供许可证件而不能提供的，以及法律、行政法规不得担保的其他情形，不得办理减免税货物凭税款担保放行手续。

（3）特定减免税货物享受减税或免税优惠，海关监管手续费目前也已基本取消。

（4）填制特定减免税货物进口报关单时，报关员应当特别注意报关单上"备案号"栏的填写。"备案号"栏内填写《进出口货物征免税证明》上的12位长编号，错写12位长编号将不能通过海关计算机逻辑审核，或者在提交纸质报关单证时无法顺利通过海关审单。

## 3. 申请解除监管

### 1）监管期满申请解除监管

进口货物享受特定减免税的条件之一就是在规定的期限内，使用于规定的地区、企业和用途，并接受海关的监管。特定减免税进口货物的海关监管期限按照货物的种类各有不同。

在海关监管年限内，减免税申请人应当自进口减免税货物放行之日起，在每年的第一季度向主管海关递交《减免税货物使用状况报告书》，报告减免税货物的使用状况。

特定减免税货物自海关放行进口之日起，船舶、飞机和建筑材料满8年，机动车辆和家用电器满6年，其他机器设备和材料满3年的，原减免税申请人应当向主管海关申请解除海关对减免税进口货物的监管。海关经审核批准，签发《减免税进口货物解除监管证明》。

### 2）监管期内申请解除监管及可能发生的情形

特定减免税货物在海关监管期限以内，因特殊原因要求出售、转让、放弃，或者企业破产清算的，必须向海关申请提出有关解除监管的申请，办理海关的结关手续。

（1）减免税货物转让。

① 适用情形。在海关监管年限内，减免税申请人将进口减免税货物转让给不享受进口税收优惠政策或者进口同一货物不享受同等减免税优惠待遇的其他单位的。

② 报批手续。应当事先向减免税申请人主管海关申请办理减免税货物补缴税款和解除监管手续。

（2）减免税货物的结转。

① 适用情形。在海关监管年限内，减免税申请人将进口减免税货物转让给进口同一货物享受同等减免税优惠待遇的其他单位。

② 报批流程。

A. 转出申请人持有关单证向转出地主管海关提出申请，转出地主管海关审核同意后签发《减免税进口货物结转联系函》（此为转出报关的备案证明，其编号即为备案号）；结转价格原则上不高于原进口价格，不低于按监管年限折旧后的余额（按月计算）；并通知转入地主管海关。

B. 转入申请人向转入地主管海关申请办理减免税审批手续。转入地主管海关审核无误后签发《征免税证明》。

C. 转出、转入减免税货物的申请人应当分别向各自的主管海关申请办理减免税货物的出口、进口报关手续。

D. 转出地主管海关办理转出减免税货物的解除监管手续。

③ 监管期限。结转减免税货物的监管年限不能连续计算；转入地主管海关在剩余监管年限内对结转减免税货物继续实施后续监管。转入地海关和转出地海关为同一海关的，按照上述规定办理。

（3）减免税货物移作他用。

① 移作他用的报批：指在海关监管年限内，减免税申请人申请并经海关批准，可按海关批准的使用地区、用途、企业将减免税货物移作他用。

② 移作他用的情形：将减免税货物交给减免税申请人以外的其他单位使用；未按照原定地区、用途使用减免税货物；未按照特定地区、特定企业或者特定用途使用减免税货物的其他情形。

③ 海关管理：除海关总署另有规定外，按海关规定移作他用的，减免税申请人应按移作他用的时间补缴相应税款；移作他用时间不能确定的，应提交相应的税款担保，税款担保不得低于剩余监管年限应补缴税款总额。

（4）以减免税货物办理贷款抵押。

① 提交贷款抵押的书面申请。

在海关监管年限内，减免税申请人要求以减免税货物向金融机构办理贷款抵押的，应当向主管海关提出书面申请。

② 提供贷款抵押的担保。申请人以减免税货物向境内金融机构办理贷款抵押的，应当向海关提供下列形式担保：

➢ 与货物应缴税款等值的保证金；

➢ 境内金融机构提供的相当于货物应缴税款的保函。

减免税申请人以减免税货物向境外金融机构办理贷款抵押的，应当向海关提交规定形式的担保。

③ 获准贷款抵押。经海关审核申请材料，必要时可以实地核查后同意的，减免税申请人将获得主管海关出具的《准予进口减免税货物贷款抵押通知》。

④ 贷款抵押的备案。海关同意以进口减免税货物办理贷款抵押的，减免税申请人应当于正式签订抵押合同、贷款合同之日起30日内将抵押合同、贷款合同正本或者复印件交海关备案。

⑤ 贷款抵押的延期。贷款抵押需要延期的，减免税申请人应当在贷款期限届满前20日内向主管海关申请办理贷款抵押的延期手续。经审核同意的，主管海关签发准予延期通知，并出具《准予办理进口减免税货物贷款抵押延期通知》。

（5）减免税货物异地使用。

① 跨关区使用报批。因故需跨直属海关关区使用的，须向海关申请办理异地监管手续；

需要变更使用地点的，应当向主管海关提出申请，说明理由，海关批准后方可变更。

② 移出海关管辖地使用报批。需要移出主管海关管辖地使用的，应当事先持有关单证以及需要异地使用的说明材料向主管海关申请办理异地监管手续。

③ 异地使用后的结关。减免税申请人应及时向转入地海关申请办结异地监管手续。货物运回主管海关管辖地。

（6）减免税货物退运报关。

① 报海关核准。在监管年限内，申请人将进口减免税货物退运出境或者出口的，企业应书面申请，海关审核同意后签发《减免税进口货物同意退运证明》（此为退运报关的备案证明，其编号即为备案号）。

② 办理解除监管手续。免税货物退运出境或者出口后，减免税申请人应当持出口报关单向主管海关办理原进口减免税货物的解除监管手续。减免税货物退运出境或者出口的，海关不再对退运出境或者出口的减免税货物补征相关税款。

（7）减免税货物内销补税。特定减免税货物如在监管期内需转为内销货物，由企业书面申请，海关审核同意后签发《减免税进口货物补税通知单》（此为补税报关的备案证明，其编号即为备案号），企业凭此办手续；补税价格以原进口申报价格按监管年限折旧后的余额（按月计算）审定，即原进口价格×[1-已使用月数÷（监管年限×12）]；涉证商品应交证；贸易方式为后续补税（9700）。

（8）减免税货物申请变更。

① 报告变更情况。在海关监管年限内，减免税申请人发生分立、合并、股东变更、改制等变更情形的，权利义务承受人应当自营业执照颁发之日起30日内，向原减免税申请人的主管海关报告主体变更情况及原减免税申请人进口减免税货物的情况。

② 税务处理。经海关审核，需补征税的，承受人应向原减免税申请人主管海关办理补税手续；可继续享受减免税待遇的，承受人应按规定申请办理减免税备案变更或者减免税货物结转手续。

（9）减免税货物申请终止。在海关监管年限内，因破产、改制或者其他情形导致减免税申请人终止，没有承受人的，原减免税申请人或者其他依法应当承担关税及进口环节海关代征税缴纳义务的主体应当自资产清算之日起30日内，向主管海关申请办理减免税货物的补缴税款和解除监管手续。

### 思考与练习

1. 什么是特定减免税货物？
2. 特定地区包括哪些地区？
3. 简述特定地区减免税货物报关的操作程序。

## 任务 4.2　特定用途减免税货物报关

### 学习目标

1. 了解特定用途减免税货物的定义。
2. 掌握国内投资项目、科教用品、残疾人专用品的报关操作程序。

### 知识导图

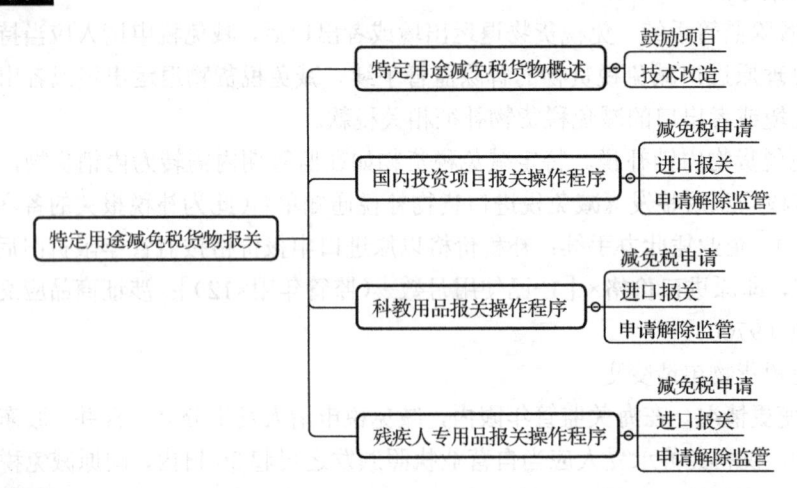

```
                            ┌─ 鼓励项目
            特定用途减免税货物概述 ─┤
                            └─ 技术改造

                            ┌─ 减免税申请
            国内投资项目报关操作程序 ─┼─ 进口报关
                            └─ 申请解除监管
特定用途减免税货物报关 ─┤
                            ┌─ 减免税申请
            科教用品报关操作程序  ─┼─ 进口报关
                            └─ 申请解除监管

                            ┌─ 减免税申请
            残疾人专用品报关操作程序 ┼─ 进口报关
                            └─ 申请解除监管
```

### 任务实施

#### 4.2.1　特定用途减免税货物概述

特定用途减免税货物常见的有国内投资项目、科教用品项目和残疾人用品项目。此外，还有利用外资项目、外国政府和国际金融组织贷款项目、远洋渔业项目、远洋船舶设备及关键部件项目、自有资金项目、无偿援助项目等，本书主要讲述前三种常见项目。

国内投资项目主要包括鼓励项目和技术改造。

**1. 鼓励项目**

（1）属国家重点鼓励发展产业的国内投资项目，在投资额内进口的自用设备，除《国内投资项目不予免税的进口商品目录》所列商品外，可以免征进口关税和进口环节增值税。

（2）按照合同随设备进口的技术及配套件、备件，免征进口关税和进口环节增值税。须经省级有关部门（省计委、省经贸委）或国务院有关部门审批立项。除《国内投资项目不予免税的进口商品目录》所列商品外的国家鼓励发展项目外，在取得有关批准文件后，方可办理进口设备减免税手续。

对应贸易方式：一般贸易（0110）。

征免性质：鼓励项目（789）。

**2. 技术改造**

企业技术改造进口货物是指为了鼓励引进国外先进技术，促进企业技术改造和产品升级

项目 4　特定减免税货物通关

换代，提高综合经济效益，现有生产企业为进行技术改造按照有关征减免税政策进口必需的先进技术、机器、仪器和设备。包括技改项目进口货物和综合利用技术改造项目进口货物。

对应贸易方式：一般贸易（0110）。

征免性质：技术改造（403）。

内外资企业进口物品不同情形下的报关单主要栏目逻辑对应关系如表 4-2 所示。

表 4-2　内外资企业进口物品不同情形下的报关单主要栏目逻辑对应关系

| 企业 | 情形 | | 监管方式及代码 | 备案号 | 征免性质及代码 | 征免 | 类别 |
|---|---|---|---|---|---|---|---|
| 内资企业 | 国家鼓励发展项目 | | 一般贸易（0110） | 有（Z） | 鼓励项目（789） | 全免 | 特定用途 |
| | 为技术改造而进口必需的先进技术、机器、仪器和设备 | | | | 技术改造（403） | | |
| 外资企业 | 投资额内 | 中外合资 | 合资合作设备（2025） | 有（Z） | 中外合资（601） | 全免 | 特定企业 |
| | | 中外合作 | | | 中外合作（602） | | |
| | | 外资企业 | 外资设备物品（2225） | | 外资企业（603） | | |
| | 投资额外 | 外经贸或其他有关部门出具批准文件 | 合资合作设备或外资设备物品（2025 或 2225） | 有（Z） | 自有资金（799） | 全免 | 特定用途 |
| | | 国家鼓励发展项目 | | | 鼓励项目（789） | | |
| | | 无批准文件或项目确认书 | | 无 | 一般征税（101） | 照章征税 | |

## 4.2.2　国内投资项目报关操作程序

业务背景及单证资料：

嘉兴金凯悦针织面料有限公司进口德乐多功能双面小提花针织机 2 台、德乐电子选针单面横条间色大提花机 2 台。因该公司无进出口经营权，委托中国浙江国际经济技术合作有限公司代为进口，并委托嘉兴淞海报关有限公司代理报关。

▉ 阅读材料：国内投资项目报关单证资料

**1. 减免税申请**

特定企业减免税申请主要有备案登记和进口申请两个步骤。

1）备案登记

国内投资企业向企业主管海关办理减免税备案登记，提交国家鼓励发展的内外资项目确认书、营业执照等，海关审核后准予备案的，即签发《征免税登记手册》，企业凭以办理货物减免税申请手续。

（1）嘉兴金凯悦针织面料有限公司向嘉兴海关提交的单证如下：

➢《海关进出口货物减免税备案登记表》（打印件）；

➢《进出口货物减免税备案申请表》（减免税申请人填制）；

➢ 内资投资项目的《国家鼓励发展的内外资项目确认书》及附件（原件）；

➢ 内资投资项目的备案、核准或审批文件（原件、复印件均可）；

- 嘉兴金凯悦针织面料有限公司法人营业执照或事业单位法人证书（复印件）；
- 项目情况说明或介绍文本（原件、复印件均可）；
- 《减免税手续办理委托书》（减免税申请人和被委托方填制，无委托则无须提供）；
- 减免税申请人须知；
- 项目备案变更时还需按政策规定提供项目发生变更情况的相应材料；
- 海关认为需要提交的其他材料。

（2）海关工作流程。现场海关经办人员收到齐全有效单证进行初审，同时将全套单证上报关税处。

（3）海关工作时限。海关受理的登记备案申请，以海关收到申请材料之日为受理日。经审核符合登记备案条件的，现场海关自受理之日起10个工作日内做出是否准予备案的决定。须上报总关审核的减免税备案申请，现场海关自受理之日起5个工作日内将审核意见上报关税处，经审核符合登记备案条件的，关税处自收到各单位上报的电子数据之日起5个工作日内出具审核意见；须向关税处提供全套书面资料的减免税备案申请，关税处自收到全套有效书面资料之日起5个工作日内出具审核意见。

因政策规定不明确或者涉及其他部门管理职责须与相关部门进一步协商、核实有关情况等原因，海关不能在规定时限内做出准予备案决定的，应当自该情形消除之日起15个工作日做出是否准予备案的决定。

2）进口申请

企业在进口特定减免税机器设备等货物以前，向主管海关提交《征免税登记手册》、发票、装箱单等，并将申请进口货物的有关数据输入海关计算机系统。经海关核准后签发《进出口货物征免税证明》交申请企业。

（1）嘉兴金凯悦针织面料有限公司向嘉兴海关提交的单证如下：
- 《海关进出口货物征免税证明申请表》（打印件）；
- 《进出口货物征免税申请表》（减免税申请人填制）；
- 减免税申请人针对进口货物的原理、功能、性能、结构、技术规格以及进口后实际用途的情况说明；
- 减免税申请人与国外卖方（一般应为货物制造、生产商）签订的技术协议、技术资料等类似文本。技术协议内容应包括相关货物的原理、功能、性能、结构以及技术规格等方面的描述，技术规格应以中国国家标准描述；
- 进口合同、发票和货物清单或装箱单复印件；
- 内资投资项目的《国家鼓励发展的内外资项目确认书》及附件（复印件）；
- 内资投资项目的备案、核准或审批文件（复印件）；
- 企业法人营业执照或事业单位法人证书（复印件）；
- 《减免税手续办理委托书》（减免税申请人和被委托方填制，无委托则无须提供）；
- 海关认为需要提交的其他材料。

（2）海关工作流程。现场海关经办人员收到齐全有效单证进行初审后，报关税处进行审批。

（3）海关工作时限。海关受理的减免税申请，以海关收到申请材料之日为受理之日。经审核符合减免税政策规定的，现场海关自受理之日起10个工作日内予以签发《进出口货物征免税证明》；须上报总关审核的减免税备案，现场海关自受理之日起5个工作日内将审核意见

## 项目 4  特定减免税货物通关

上报关税处,经审核符合减免政策规定的,关税处自收到各现场上报的电子数据之日起 5 个工作日内出具审核意见;须向关税处提供全套书面资料的减免税申请,关税处自收到全套有效书面资料之日起 5 个工作日内出具审核意见。

有下列情形之一,因政策规定不明确或者涉及其他部门管理职责需要与相关部门进一步协商、核实有关情况的;需要对货物进行化验、鉴定以确定是否符合减免税政策规定的;因其他合理原因,海关因该情形不能在受理减免税审批申请之日起 10 个工作日内做出准予减免税决定的,应当自情形消除之日起 15 个工作日做出是否准予减免税的决定。

### 2. 进口报关

说明:特定用途(国内投资项目)减免税货物进口报关操作与一般货物进口报关大同小异,这里只介绍报关单填报的内容。

两台设备已经分别备案,领取《进出口货物征免税证明》,应分别填写报关单。这里介绍其中一票业务的填报。

特定企业减免税货物进口报关单输单操作与一般货物进出口报关单相近的栏目如表 4-3 所示。

表 4-3  特定企业减免税货物进口报关单输单操作与一般货物进出口报关单相近的栏目

| 序号 | 报关单栏目 | 信息来源 | 本次业务操作 |
| --- | --- | --- | --- |
| 1 | 申报地海关 | 货物申报地所属直属关区/口岸海关名称及代码 | 嘉兴海关(2908) |
| 2 | 申报状态 | 系统根据报关单进展情况自动返填 | 不可编辑 |
| 3 | 统一编号 | 系统自动生成 | 无须输入 |
| 4 | 预录入编号 | 接受申报的海关决定编号规则,计算机自动打印 | 无须输入 |
| 5 | 海关编号 | 海关接受申报时给予报关单的编号 | 无须输入 |
| 6 | 合同协议号 | 合同或协议:合同(包括协议或订单)编号 | TC/08-SH1223 |
| 7 | 进口日期 | 相应的运输工具进境日期 | 2020-04-13 |
| 8 | 申报日期 | 预录入及 EDI 报关单向海关申报的日期,与实际情况不符时,由审单关员按实际日期修改批注 | 无须输入 |
| 9 | 境内收发货人 | 合同或协议:对外签订并执行贸易合同的中国境内法人、其他组织或个人的名称及海关注册编码由计算机根据"经营单位"内容自动显示 | 中国浙江国际经济技术合作有限公司(3301910056) |
| 10 | 境外收发货人 | 合同或协议:境外收货人通常指签订并执行出口贸易合同中的买方或合同指定的收货人,境外发货人通常指签订并执行进口贸易合同中的卖方 | TERROT GMBH |
| 11 | 消费使用单位 | 进口货物在境内的最终消费、使用单位的名称,委托方提供的资料 | 嘉兴金凯悦针织面料有限公司 |
| 12 | 申报单位 | 对申报内容真实性直接向海关负责的企业或单位 | 嘉兴淞海报关有限公司 |
| 13 | 运输方式 | 提单(水路运输)或空运运单(航空运输) | 水路运输 |
| 14 | 运输工具名称 | 载运货物进出境的运输工具名称或编号 | @1022482908500051 |
| 15 | 航次号 | 提单中通常使用"Voyage No."表示的航次号 | 无须填写 |
| 16 | 提运单号 | 提运单 | 无须填写 |

续表

| 序号 | 报关单栏目 | 信息来源 | 本次业务操作 |
|---|---|---|---|
| 17 | 许可证号 | 国务院商务主管部门及其授权发证机关签发的进、出口货物许可证的编号 | 无须填写 |
| 18 | 启运国（地区） | 提运单据，提单中"Port of Loading"栏 | 德国（304） |
| 19 | 经停港 | 提运单据，提单中"Port of Loading"栏 | 汉堡（2110） |
| 20 | 成交方式 | 发票的价格条款 | CIF |
| 21 | 运费 | 发票 | 无须填写 |
| 22 | 保费 | 发票 | 无须填写 |
| 23 | 杂费 | 发票 | 本次业务无须填写 |
| 24 | 件数 | 装箱单中"Quantity/Unit"栏 | 2 |
| 25 | 包装种类 | 装箱单中"Quantity/Unit"栏 | 托盘 |
| 26 | 毛重（千克） | 装箱单、提单中"Gross Weight"栏 | 5 600 |
| 27 | 净重（千克） | 装箱单、提单中"Net Weight"栏 | 5 200 |
| 28 | 贸易国别 | 发生商业性交易的进口填报购自国（地区），出口填报售予国（地区） | 德国 |
| 29 | 集装箱号 | 提单中"Descriptions of Packages and Goods"栏 | 集装箱号：CAXU9055688<br>集装箱规格：普通2*标准箱（L）<br>集装箱货重：（资料未显示信息）<br>拼箱标识：否<br>商品项号关系：1 |
| 30 | 随附单证 | 业务资料中监管证件情况及附录《监管证件代码表》 | 无 |
| 31 | 入境口岸 | 提运单据：填报进境货物从跨境运输工具卸离的第一个境内口岸的中文名称或代码 | 洋山港 |
| 32 | 货物存放地点 | 填报货物进境后存放的场所或地点，包括海关监管作业场所、分拨仓库、定点加工厂、隔离检疫场、企业自有仓库等 | 无相关信息 |
| 33 | 报关单类型 | 根据报关单位报关业务实际情况，选择"有纸报关""通关无纸化"等，目前大多数报关单位均为"通关无纸化" | 通关无纸化 |
| 34 | 其他事项确认 | 特殊关系确认、价格影响确认、支付特许权使用费确认 | 特殊关系确认：否<br>价格影响确认：否<br>支付特许权使用费确认：否 |
| 35 | 业务事项 | 进出口企业、单位采用"自主申报、自行缴税"（自报自缴）模式向海关申报时，填报"是"；反之则填报"否" | 是 |
| 36 | 项号 | 报关单中的商品顺序编号 | 1 |
| 37 | 备案序号 | 备案手册中的商品顺序编号 | 1 |
| 38 | 商品编号 | 根据商品品名确定 | 8447.1200.00 |
| 39 | 单价 | 发票 | 53 000.00 |

续表

| 序号 | 报关单栏目 | 信息来源 | 本次业务操作 |
|---|---|---|---|
| 40 | 总价 | 发票 | 106 000.00 |
| 41 | 币制 | 发票 | 欧元 |
| 42 | 原产国（地区） | 合同、发票中以"Made in……,Manufacture,Country of original"等表示的国家（地区） | 德国 |
| 43 | 最终目的国（地区） | 填报已知的进出口货物的最终实际消费、使用或进一步加工制造国家（地区） | 中国 |
| 44 | 境内目的地 | 系统根据"消费使用单位"自动生成 | 嘉兴（33049） |

与一般货物进出口报关单不同栏目详细介绍如下：

(1) 进境关别。指货物实际进入我国关境口岸海关的名称。本栏目应根据货物实际进口的口岸海关，选择填报《关区代码表》中相应的口岸海关名称及代码。

在特定减免税货物中，需要注意的是，应填《减免税证明》中规定的口岸名称及代码。

本次业务操作：到货关区为"洋山港区"，查《减免税证明》，"到货口岸"为"嘉兴海关"，货到洋山港区后申请转关运输，至嘉兴海关申报，符合规定。

(2) 备案号。在特定减免税货物报关时，本栏目填报海关核发的《进出口货物征免税证明》的编号。减免税货物补税进口，填报《减免税货物补税通知书》的编号；减免税货物结转进口（转入），填报《进出口货物征免税证明》的编号；相应的结转出口（转出），填报《减免税进口货物结转联系函》的编号。一份报关单只允许填报一个备案号。

本次业务操作：查《进出口货物征免税证明》，其编号为Z29081000132，将该编号填入。

(3) 贸易方式。本栏目应根据实际情况，并按海关规定的《贸易方式代码表》选择填报相应的贸易方式简称或代码。一份报关单只允许填报一种贸易方式。

本次业务操作：一般贸易0110。

(4) 征免性质。本栏目应根据实际情况按海关规定的《征免性质代码表》选择填报相应的征免性质简称及代码，持海关核发的《进出口货物征免税证明》的，应按照《进出口货物征免税证明》中批注的征免性质填报。贸易方式和征免性质应符合逻辑检查的要求，否则不予通过。

本次业务操作：查《进出口货物征免税证明》，征免性质为"鼓励项目789"。

(5) 备注。预录入系统中，备注栏可供操作员录入其他申报时必须说明的事项及在随附单据栏出现的证件的编号，格式为"证件代码：编号"，无编号的格式为"证件代码："。

本次业务操作：填写"与2908201010080204012拼""品牌：TERROT""圆筒直径：30'""圆筒针织机，每路成圈采用三功位选针技术，生产各种应用于外衣、内衣以至装饰及工业用织物""随附单证号：330701110000698000"。

(6) 备案序号。对于特定减免税货物来说，填报和打印该项货物在《进出口货物征免税证明》等备案、审批单证中的顺序编号。

本次业务："德乐多功能双面小提花针织机"在《进出口货物征免税证明》中的顺序编号为"1"。

(7) 商品名称、规格型号。特定减免税货物是已进行合同备案的货物，填报的内容必须与备案登记中同项号下货物的商品名称一致。

本次业务操作：填"德乐多功能双面小提花针织机"（品名）、"UP472 型"（规格）、"品牌：TERROT"、"圆筒直径：30""、"圆筒针织机，每路成圈采用三功位选针技术，生产各种应用于外衣、内衣以至装饰及工业用织物"（原理）（其中，部分内容显示为备注）。

（8）数量及单位。特定减免税货物是已进行合同备案的货物，成交计量单位必须与《征免税证明》中同项号下货物的计量单位一致，减免税货物、成套设备如需分批进口，货物实际进口时，应按实际报验状态确定数量。

本次业务操作：查《进出口货物征免税证明》，数量及单位为 2.000 台，应填报内容为第一行"2.000 台"；第二行"0.000"；第三行"2.000 台"。

（9）征免方式。指海关对进（出）口货物进行征税、减税、免税或特案处理的实际操作方式。

本次业务操作：查《进出口货物征免税证明》，海关对于本次业务给予"特案"的待遇。

**注意**：按杭州海关规定，2009 年以后，投资（国内外）项目的征免填报"特案"，非投资项目填报"全免"。具体区别是投资项目免关税，不免增值税，其他如科教用品、残疾人专用品则仍然免关税和进口环节增值税、消费税。

**3．申请解除监管**

申请解除监管与特定地区减免税货物申请解除监管的操作相近，这里不再赘述。

## 4.2.3　科教用品报关操作程序

科教用品指从事科学研究开发的机构和国家教委承认学历的全日制大专院校，不以营利为目的，在合理数量范围内进口国内不能生产的科学研究和教学用品，且直接用于科学研究或者教学的，可以免征进口关税和进口环节增值税、消费税。

对应贸易方式为一般贸易（0110），征免性质为科教用品（401）。

业务背景及单证资料：

嘉兴职业技术学院 2020 年 8 月进口高效液相色谱仪 1 台，委托浙江纳德科技有限公司代理进口，该公司委托杭州鼎杭国际货运代理有限公司代理报关业务，详细资料见有关单证。

阅读材料：科教用品报关相关单证资料

**1．减免税申请**

1）备案登记

嘉兴职业技术学院向海关提交下列单证：

- 《科研教学用品单位免税资格备案登记申请表》或《科技开发用品单位免税资格备案登记申请表》（减免税申请人填制）；
- 省、自治区、直辖市、计划单列市设立的科学研究机构提供主管部门批准成立的文件（复印件）、《事业单位法人证书》（复印件）和同级科技主管部门认定该单位为科学研究机构的有关文件（复印件）。其中，省、自治区、直辖市、计划单列市设立的厅局级科学研究机构还须提供国家机构编制主管部门（中编办）批准成立的文件（复印件）；
- 《减免税手续办理委托书》（减免税申请人和被委托方填制，无委托则无须提供）；

- 减免税申请人须知;
- 海关认为需要提交的其他材料。

嘉兴职业技术学院于 2002 年经嘉兴海关核准,申领了《科研教学单位免税进口物品登记手册》,因此本次不属首次备案。

2)进口申请

嘉兴职业技术学院(或其代理杭州鼎杭国际货运代理有限公司)须提交下列单证:
- 《海关进出口货物征免税证明申请表》;
- 《进出口货物征免税申请表》(减免税申请人填制);
- 减免税申请人针对进口货物的原理、功能、性能、结构、技术规格,以及进口后实际用途的情况说明,详细说明与《免税进口科技开发用品清单》《免税进口科学研究和教学用品清单》所列商品对应关系;
- 减免税申请人与国外卖方(一般应为货物制造、生产商)签订的技术协议、技术资料等类似文本;
- 进口合同、发票和货物清单或装箱单复印件;
- 企业法人营业执照或事业单位法人证书(复印件);
- 《减免税手续办理委托书》(减免税申请人和被委托方填制,无委托则无须提供);
- 海关认为需要提交的其他材料。

海关工作流程、工作时限与外资设备用品报关相同。

## 2. 进口报关

科教用品减免税货物进口报关操作与一般货物进口报关大同小异。其注意点与特定企业特定减免税货物进口报关类似,这里只介绍报关单填报的内容。

1)输单操作

科教用品减免税货物进口报关单输单操作如表 4-4 所示。

表 4-4 科教用品减免税货物进口报关单输单操作

| 序号 | 报关单栏目 | 信息来源 | 本次业务操作 |
| --- | --- | --- | --- |
| 1 | 申报地海关 | 货物申报地所属直属关区/口岸海关名称及代码 | 杭州机场(2910) |
| 2 | 申报状态 | 系统根据报关单进展情况自动返填 | 不可编辑 |
| 3 | 统一编号 | 系统自动生成 | 无须输入 |
| 4 | 预录入编号 | 接受申报的海关决定编号规则,计算机自动打印 | 无须输入 |
| 5 | 海关编号 | 海关接受申报时给予报关单的编号 | 无须输入 |
| 6 | 进境关别 | 货物实际进入我国关境口岸海关的名称及代码 | 杭州机场(2910) |
| 7 | 备案号 | 《加工贸易手册》编号 | Z29082000662 |
| 8 | 合同协议号 | 合同或协议:合同(包括协议或订单)编号 | 2020JXZJ001US |
| 9 | 进口日期 | 相应的运输工具进境日期 | 2020-10-08 |
| 10 | 申报日期 | 预录入及 EDI 报关单向海关申报的日期,与实际情况不符时,由审单关员按实际日期修改批注 | 无须填写 |

续表

| 序号 | 报关单栏目 | 信息来源 | 本次业务操作 |
|---|---|---|---|
| 11 | 境内收发货人 | 合同或协议：对外签订并执行贸易合同的中国境内法人、其他组织或个人的名称及海关注册编码，由计算机根据"经营单位"内容自动显示 | 浙江纳德科技有限公司（3301962857） |
| 12 | 境外收发货人 | 合同或协议：境外收货人通常指签订并执行出口贸易合同中的买方或合同指定的收货人，境外发货人通常指签订并执行进口贸易合同中的卖方 | HYEWON INDUSTRIAL CO. LTD. |
| 13 | 消费使用单位 | 进口货物在境内的最终消费、使用单位的名称，根据委托方提供的资料 | 嘉兴职业技术学院 |
| 14 | 申报单位 | 对申报内容真实性直接向海关负责的企业或单位 | 杭州鼎杭国际货运代理有限公司 |
| 15 | 运输方式 | 提单（水路运输）或空运运单（航空运输） | 航空运输 |
| 16 | 运输工具名称 | 载运货物进出境的运输工具名称或编号 | MF866 |
| 17 | 航次号 | 提单中通常使用"Voyage No."表示的航次号 | 无须填写 |
| 18 | 提运单号 | 提运单 | 73133488711_4710683719 |
| 19 | 监管方式 | 根据所提供的单据判断 | 一般贸易（0110） |
| 20 | 征免性质 | 根据所提供的单据判断 | 科教用品（401） |
| 21 | 许可证号 | 国务院商务主管部门及其授权发证机关签发的进、出口货物许可证的编号 | 无须填写 |
| 22 | 启运国（地区） | 提运单据，根据提单中"Port of Loading"栏 | 新加坡（132） |
| 23 | 经停港 | 提运单据，根据提单中"Port of Loading"栏 | 新加坡（132） |
| 24 | 成交方式 | 发票的价格条款 | CIF |
| 25 | 运费 | 发票 | 本次业务无须填写 |
| 26 | 保费 | 发票 | 本次业务无须填写 |
| 27 | 杂费 | 发票 | 本次业务无须填写 |
| 28 | 件数 | 装箱单中"Quantity/Unit"栏 | 3 |
| 29 | 包装种类 | 装箱单中"Quantity/Unit"栏 | 托盘 |
| 30 | 毛重（千克） | 装箱单、提单中"Gross Weight"栏 | 133 |
| 31 | 净重（千克） | 装箱单、提单中"Net Weight"栏 | 119.7 |
| 32 | 贸易国别 | 发生商业性交易的进口填报购自国（地区），出口填报售予国（地区） | 新加坡（132） |
| 33 | 集装箱号 | 提单中"Descriptions of Packages and Goods"栏 | 本次业务无须填写 |
| 34 | 随附单证 | 业务资料中监管证件情况及附录《监管证件代码表》 | 无 |
| 35 | 入境口岸 | 提运单据：填报进境货物从跨境运输工具卸离的第一个境内口岸的中文名称或代码 | 杭州萧山国际机场 |
| 36 | 货物存放地点 | 填报货物进境后存放的场所或地点，包括海关监管作业场所、分拨仓库、定点加工厂、隔离检疫场、企业自有仓库等 | 无相关信息 |
| 37 | 报关单类型 | 根据报关单位报关业务实际情况，选择"有纸报关""通关无纸化"等。目前大多数报关单位均为"通关无纸化" | 通关无纸化 |

续表

| 序号 | 报关单栏目 | 信息来源 | 本次业务操作 |
|---|---|---|---|
| 38 | 标记唛码及备注 | 标记唛码中除图形以外的文字、数字,无标记唛码的填报 N/M | WATERS(品牌)、配置:主机一台、四元泵一个、集成120位自动进样器一个、二极管阵列检测器一个、柱温箱一个、软件一套 |
| 39 | 其他事项确认 | 特殊关系确认、价格影响确认、支付特许权使用费确认 | 特殊关系确认:否 价格影响确认:否 支付特许权使用费确认:否 |
| 40 | 业务事项 | 进出口企业、单位采用"自主申报、自行缴税"(自报自缴)模式向海关申报时,填报"是";反之则填报"否" | 是 |
| 41 | 项号 | 报关单中的商品顺序编号 | 1 |
| 42 | 备案序号 | 备案手册中的商品顺序编号 | 1 |
| 43 | 商品编号 | 根据商品品名确定 | 9027.2012.00 |
| 44 | 商品名称规格型号 | 合同、发票,且与《加工贸易手册》中的商品名称、规格型号一致 | 高效液相色谱仪 Alliance e2659 |
| 45 | 数量及单位 | 装箱单中"Quantity"栏 | 第一行:1.000 台; 第二行:0.000; 第三行:1.000 台 |
| 46 | 单价 | 发票 | 73 300.000 0 |
| 47 | 总价 | 发票 | 73 300.000 0 |
| 48 | 币制 | 发票 | USD |
| 49 | 原产国(地区) | 合同、发票以"Made in……,Manufacture,Country of original"等表示的国家(地区) | 德国 |
| 50 | 最终目的国(地区) | 填报已知的进出口货物的最终实际消费、使用或进一步加工制造国家(地区) | 中国 |
| 51 | 境内目的地 | 系统根据"消费使用单位"自动生成 | 杭州其他(33019),本次业务中嘉兴职业技术学院无企业代码 |
| 52 | 征免方式 | 根据《加工贸易手册》"征免方式"栏 | 全免 |

**3. 申请解除监管**

申请解除监管与特定地区减免税货物的操作相似,这里不再赘述。

## 4.2.4 残疾人专用品报关操作程序

民政部直属企事业单位和省、自治区、直辖市民政部门所属福利机构和康复机构进口的残疾人专用物品,免征进口关税和进口环节增值税、消费税。

残疾人在进口特定减免税专用品以前,向主管海关提交民政部门的批准文件。经海关审核批准后签发《进出口货物征免税证明》交申请人。

民政部或中国残疾人联合会所属单位在进口特定减免税专用品、专用仪器、专用生产设备以前，应当持凭民政部或中国残疾人联合会的批准文件，向海关总署提出申请。福利或康复单位所在地主管海关接到海关总署审批通知后，签发《进出口货物征免税证明》交申请单位。

残疾人专用品的报关程序包括减免费申请、进口报关和申请解除监管。

**1．减免税申请**

1）备案登记

备案登记须提交的单证资料如下：

- 《进出口货物征免税备案申请表》；
- 民政部或中国残疾人联合会签章的《残疾人专用品进口证明》及《残疾人专用品清单》；
- 民政部或中国残疾人联合会直属企事业单位及所属福利机构、假肢厂、荣誉军人康复医院及康复机构的法人单位证书；
- 企业进口货物用途说明；
- 企业营业执照副本复印件；
- 《减免税进出口设备企业须知》（法定代表人签名）；
- 海关认为需要的其他单证。

2）进口申请

进口申请提交单证的资料如下：

- 《进出口货物征免税申请表》；
- 民政部或中国残疾人联合会签章的《残疾人专用品进口证明》及《残疾人专用品清单》；
- 进口合同、发票等；
- 企业进口货物用途说明；
- 海关认为需要的其他单证。

**2．进口报关**

特定用途（科教用品）减免税货物进口报关操作与一般货物进口报关大同小异。

**3．申请解除监管**

申请解除监管与特定地区减免税货物的操作相似，这里不再赘述。

备注：特定用途中的其他类别，如外国政府和国际金融组织贷款项目、远洋渔业项目、远洋船舶设备及关键部件项目、自有资金项目、无偿援助项目等，可按照海关要求，参照上述操作进行，本书不再赘述。

### 思考与练习

1．特殊用途减免税货物常见的项目有哪些？
2．简述国内投资项目报关的操作程序。

# 任务 4.3 特定企业减免税货物报关

### 学习目标

1. 了解特定企业的定义。
2. 掌握外资设备用品报关的操作程序。

### 知识导图

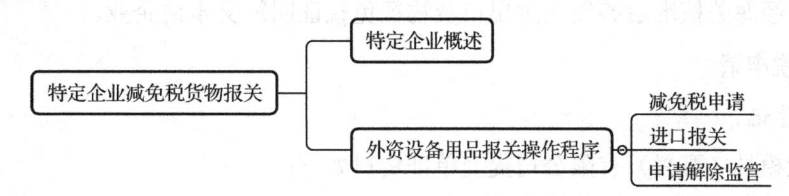

特定企业减免税货物报关
— 特定企业概述
— 外资设备用品报关操作程序
　— 减免税申请
　— 进口报关
　— 申请解除监管

### 任务实施

## 4.3.1 特定企业概述

特定企业主要指外商投资企业，包括外商独资企业、中外合资企业和中外合作企业。外商投资企业投资进口的设备、物品是指在投资总额内进口的自用设备等，而投资总额以外即企业自有资金进口的自用设备等则不适用。

外商投资企业进口设备、物品对应两种贸易方式，即外资设备物品（2225）和合资合作设备（2025）；对应三种征免性质，即中外合资（601）、中外合作（602）、外资企业（603）。特定企业进口报关单"备案号""贸易方式"等栏目的逻辑对应关系如表 4-5 所示。

表 4-5　特定企业进口报关单"备案号""贸易方式"等栏目的逻辑对应关系

| 贸易方式 | 代码 | 备案号 | 征免性质 | 代码 | 用途 | 征免 |
|---|---|---|---|---|---|---|
| 合资合作设备 | 2025 | 有（Z） | 中外合资 | 601 | 企业自用 | 全免 |
| | | 有（Z） | 中外合作 | 602 | | |
| | | 有（Z） | 鼓励项目 | 789 | | |
| | | — | 一般征税 | 101 | | 照章征税 |
| 外资设备物品 | 2225 | 有（Z） | 外资企业 | 603 | 企业自用 | 全免 |
| | | 有（Z） | 鼓励项目 | 789 | | |
| | | — | 一般征税 | 101 | | 照章征税 |

## 4.3.2 外资设备用品报关操作程序

业务背景及单证资料：

彗阮模具（嘉兴）有限公司进口全自动数控铣床 1 台，激光焊接机 1 台，委托嘉兴淞海报关有限公司代理进口报关业务。

**阅读材料：外资设备用品报关相关单证资料**

特定企业减免税申请主要有两个步骤：

（1）备案登记。外商投资企业向企业主管海关办理减免税备案登记，提交外经贸主管部门的批准文件、营业执照、企业合同、章程等，海关审核后准予备案的，即签发《外商投资企业征免税登记手册》，企业凭以办理货物减免税申请手续。

（2）进口申请。外商投资企业在进口特定减免税机器设备等货物以前，向主管海关提交《外商投资企业征免税登记手册》、发票、装箱单等，并将申请进口货物的有关数据输入海关计算机系统。经海关核准后签发《进出口货物征免税证明》交申请企业。

**1．减免税申请**

1）备案登记

（1）彗阮模具（嘉兴）有限公司提交单证资料如下：
- 《海关进出口货物减免税备案登记表》；
- 《进出口货物减免税备案申请表》（减免税申请人填制）；
- 外商投资项目的《国家鼓励发展的内外资项目确认书》及附件（原件）；
- 外商投资项目的备案、核准或审批文件（原件、复印件均可）；
- 企业法人营业执照（复印件）；
- 外商投资企业批准证书（复印件）；
- 嘉兴市商务局（外资主管部门）批准企业设立、同意企业章程的批复文件（复印件）；
- 项目情况说明或介绍文本（原件、复印件均可）；
- 彗阮模具（嘉兴）有限公司章程（复印件）；
- 《减免税手续办理委托书》（减免税申请人和被委托方填制，无委托则无须提供）；
- 减免税申请人须知；
- 项目备案变更时还须按政策规定提供项目发生变更情况的相应材料；
- 海关认为需要提交的其他材料。

（2）海关工作时限。海关受理的登记备案申请，以海关收到申请材料之日为受理日。经审核符合登记备案条件的，现场海关自受理之日起10个工作日内做出是否准予备案的决定。须上报总关审核的减免税备案申请，现场海关自受理之日起5个工作日内将审核意见上报关税处，经审核符合登记备案条件的，关税处自收到各单位上报的电子数据之日起5个工作日内出具审核意见；须向关税处提供全套书面资料的减免税备案申请，关税处自收到全套有效书面资料之日起5个工作日内出具审核意见。

因政策规定不明确或者涉及其他部门管理职责须与相关部门进一步协商、核实有关情况等原因，海关不能在规定时限内做出准予备案决定的，应当自该情形消除之日起15个工作日内做出是否准予备案的决定。

2）减免税货物审核确认

（1）彗阮模具（嘉兴）有限公司提交的单证资料如下：
- 《海关进出口货物征免税证明申请表》；
- 《进出口货物征免税申请表》（减免税申请人填制）；

- 减免税申请人针对进口货物的原理、功能、性能、结构、技术规格以及进口后实际用途的情况说明;
- 减免税申请人与国外卖方(一般应为货物制造、生产商)签订的技术协议、技术资料等类似文本。技术协议内容应包括相关货物的原理、功能、性能、结构以及技术规格等方面的描述,技术规格应以中国国家标准描述;
- 进口合同、发票和货物清单或装箱单复印件;
- 外资投资项目的《国家鼓励发展的内外资项目确认书》及附件复印件;
- 外资投资项目的备案、核准或审核文件复印件;
- 彗阮模具(嘉兴)有限公司法人营业执照(复印件);
- 外商投资企业批准证书(复印件);
- 《减免税手续办理委托书》(减免税申请人和被委托方填制,无委托则无须提供);
- 海关认为需要提交的其他材料。

(2)海关工作流程。现场海关经办人员收到齐全有效单证进行初审后,报科长、处长进行三级审批。根据规定须报关税处审批的征免税申请,上报关税处进行审批。

海关受理的减免税申请,以海关收到申请材料之日为受理之日。经审核符合减免税政策规定的,现场海关自受理之日起 10 个工作日内予以签发《进出口货物征免税证明》;须上报总关审核的减免税备案,现场海关自受理之日起 5 个工作日内将审核意见上报关税处,经审核符合减免政策规定的,关税处自收到各现场上报的电子数据之日起 5 个工作日内出具审核意见;须向关税处提供全套书面资料的减免税申请,关税处自收到全套有效书面资料之日起 5 个工作日内出具审核意见。

有下列情形之一,因政策规定不明确或者涉及其他部门管理职责需要与相关部门进一步协商、核实有关情况的;需要对货物进行化验、鉴定以确定是否符合减免税政策规定的;因其他合理原因的,海关因该情形不能在受理减免税审批申请之日起 10 个工作日内做出准予减免税决定的,应当自情形消除之日起 15 个工作日内做出是否准予减免税的决定。

### 2. 进口报关

特定企业(外资设备用品)减免税货物进口报关操作与一般货物进口报关大同小异。其注意点见特定用途减免税货物进口报关,这里只介绍报关单填报的内容。

1)输单操作

特定企业(外资设备用品)减免税货物进口报关单输单操作如表 4-6 所示。

表 4-6 特定企业(外资设备用品)减免税货物进口报关单输单操作

| 序号 | 报关单栏目 | 信息来源 | 本次业务操作 |
| --- | --- | --- | --- |
| 1 | 申报地海关 | 货物申报地所属直属关区/口岸海关名称及代码 | 外港海关(2225) |
| 2 | 申报状态 | 系统根据报关单进展情况自动返填 | 不可编辑 |
| 3 | 统一编号 | 系统自动生成 | 无须输入 |
| 4 | 预录入编号 | 接受申报的海关决定编号规则,计算机自动打印 | 无须输入 |
| 5 | 海关编号 | 海关接受申报时给予报关单的编号 | 无须输入 |
| 6 | 进境关别 | 货物实际进入我国关境口岸海关的名称 | 外港海关(2225) |
| 7 | 备案号 | 《加工贸易手册》编号 | Z29080801462 |

续表

| 序号 | 报关单栏目 | 信息来源 | 本次业务操作 |
|---|---|---|---|
| 8 | 合同协议号 | 合同或协议：合同（包括协议或订单）编号 | HW0807-02 |
| 9 | 进口日期 | 相应的运输工具进境日期 | 2018-10-18 |
| 10 | 申报日期 | 预录入及EDI报关单向海关申报的日期，与实际情况不符时，由审单关员按实际日期修改批注 | 2018-10-22 |
| 11 | 境内收发货人 | 合同或协议：对外签订并执行贸易合同的中国境内法人、其他组织或个人的名称及海关注册编码，由计算机根据"经营单位"内容自动显示 | 彗阮模具（嘉兴）有限公司（3304940877） |
| 12 | 境外收发货人 | 合同或协议：境外收货人通常指签订并执行出口贸易合同中的买方或合同指定的收货人，境外发货人通常指签订并执行进口贸易合同中的卖方 | HYEWON INDUSTRIAL CO.LTD |
| 13 | 消费使用单位 | 进口货物在境内的最终消费、使用单位的名称，委托方提供的资料 | 彗阮模具（嘉兴）有限公司（3304940877） |
| 14 | 申报单位 | 对申报内容真实性直接向海关负责的企业或单位 | 上海经贸淞海报关有限公司 |
| 15 | 运输方式 | 提单（水路运输）或空运运单（航空运输） | 水路运输 |
| 16 | 运输工具名称 | 载运货进出境的运输工具名称或编号 | E.R.ELSFLETH |
| 17 | 航次号 | 提单中通常使用"Voyage No."表示的航次号 | 807S |
| 18 | 提运单号 | 提运单 | KMTCPUS1437098 |
| 19 | 监管方式 | 根据所提供的单据判断 | 外资设备物品（2225） |
| 20 | 征免性质 | 根据所提供的单据判断 | 鼓励项目（789） |
| 21 | 许可证号 | 国务院商务主管部门及其授权发证机关签发的进、出口货物许可证的编号 | 无须填写 |
| 22 | 启运国（地区） | 提运单据，根据提单中"Port of Loading"栏 | 韩国（133） |
| 23 | 经停港 | 提运单据，根据提单中"Port of Loading"栏 | 釜山（1480） |
| 24 | 成交方式 | 发票的价格条款 | FOB |
| 25 | 运费 | 发票 | 502/71/2 |
| 26 | 保费 | 发票 | 0.300 0 |
| 27 | 杂费 | 发票 | 本次业务无须填写 |
| 28 | 件数 | 装箱单中"Quantity/Unit"栏 | 2（本次货物共两台设备，每台设备装成"2PKGS"） |
| 29 | 包装种类 | 装箱单中"Quantity/Unit"栏 | 其他 |
| 30 | 毛重（千克） | 装箱单、提单中"Gross Weight"栏 | 13 750 |
| 31 | 净重（千克） | 装箱单、提单中"Net Weight"栏 | 13 500 |
| 32 | 贸易国别 | 发生商业性交易的进口填报购自国（地区），出口填报售予（地区） | 韩国 |
| 33 | 集装箱号 | 提单中"Descriptions of Packages and Goods"栏 | 集装箱号：CRTU7504111<br>集装箱规格：普通标准箱（S）<br>集装箱货重：（资料未显示信息）<br>拼箱标识：否<br>商品项号关系：1 |

续表

| 序号 | 报关单栏目 | 信息来源 | 本次业务操作 |
|---|---|---|---|
| 34 | 随附单证 | 业务资料中监管证件情况及附录《监管证件代码表》 | 无 |
| 35 | 入境口岸 | 提运单据：填报进境货物从跨境运输工具卸离的第一个境内口岸的中文名称及代码 | 外高桥港 |
| 36 | 货物存放地点 | 填报货物进境后存放的场所或地点，包括海关监管作业场所、分拨仓库、定点加工厂、隔离检疫场、企业自有仓库等 | 无相关信息 |
| 37 | 报关单类型 | 根据报关单位报关业务实际情况，选择"有纸报关""通关无纸化"等，目前大多数报关单位均为"通关无纸化" | 通关无纸化 |
| 38 | 标记唛码及备注 | 标记唛码中除图形以外的文字、数字，无标记唛码的填报 N/M | HYE WON MOULD（JIAXING）CO.LTD. |
| 39 | 其他事项确认 | 特殊关系确认、价格影响确认、支付特许权使用费确认 | 特殊关系确认：是价格影响确认：否支付特许权使用费确认：否 |
| 40 | 业务事项 | 进出口企业、单位采用"自主申报、自行缴税"（自报自缴）模式向海关申报时，填报"是"；反之则填报"否" | 是 |
| 41 | 项号 | 报关单中的商品顺序编号 | 1 |
| 42 | 备案序号 | 备案手册中的商品顺序编号 | 1 |
| 43 | 商品编号 | 根据商品品名确定 | 8459.5100 |
| 44 | 商品名称规格型号 | 合同、发票，且与《加工贸易手册》中的商品名称、规格型号一致 | DOOSAN、"全自动数控铣床"、"Mynx750" |
| 45 | 数量及单位 | 装箱单中"Quantity"栏 | 第一行：1.000 台；第二行：0.000；第三行：1.000 台 |
| 46 | 单价 | 发票 | 340 000.000 0 |
| 47 | 总价 | 发票 | 340 000.000 0 |
| 48 | 币制 | 发票 | USD |
| 49 | 原产国（地区） | 合同、发票中以"Made in…，Manufacture，Country of Original"等表示的国家（地区） | 韩国 |
| 50 | 最终目的国（地区） | 填报已知的进出口货物的最终实际消费、使用或进一步加工制造国家（地区） | 中国 |
| 51 | 境内目的地 | 系统根据"消费使用单位"自动生成 | 嘉兴（33049） |
| 52 | 征免方式 | 根据《加工贸易手册》"征免方式"一栏 | 特案 |

### 3. 申请解除监管

申请解除监管的操作流程与特定地区申请解除监管操作类似，这里不再赘述。

## 思考与练习

1. 什么是特定企业？
2. 简述外资设备用品报关操作程序。
3. 给学生一票特定减免税货物报关业务资料，要求学生填写特定减免税货物报关单。
4. 通过网络，将本书中详细介绍的特定用途的三个类型以外的其他类型搜集齐全，并自学各个类别特定用途减免税货物的报关程序。

# 项目 5

# 暂准进出境货物通关

## 任务 5.1 暂准进出境货物通关操作

### 学习目标

1. 了解暂准进出境货物的定义、特点及范围。
2. 掌握使用 ATA 单证册的暂准进出境货物报关的操作流程。
3. 掌握不使用 ATA 单证册的展览品报关的操作流程。
4. 掌握集装箱箱体报关的操作流程。
5. 掌握其他暂准进出境货物报关的操作流程。

### 知识导图

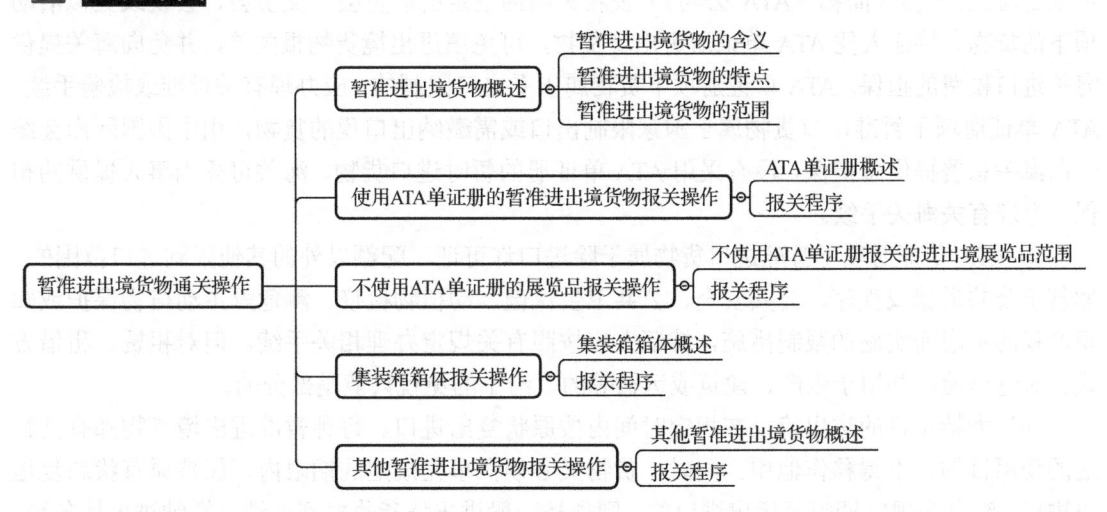

```
                                              ┌─ 暂准进出境货物的含义
                      ┌─ 暂准进出境货物概述 ──┼─ 暂准进出境货物的特点
                      │                       └─ 暂准进出境货物的范围
                      │
                      │                                            ┌─ ATA 单证册概述
                      ├─ 使用 ATA 单证册的暂准进出境货物报关操作 ──┤
                      │                                            └─ 报关程序
                      │
                      │                                            ┌─ 不使用 ATA 单证册报关的进出境展览品范围
暂准进出境货物通关操作 ┼─ 不使用 ATA 单证册的展览品报关操作 ───────┤
                      │                                            └─ 报关程序
                      │
                      │                         ┌─ 集装箱箱体概述
                      ├─ 集装箱箱体报关操作 ────┤
                      │                         └─ 报关程序
                      │
                      │                             ┌─ 其他暂准进出境货物概述
                      └─ 其他暂准进出境货物报关操作 ┤
                                                    └─ 报关程序
```

## 任务实施

### 5.1.1 暂准进出境货物概述

**1. 暂准进出境货物的含义**

根据海关总署令 2017 年第 233 号，2018 年 2 月 1 号起，执行新修订的《中华人民共和国海关暂时进出境货物管理办法》。暂准进出境货物是指为了特定的目的，经海关批准暂时进境（出境），按规定期限原状复运进境（出境）的货物，分暂时进境货物和暂时出境货物。

**2. 暂准进出境货物的特点**

货物按暂准进出境结关制度办理通关手续，其海关监管过程和货物在现场放行后投入使用的受制约状态，反映了该项海关监管制度的特征。暂准进出境货物的特点如下：

（1）在提供担保的条件下暂时免纳进（出）口税。提供担保是货物暂准进出境并免纳各税所必须遵守的条件之一。这也是海关确保货物将来能按规定复出口或复进口的保全措施。我国现行的担保形式主要是信誉（保函）或经济（保证金）担保，其中展品的暂准进出境已适用暂准进口单证册（简称 ATA 单证册）制度，实行国际联保。

对暂准进出境货物，原则上可暂予免除全部进出境各税，但对租赁、租借方式暂准进出境用于生产、建筑或运输等用途的，给予的暂予免税是部分的。

（2）原则上免予交验进出境许可证件。货物暂准进出境后还须在规定期限复运出进口，因而并非成为实际进出境货物。因此，国家的贸易管制，特别是许可证管理，原则上不适用该类货物。当暂准进出境货物属于许可证管理商品时，当事人无须申领进出境许可证。但海关认为需要时，可要求持证人提供担保。对于某些仍须受国家的进出境管制的物品，进出境时仍应交验相应的证件、证书。例如，无线电器材、应检验和检疫的动植物、药品、食品等物品。

（3）ATA 单证册项下的暂准进出境货物。

① ATA 单证册项下的暂准进出境货物，限于我国政府加入的《关于货物暂准进口的 ATA 单证册海关公约》（简称《ATA 公约》）及相关附约规定的展览会、交易会、会议或类似活动项下的货物。持证人凭 ATA 单证册进出境货物，可免填进出境货物报关单，并免向海关提供海关进口税费的担保。ATA 单证册项下货物属于受进口限制的，应办理有关批准或检验手续。ATA 单证册项下暂准出口货物属于国家限制出口或需缴纳出口税的货物，由中国国际商会统一向海关总署提供总担保。没有采用 ATA 单证册的暂时进口货物，海关可凭当事人提供的担保，办理有关海关手续。

② ATA 单证册项下暂准进口货物属于除进口许可证、配额以外的其他限制进口范围的，如基于公共道德或秩序、公共安全、公共卫生保健、动植物检疫、濒危野生动植物保护或知识产权的考虑而实施的限制措施，持证人应按照有关规定办理相关手续。但对租赁、租借方式暂时进出境，并用于生产、建筑或运输等的，给予的免税只能是部分的。

（4）为特定目的进出境，在规定时间内按原状复出进口。每种暂准进出境货物都有其特定的使用目的，不得移作他用。同时，货物又必须在事先规定的期限内，保持原有状态复运出进口。没有在规定期限复运出进口的，则须按一般进出境货物办理手续并缴纳进出境各税。

（5）现场监管未结关放行。既暂准进出境货物经海关查验，并在 ATA 单证册上签注放行后,仍须受海关后续管理。既要监督货物合法正常地使用,又要监管货物按规定复出进口。

(6) 按货物使用后的实际去向办理相应的手续。暂准进出境货物虽然原则上必须复运出口或进口,但实际上还有转为内、外销或消耗掉的情况。无论其去向如何,均应按规定办理相应的海关手续。

(7) 核销后结案。暂准进出境货物在使用 ATA 单证册进出境时意味着已向海关提供了某种担保,当货物有了实际去向,并按规定办理了海关手续,海关即应通过核对进与出之间涉及的货物情况,确认无漏管、漏税后,即可核销、签注。

### 3. 暂准进出境货物的范围

暂准进出境货物包括以下内容:
- 在展览会、交易会、会议及类似活动中展示或使用的货物;
- 文化、体育交流活动中使用的表演、比赛用品;
- 进行新闻报道或摄制电影、电视节目使用的仪器、设备及用品;
- 开展科研、教学、医疗活动使用的仪器、设备和用品;
- 上述第一项至第四项所列活动中使用的交通工具及特种车辆;
- 货样;
- 慈善活动使用的仪器、设备及用品;
- 供安装、调试、检测、修理设备时使用的仪器及工具;
- 盛装货物的包装材料;
- 旅游用自驾交通工具及其用品;
- 工程施工中使用的设备、仪器及用品;
- 测试用产品、设备、车辆;
- 海关总署规定的其他暂时进出境货物。

使用货物暂准进口单证册暂时进境的货物限于我国加入的有关货物暂准进口的国际公约中规定的货物。

## 5.1.2 使用 ATA 单证册的暂准进出境货物报关操作

### 1. ATA 单证册概述

1) ATA 单证册的定义

ATA 单证册是指世界海关组织通过的《货物暂准进口公约》及其附约 A 和《ATA 公约》中规定使用的,用于替代各缔约方海关暂准进出口货物报关单和税费担保的国际性通关文件。

2) ATA 单证册的组成

一份 ATA 单证册一般由 8 页 ATA 单证组成:1 页绿色封面、1 页黄色出口单证、1 页黄色进口单证、1 页白色进口单证、1 页白色复出口单证、1 页蓝色过境单证、1 页白色货物总清单、1 页绿色封底(我国海关只接受用中文或者英文填写的 ATA 单证册)。ATA 单证册示意图如图 5-1 所示。

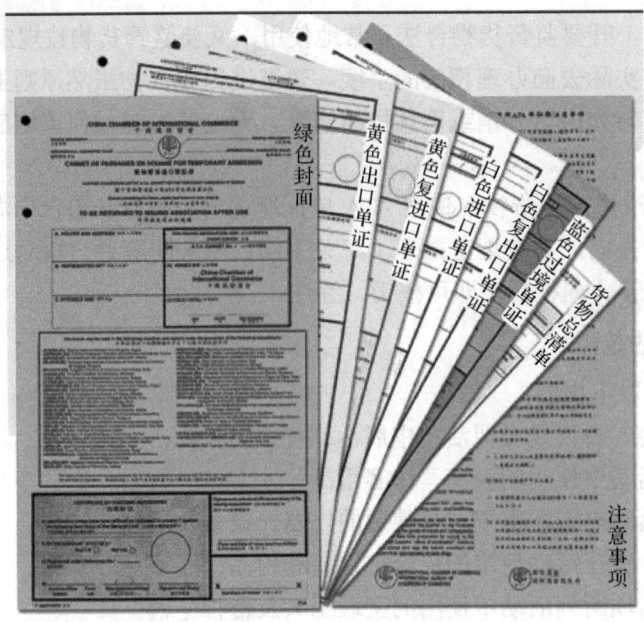

图 5-1　ATA 单证册示意图

3) ATA 单证册的使用范围

ATA 单证册的使用范围仅限于展览会、交易会、会议及类似活动项下的货物。除此之外的货物，我国海关不接受持 ATA 单证册办理进出口申报手续。其范围具体包括：

- 国际博览会、交易会、展览会、国际会议及类似活动中陈列或使用的物品；
- 各类专业人员使用的专业设备，如赴境外报道、录制节目、摄制影片所需的出版、音像广播、摄影设备，赴境外安装、调试机器所需的各种测量仪器，医务人员所需的医疗器械，演员、乐团所、剧团所需的演出服装、器具等；
- 集装箱、托盘、包装物料、样品等与商业活动有关的货物；
- 科研设备、教学用品、海员福利用品及其与教育、科学或文化活动有关的货物；
- 参加境外体育比赛、体育表演和训练所需的体育用品及其他物品；赴境外从事观光、求医、学习、专业会议等活动所需的个人物品；
- 参加境外的文化、宗教或专业聚会等活动所需的图片、照片、摄影作品、艺术品、印刷品、免费播放的纪录影片、唱片等音像用品；
- 边境地区的自然人或法人为完成农业、林业、养鱼业的工作，及为修理、制造、加工目的所需的非商业性质的物品；
- 为慈善目的暂时出口的医疗用品、外科和实验室设备及救济物资；
- 商业或私人用途的船舶、飞机、陆路引擎车辆、铁路货车等运输工具；
- 边境地区用于放牧、表演、展览、竞技、比赛等活动所需的活动物；
- 与制造活动有关的纸版、印版、图版、模子、图纸、模型等类似物品。

4) ATA 单证册的管理

(1) 出证担保机构。中国国际商会是我国 ATA 单证册的出证和担保机构。

(2) 管理机构。海关总署在北京海关设立的 ATA 核销中心。

(3) 延期审批。使用 ATA 单证册报关的货物暂准进出境期限为自货物进出境之日起 6 个月，超过 6 个月的，持证人需向海关申请延期，延期最多不超过 3 次，每次延期不超过 6 个月，直属海关受理延期申请的，应当于受理申请之日起20个工作日内做出是否延期的决定。

（4）追索。我国ATA单证册项下暂时进境货物未能按照规定复运出境或者过境的，ATA核销中心应当向中国国际贸易促进委员会（中国国际商会）提出追索。自提出追索之日起9个月内，中国国际贸易促进委员会（中国国际商会）向海关提供货物已经在规定期限内复运出境或者已经办理进口手续证明的，ATA核销中心可以撤销追索；9个月期满后未能提供上述证明的，中国国际贸易促进委员会（中国国际商会）应当向海关支付税费和罚款。

知识拓展：ATA单证册的有关知识

**2. 报关程序**

1）申领ATA单证册

（1）申请资格。ATA单证册的申请人是居住地或注册地在中华人民共和国境内的货物所有人或可自由处分货物的人。

（2）受理机构。申请人应向中国国际贸易促进委员会（中国国际商会）法律事务部ATA处或中国国际贸易促进委员会（中国国际商会）的地方分支机构出证部门申请单证册。

（3）ATA单证册的申办程序。

① 填写申请表，并附申请人的身份证明文件。申请人为自然人的，提供身份证或护照复印件；申请人为企业法人的，提供法人营业执照的复印件；申请人为事业单位的，提供事业单位法人登记证书的复印件。

ATA单证册申请表填写说明如下。

A．申请人基本情况：

➢ 申请人名称栏、地址栏中的英文应打印填写，并注明邮编。

➢ 申请人为自然人的，身份证明文件指身份证或护照复印件；申请人为法人的，身份证明文件指企业法人营业执照或者事业单位法人登记证书。

➢ 授权代表是代表申请人持ATA单证册办理国内外报关手续的，可以是申请人的职员，可以是申请人的货运代理或报关代理，授权代表姓名的英文栏须打印填写。

➢ 联系人指办理ATA单证册申请手续的人，既可以是申请人的职员，也可以是申请人的报关代理或者货运代理。代理人须提供申请人的授权委托书。

B．单证册基本情况：

➢ 选择货物在进口国的预定用途。由于各国接受的ATA单证册项下货物范围不同，此栏填写不妥可能导致货物无法获得暂进出时口的许可。预先咨询签证机构以确定所应选择的栏目。

➢ 填入从中国离境的大概日期，出口报关口岸的名称。

➢ 选择运输方式。

➢ 每份ATA单证册的有效期最长是1年，在有效期内，货物可以进口到多个国家，每个国家可以去多次。按需要在拟去国家前填入预定进口次数。

➢ 货物在离开一个国家去往另一个国家途中，如需在其他国家过境，应使用蓝色过境单。例如，货物离开中国去美国（进出美国一次），途经日本。在表中美国前横线处写"1"，在过境国家日本前写"1T"，1代表过境次数。

C. 选择ATA单证册的交付方式。

D. 选择ATA单证册的签发期限。签证机构签发ATA单证册的正常时间是5个工作日，加急签发时间是2个工作日。

E. 填入担保金额，并选择提交的担保形式。ATA单证册既是货物报关文件，也是进口各税及其他费用的担保凭证。当ATA单证册项下货物在暂准进口国被卖、被赠、被窃或因其他原因没有复出口，需要支付进口税费时，ATA单证册担保商会需要承担向进口国海关交纳税款的义务。因此，申请人需要向签订机构提借货物可能支付进口税费的担保。

F. 仔细阅读保证条款的内容。ATA单证册一经签发，持证人将自动承担保证责任。

G. 申请人签字、盖章。如果申请人是法人，由法人代表签字，并加盖申请人单位章；如申请人是自然人，在申请人签字处签字即可。

② 填写货物总清单。

③ 担保。担保形式可以是押金、银行或保险公司保函，或者中国国际贸易促进会认可的书面保证。

④ 缴纳ATA单证册申办手续费。

向中国国际商会申请办理ATA单证册的申请人在填写好申请表及货物总清单后，须将上述两份文件发送到中国国际商会ATA处指定的电子邮箱。申请人也可通过中国国际商会网站在线申请系统提供相关信息。

中国国际商会ATA处工作人员在收到申请人的申请信息后将进行核查，然后根据相关信息向申请人出具付款通知。申请人须按照付款通知上的金额及其在申请时所选择的付款方式交付款项，并将申请表、货物总清单、申请人身份证明文件原件、复印件及商会所需其他文件在出证前送达中国国际商会ATA处。

自申请手续完备之日起，中国国际贸易促进会将根据申请人的预计离境日期尽快签发单证，加急出证时间最短为2个小时。

2）进出境报关

（1）进境申报。进境货物收货人或其代理人持ATA单证册向海关申报进境展览品时，先在海关核准的出证协会即中国国际商会及其他商会，将ATA单证册上的内容预录入海关与商会联网的ATA单证册电子核销系统，然后向展览会主管海关提交纸质ATA单证册、提货单等单证。ATA单证册管理系统（企业专用）页面如图5-2所示。

海关在白色进口单证上签注，并留存白色进口单证（正联），退还其存根联和ATA单证册其他各联给货物收货人或其代理人。

（2）出境申报。出境货物发货人或其代理人持ATA单证册向海关申报出境展览品时，向出境地海关提交国家主管部门的批准文件、纸质ATA单证册、装货单等单证。

海关在绿色封面单证和黄色出口单证上签注，并留存黄色出口单证（正联），退还其存根联和ATA单证册其他各联给出境货物发货人或其代理人。

（3）异地复运出境、进境申报。持主管地海关单证向复运出境、进境地海关办理并签章，主管海关凭以核销结案。

（4）过境申报。过境货物承运人或其代理人持ATA单证册向海关申报将货物通过我国转运至第三国参加展览会的，不必填制过境货物报关单。海关在蓝色过境单证上签注后，留存蓝色过境单证（正联），退还其存根联和ATA单证册其他各联给运输工具承运人或其代理人。

## 项目 5　暂准进出境货物通关

持 ATA 单证册向海关申报进出境展览品，无须向海关提交进出境许可证件，也无须另外再提供担保。但如果进出境展览品及相关货物受公共道德、公共安全、公共卫生、动植物检疫、濒危野生动植物保护、知识产权保护等限制的，展览品收发货人或其代理人应当向海关提交进出境许可证件。

图 5-2　ATA 单证册管理系统（企业专用）页面

3）结关

持证人在规定期限内将进境展览品、出境展览品复运出境、复运进境，海关在白色复出口单证和黄色复进口单证上分别签注，留存单证（正联），退还其存根联和 ATA 单证册其他各联给持证人，正式核销结关。ATA 单证册报关程序示意图如图 5-3 所示。

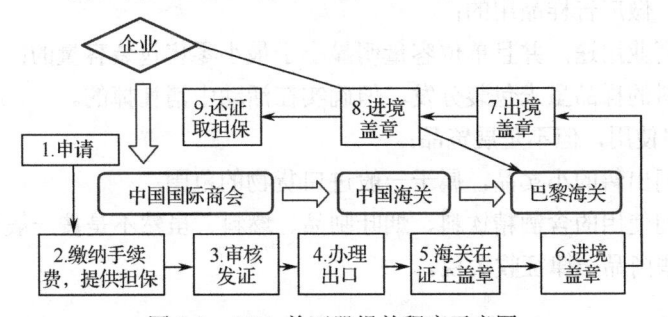

图 5-3　ATA 单证册报关程序示意图

持证人不能按规定期限将展览品复运进出境的，我国海关向担保协会即中国国际商会提出追索。ATA 单证册未正常使用时的追索示意图如图 5-4 所示。

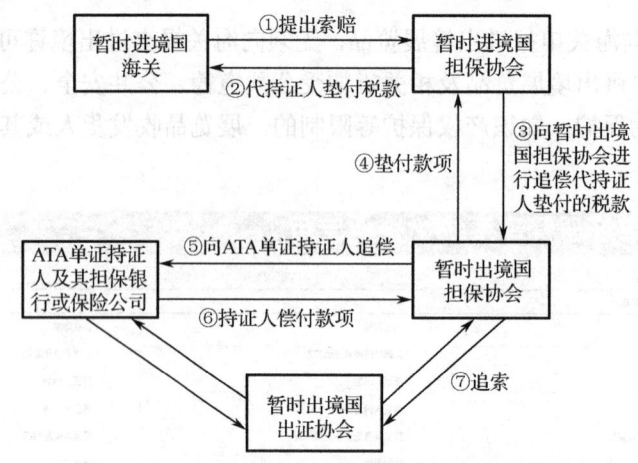

图 5-4　ATA 单证册未正常使用时的追索示意图

## 5.1.3　不使用 ATA 单证册的展览品报关操作

**1. 不使用 ATA 单证册报关的进出境展览品范围**

1）进境展览品

（1）展示或示范用的货物、物品，为示范展出的机器或器具所需用的物品，展览者设置临时展台和建筑材料及装饰材料，供展览品做示范宴会用的电影片、幻灯片、录像带、录音带、说明书、广告等。

（2）与展出活动有关的物品，按展览品申报。与展出活动有关的物品包括以下内容：
- 为展出的机器或器具进行操作示范，并在示范过程中被消耗或损坏的物料；
- 展出者为修建、布置或装饰展台进口的一次性廉价物品，如油漆、涂料、壁纸等；
- 参展商免费提供并在展出中免费散发的与展出活动有关的宣传印刷品、商业目录、说明书、价目表、广告招贴、广告日历、未装框照片等；
- 供各种国际会议使用或与其有关的档案、记录、表格及其他文件。

上述货物、物品应当符合下列条件：
- 由参展人员免费提供并在展览期间专供免费分送给观众使用或消费的；
- 单价较低，做广告样品用的；
- 不适用于商业用途，并且单位容量明显小于最小零售包装容量的；
- 食品及饮料的样品虽未包装分发，但确实在活动中消耗掉的。

（3）展览会中使用，但不是展览品：
- 展览会期间出售的小卖品，属于一般进口货物的范围；
- 展览会期间使用的含酒精饮料、烟叶制品、燃料，虽然不是按一般进口货物管理，但海关对这些商品一律征收关税。

2）出境展览品

（1）国内单位赴国外举办展览会或参加外国博览会、展览会而运出的展览品。

（2）与展览活动有关的宣传品、布置品、招待品及其他公用物品。

（3）与展览活动有关的小卖品、展卖品。

3）展览品的暂准进出境期限

进口展览品的暂准进境期限是 6 个月，即自展览品进境之日起 6 个月内复运出境。如果需要延长复运出境的期限，应当向主管海关提出申请。经批准可以延长，延长期限最长不超过 6 个月。

出口展览品的暂准出境期限为自展览品出境之日起 6 个月内复运进境。如果需要延长复运进境的期限，应当向主管海关提出申请。

**2. 报关程序**

1）进境申报

展览品进境之前，展览会主办单位应当将举办展览会的批准文件连同展览品清单一起送展出地海关，办理登记备案手续。

展览品进境申报手续可以在展出地海关办理。从非展出地海关进口的，可以申请在进境地海关办理转关运输手续，在海关监管下，将展览品从进境口岸转运至展览会举办地主管海关办理申报手续。

展览会主办单位或其代理人应当向海关提交报关单、展览品清单、提货单、发票、装箱单等。展览品中涉及检验检疫等管制的，还应当向海关提交有关许可证件。

展览会主办单位或其代理人应当向海关提供担保。海关一般在展览会举办地对展览品开箱查验。

2）出境申报

展览品出境申报手续应当在出境地海关办理。在境外举办展览会或参加国外展览会的企业应当向海关提交国家主管部门的批准文件、报关单、展览品清单一式两份等单证。

展览品属于应当缴纳出口关税的，向海关缴纳相当于税款的保证金；属于核用品、"两用物项"及相关技术的出口管制商品的，应当提交出口许可证。

海关对展览品开箱查验，核对展览品清单。查验完毕，海关留存一份清单，另一份封入"关封"交还给出口货物发货人或其代理人，凭以办理展览品复运进境申报手续。

3）进出境展览品的核销结关

（1）复运进出境。进境展览品按规定期限复运出境，出境展览品按规定期限复运进境后，海关分别办理报关单证明手续，展览品所有人或其代理人凭以向主管海关办理核销"结关"手续。

展览品未能按规定期限复运进出境的，展览会主办单位或出国举办展览会的单位应当向主管海关申请延期，在延长期内办理复运进出境手续。

（2）转为正式进出境。进境展览品在展览期间被人购买的，由展览会主办单位或其代理人向海关办理进口申报、纳税手续，其中属于许可证件管理的，还应当提交进口许可证件。出口展览品在境外参加展览会后被销售的，由海关核对展览品清单后要求企业补办有关正式出口手续。

（3）展览品放弃或赠送。展览会结束后，进口展览品的所有人决定将展览品放弃交由海关处理的，由海关变卖后将款项上缴国库。有单位接受放弃展览品的，应当向海关办理进口申报、纳税手续。

展览品的所有人决定将展览品赠送的，受赠人应当向海关办理进口手续，海关根据进口礼品或经贸往来赠送品的规定办理。

（4）展览品毁坏、丢失、被窃。展览品因毁坏、丢失、被窃等原因，而不能复运出境的，展览会主办单位或其代理人应当向海关报告。对于毁坏的展览品，海关根据毁坏程度估价征税；对于丢失或被窃的展览品，海关按照进口同类货物征收进口税。展览品因不可抗力遭受损毁或灭失的，海关根据受损情况，减征或免征进口税。

### 5.1.4 集装箱箱体报关操作

**1. 集装箱箱体概述**

集装箱箱体既是一种运输设备，又是一种货物。作为运输设备，属于暂准进出口货物，进口免税、免证；作为一种货物，进口需征税。海关监管目的是防止以运输设备为名，逃税进口留在国内。这里介绍的是指通常作为运输设备暂时进出境的情况。

**2. 报关程序**

（1）境内生产的集装箱及我国营运人购买进口的集装箱在投入国际运输前，营运人应当向其所在地海关办理登记手续。海关准予登记并符合规定的集装箱箱体，无论是否装载货物，海关准予暂时进境和异地出境，营运人或其代理人无须对箱体单独向海关办理报关手续，进出境时也不受规定的期限限制。

（2）境外集装箱箱体暂准进境，无论是否装载货物，承运人或其代理人应当对箱体单独向海关申报，并应当于入境之日起 6 个月内复运出境。如因特殊情况不能按期复运出境的，营运人应当向"暂准进境地"海关提出延期申请，经海关核准后可以延期，但不得超过 3 个月，逾期应向海关办理进口报关纳税手续。进境须担保方可放行；复出境，凭出口报关单退保证金。

### 5.1.5 其他暂准进出境货物报关操作

**1. 其他暂准进出境货物概述**

1）适用范围

如 ATA 单证册的使用范围所述，暂准进出境货物中，除了"使用 ATA 单证册报关的展览会、交易会及类似会议活动下的货物"及"不使用 ATA 单证册报关的展览品"，以及盛装货物的容器（集装箱箱体）以外，其余按其他暂准进出境货物进行监管。

2）期限

暂准进境期限是 6 个月，即自进境之日起 6 个月内复运出境。超过 6 个月的，在规定期限届满 30 个工作日前向货物暂时进出境申请核准地海关提出延期申请，延期最多不超过 3 次，每次延长期限不超过 6 个月。

国家重点工程、国家科研项目使用在 24 个月以上，在 18 个月的延长期届满后仍需要延期的，由主管地直属海关报海关总署审批，由海关总署做出决定。

暂准进出境货物监管期限如表 5-1 所示。

## 项目 5  暂准进出境货物通关

表 5-1  暂准进出境货物监管期限

| 货物类别 | 期限 | 能否延期、延长的时间 |
| --- | --- | --- |
| 使用 ATA 单证册的暂准进出境货物 | 6 个月 | 可延期 3 次，每次 6 个月 |
| 不使用 ATA 单证册的进出境展览品 | 6 个月 | 可延期，但延长期限最长不超过 6 个月，出境展览品须向海关申请 |
| 进出境集装箱箱体 | 6 个月 | 延期不得超过 3 个月 |
| 暂时进出口货物 | 6 个月 | 可延期，但延长期限最多不超过 6 个月 |

### 2. 报关程序

业务背景及单证资料：

日本电产理德机器装置（浙江）有限公司从其母公司日本电产理德株式会社进口 1 台飞针检测仪，用作样品，该公司委托嘉兴淞海报关有限公司代理报关业务，详细资料见有关单证。

阅读材料：其他暂准进出境货物报关有关单证资料

1）向海关申请核准

暂时进出境货物进出境要经过主管地海关的核准。暂时进出境货物进出境核准属于海关行政许可范围，应当按照海关行政许可的程序办理。

（1）提交单证。

日本电产理德机器装置（浙江）有限公司向嘉兴海关提交如下单证资料：

➢《货物暂时进/出境申请书》；
➢ 暂时进出境货物清单；
➢ 发票、合同或者协议，以及其他相关单据；
➢ 相当于税款的保证金或海关依法认可的其他担保。

（2）海关办理程序。嘉兴海关自受理申请之日起 20 个工作日内审查完毕，做出决定。批准同意的，制发《中华人民共和国海关货物暂时进/出境申请批准决定书》，否则制发《中华人民共和国海关货物暂时进/出境申请不予批准决定书》，说明理由，并告知申请人享有依法申请行政复议或提起行政诉讼的权利。

申请人取得海关批准的《中华人民共和国海关货物暂时进/出境申请批准决定书》后，即可办理具体报关手续。

2）进出口报关

（1）样品进出口报关手续。

① 暂时进口手续。暂时进口货物进境时，收货人或其代理人应当向海关提交主管部门允许货物为特定目的而暂时进境的批准文件（本次业务为《中华人民共和国海关货物暂时进/出境申请批准决定书》）、进口货物报关单、商业及货运单据等，向海关办理暂时进境申报手续。

暂时进口货物不必提交进口货物许可证件，但对国家规定需要实施检验检疫的，或者为公共安全、公共卫生等实施管制措施的，仍应当提交有关的许可证件。下列货物申报暂时进口，还应交验有关管理部门的证明：

➢ 无线电器材——交验中国商检机构在报关单上加盖的印章或检验证书。

- 动植物——交验口岸动植物检疫机构签发的《检疫放行通知单》或在货运单上加盖的检疫放行章。
- 药品——交验口岸药品检验所出具的《检验合格报告书》。
- 食品——交验口岸食品卫生监督机构的《采样证明》或有采样日期标志的报关单。

暂时进口货物在进境时，进口货物的收货人或其代理人免予缴纳进口税，但必须向海关提供担保。

② 复运出境手续。具体操作过程可以参照一般货物出口报关业务。与一般货物出口报关业务不同的是：

暂时进口货物应于货物进口之日起 6 个月内全部复运出境。期满不复运出境的，应由申报人向海关办理正式进口手续和照章纳税。因故需要延长在境内使用期限的，应在期满前向海关提出申请，经海关审核批准后予以办理延期手续。延长期满后，除经海关总署特准者外，不再予以延长。

暂时进口货物复运出境时，申报人应填写出口货物报关单，同时交验其留存的进口货物报关单及货物清单向原进境地海关办理复运出境手续。如果需要变更出境口岸，应持凭原进口货物报关单及货物清单向出境地海关办理复运出境手续，出境地海关在上述单据上批注验放情况后，退交申报人凭以向原入境地海关办理核销手续。

③ 暂时出口手续。暂时出口货物出境，发货人或其代理人应向海关提交主管部门允许货物为特定目的而暂时出境的批准文件、出口货物报关单、货运和商业单据等，向海关办理暂时出境申报手续。

暂时出口货物除易制毒化学品、监控化学品、消耗臭氧层物质、有关核出口、"核两用品"及相关技术的出口管制条例管制的商品，以及其他国际公约管制的商品按正常出口提交有关许可证件外，不需交验许可证件。

④ 复运进境手续。与复运出境手续类似，这里不再赘述。

（2）暂准进出境货物进口报关单输单操作。

暂准进出境货物进口报关单输单操作如表 5-2 所示。

表 5-2　暂准进出境货物进口报关单输单操作

| 序号 | 报关单栏目 | 信息来源 | 本次业务操作 |
| --- | --- | --- | --- |
| 1 | 申报地海关 | 货物申报地所属直属关区/口岸海关名称及代码 | 吴淞海关（2202） |
| 2 | 申报状态 | 系统根据报关单进展情况自动返填 | 不可编辑 |
| 3 | 统一编号 | 系统自动生成 | 无须输入 |
| 4 | 预录入编号 | 接受申报的海关决定编号规则，计算机自动打印 | 无须输入 |
| 5 | 海关编号 | 海关接受申报时给予报关单的编号 | 无须输入 |
| 6 | 进境关别 | 货物实际进入我国关境口岸海关的名称 | 吴淞海关 2202 |
| 7 | 备案号 | 《加工贸易手册》编号 | 本次业务无须填报 |
| 8 | 合同协议号 | 合同或协议：合同（包括协议或订单）编号 | NRCC2019-0 |
| 9 | 进口日期 | 相应的运输工具进境日期 | 2020-01-25 |
| 10 | 申报日期 | 预录入及 EDI 报关单向海关申报的日期，与实际情况不符时，由审单关员按实际日期修改批注 | 无须填报 |

续表

| 序号 | 报关单栏目 | 信息来源 | 本次业务操作 |
|---|---|---|---|
| 11 | 境内收发货人 | 合同或协议：对外签订并执行贸易合同的中国境内法人、其他组织或个人的名称及海关注册编码由计算机根据"经营单位"内容自动显示 | 日本电产理德机器装置（浙江）有限公司 |
| 12 | 境外收发货人 | 合同或协议：境外收货人通常指签订并执行出口贸易合同中的买方或合同指定的收货人，境外发货人通常指签订并执行进口贸易合同中的卖方 | 日本电产理德株式会社 |
| 13 | 消费使用单位 | 进口货物在境内的最终消费、使用单位的名称，委托方提供的资料 | 日本电产理德机器装置（浙江）有限公司 |
| 14 | 申报单位 | 对申报内容真实性直接向海关负责的企业或单位 | 嘉兴淞海报关有限公司 |
| 15 | 运输方式 | 提单（水路运输）或空运单（航空运输） | 水路运输 |
| 16 | 运输工具名称 | 载运货物进出境的运输工具名称或编号 | PROSRICH |
| 17 | 航次号 | 提单中通常使用"Voyage No."表示的航次号 | 1005W |
| 18 | 提运单号 | 提运单 | KSASHA1001082 |
| 19 | 监管方式 | 根据所提供的单据判断 | 暂时进出货物（2600） |
| 20 | 征免性质 | 根据所提供的单据判断 | 其他法定（299） |
| 21 | 许可证号 | 国务院商务主管部门及其授权发证机关签发的进、出口货物许可证的编号 | 无须填写 |
| 22 | 启运国（地区） | 提运单据，根据提单中"Port of Loading"栏 | 日本（116） |
| 23 | 经停港 | 提运单据，根据提单中"Port of Loading"栏 | 大阪（1303） |
| 24 | 成交方式 | 发票的价格条款 | CIF |
| 25 | 运费 | 发票 | 本次业务无须填写 |
| 26 | 保费 | 发票 | 本次业务无须填写 |
| 27 | 杂费 | 发票 | 本次业务无须填写 |
| 28 | 件数 | 装箱单中"Quantity/Unit"栏 | 1 |
| 29 | 包装种类 | 装箱单中"Quantity/Unit"栏 | 其他 |
| 30 | 毛重（千克） | 装箱单、提单中"Gross Weight"栏 | 965 |
| 31 | 净重（千克） | 装箱单、提单中"Net Weight"栏 | 780 |
| 32 | 贸易国别 | 发生商业性交易的进口填报购自国（地区），出口填报售予国（地区） | 日本 |
| 33 | 集装箱号 | 提单中"Descriptions of Packages and Goods"栏 | 资料未显示相关信息 |
| 34 | 随附单证 | 根据业务资料中监管证件情况及附录《监管证件代码表》 | 无 |
| 35 | 入境口岸 | 提运单据：填报进境货物从跨境运输工具卸离的第一个境内口岸的中文名称或代码 | 吴淞港 |
| 36 | 货物存放地点 | 填报货物进境后存放的场所或地点，包括海关监管作业场所、分拨仓库、定点加工厂、隔离检疫场、企业自有仓库等 | 无相关信息 |

续表

| 序号 | 报关单栏目 | 信息来源 | 本次业务操作 |
|---|---|---|---|
| 37 | 报关单类型 | 根据报关单位报关业务实际情况，选择"有纸报关""通关无纸化"等，目前大多数报关单位均为"通关无纸化" | 通关无纸化 |
| 38 | 标记唛码及备注 | 标记唛码中除图形以外的文字、数字，无标记唛码的填报 N/M | 用途：检查电路板；原理：通过测量电阻大小，判断电路板上两点是否联通；功能：测试电压、电阻、电流；检测对象：电路板；型号：ELX6146-R2；技术参数：重复精度±10um，不带记录装置，显示结果是否合格 |
| 39 | 其他事项确认 | 特殊关系确认、价格影响确认、支付特许权使用费确认 | 特殊关系确认：是 价格影响确认：否 支付特许权使用费确认：否 |
| 40 | 业务事项 | 进出口企业、单位采用"自主申报、自行缴税"（自报自缴）模式向海关申报时，填报"是"；反之则填报"否" | 是 |
| 41 | 项号 | 报关单中的商品顺序编号 | 1 |
| 42 | 备案序号 | 备案手册中的商品顺序编号 | 0 |
| 43 | 商品编号 | 根据商品品名确定 | 9030.3390.00 |
| 44 | 商品名称规格型号 | 合同、发票，且与《加工贸易手册》中的商品名称、规格型号一致 | 飞针检测仪 ELX6146-R2 |
| 45 | 数量及单位 | 装箱单中 Quantity 栏 | 第一行：1.000 台；第二行：0.000；第三行：1.000 台 |
| 46 | 单价 | 发票 | 9660.000 0 |
| 47 | 总价 | 发票 | 9660.000 0 |
| 48 | 币制 | 发票 | 日本元 |
| 49 | 原产国（地区） | 合同、发票以"Made in……，Manufacture，Country of Original"等表示的国家（地区） | 日本 |
| 50 | 最终目的国(地区) | 填报已知的进出口货物的最终实际消费、使用或进一步加工制造国家（地区） | 中国 |
| 51 | 境内目的地 | 系统根据"消费使用单位"自动生成 | 嘉兴（33049） |
| 52 | 征免方式 | 根据《加工贸易手册》"征免方式"一栏 | 保证金 |

（3）复运出境报关。

具体操作过程可参照一般货物出口报关业务操作。

### 3. 核销结关

（1）复运出（进）境。暂时进口货物复运出境，暂时出口货物复运进境，进出境货物收、发货人或其代理人必须留存由海关签章的复运进出境的报关单，准备报核。

（2）转为正式进口。暂时进口货物因特殊情况，改变特定的暂时进口目的转为正式进口，进口货物收货人或其代理人应当向海关提出申请，提交有关许可证件，办理货物正式进口的报关纳税手续。

（3）放弃。暂时进口货物在境内完成暂时进口的特定目的后，如货物所有人不准备将货物复运出境的，可以向海关声明将货物放弃，海关按放弃货物的有关规定处理。

（4）核销结关。暂时进口货物复运出境，或者转为正式进口，或者放弃后，暂时出口货物复运进境，或者转为正式出口后，收发货人向海关提交经海关签注的进出境货物报关单，或者处理放弃货物的有关单据及其他有关单证，申请报核。海关经审核，情况正常的，退还保证金或办理其他担保销案手续，予以结关。

暂时出境、复运进境货物报关操作与暂时进境、复运出境货物报关操作类似，这里不再赘述。

■ 思考与练习

1．简述暂准进出境货物的定义、特点及范围。
2．简述各种暂准进出境货物通关的操作流程及注意事项。

# 项目 6

# 其他进出境货物通关

## 任务 6.1　其他进出境货物通关操作

### 学习目标

1. 了解过境货物、转运货物、通运货物、货样、广告品、租赁货物、进出境快件的概念及特点。

2. 掌握过境货物、转运货物、通运货物、货样、广告品、租赁货物、进出境快件的通关操作流程。

### 知识导图

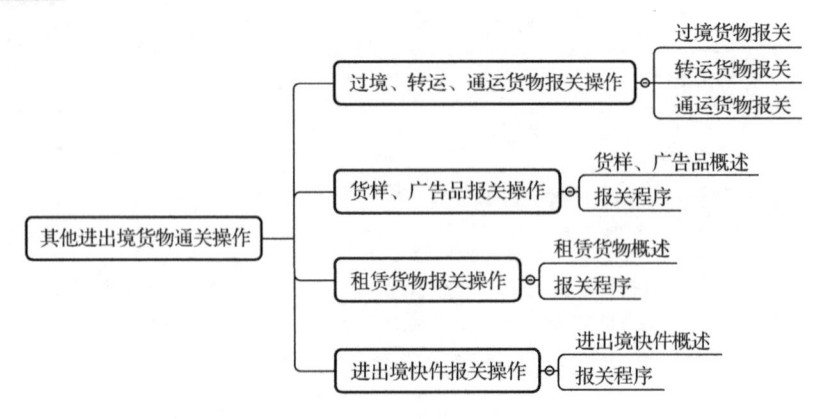

```
                              ┌─ 过境货物报关
            ┌─ 过境、转运、通运货物报关操作 ─┼─ 转运货物报关
            │                 └─ 通运货物报关
            │
            │                 ┌─ 货样、广告品概述
            ├─ 货样、广告品报关操作 ─┤
其他进出境 ─┤                 └─ 报关程序
货物通关操作│
            │                 ┌─ 租赁货物概述
            ├─ 租赁货物报关操作 ─┤
            │                 └─ 报关程序
            │
            │                 ┌─ 进出境快件概述
            └─ 进出境快件报关操作 ─┤
                              └─ 报关程序
```

# 📝 任务实施

## 6.1.1 过境、转运、通运货物报关操作

**1. 过境货物报关**

1) 过境货物概述

（1）定义。过境货物指以某种运输工具从一个国家的境外启运，在该国边境不论换装运输工具与否，通过该国家境内的陆路运输，继续运往境外其他国家的货物。

（2）范围。准予过境的货物范围包括以下内容：
- 有过境货物协议、铁路联运协议的国家的货物；
- 经国家商务、运输主管部门批准，并向入境地海关备案方可过境。

禁止过境货物的范围：
- 来自或运往我国停止或禁止贸易的国家和地区的货物；
- 武器、弹药、爆炸物及军需品；
- 各种烈性毒药、麻醉品和毒品；
- 我国法律、行政法规禁止过境的货物、物品。

（3）海关对过境货物的监管要求。

海关对过境货物监管的目的：
- 防止过境货物滞留境内；
- 防止境内货物混装出境；
- 禁止过境货物过境。

海关对过境货物经营人的要求：
- 过境货物经营人必须在海关和市场监管部门进行登记；
- 运输工具具备海关认可的加封条件或装置；
- 应当保护海关封志完整，不得开启或损毁。

海关对过境货物监管的其他规定：
- 民用爆炸品、医用麻醉品应取得海关总署批准；
- 伪报货名、国名，运输我国禁止货物的，依法扣留；
- 海关可以实施检查，相关人员应到场；
- 如果在境内发生毁损或灭失的（不可抗力除外），必须向出境地海关补交进口关税。

2) 报关程序

（1）进出境报关。

① 进境报关：过境货物进境时，经营人应填写过境货物入境报关单向海关申报，并提供过境货物运输单据（如货物装载清单、国际铁路联运货物运单等）。入境地海关核实后，在有关运单上加盖"海关监管货物"戳记，将一份过境货物入境报关单留存备案，另一份报关单和货物装载清单制作关封，连同运单交给经营人。经营人或承运人应将入境地海关签发的关封完整及时地带交出境地海关。

② 出境报关：过境货物出境，经营人应填写"过境货物出境报关单"，并提供过境货物运输单据和入境地海关签发的关封，出境地海关核实后，在运单上加盖放行章；监管货物出境，将一份过境货物出境报关单寄送入境地海关核销。

（2）过境期限。过境期限6+3个月，超过规定期限3个月不过境可提取变卖。

（3）境内暂存和运输。如需要卸地储存，应经海关同意并存入海关指定或同意的仓库或场所，按海关规定的线路运输，海关可派员押运过境。

**2. 转运货物报关**

1) 转运货物概述

转运货物是指以某一种运输工具从一国境启运，在该国境内设立海关的地点换装另一种运输工具后，不经过该国境内陆路继续运往其他国家的货物。

由于各国之间贸易或货物的原因所产生的国际货物转运，又称"转船"（国际货物转运大多为一艘船换装到另一艘船，但不仅限于船舶换装）。在海关合作理事会主持签订的《京都公约》的附约中，将这一类转船业务定义为："在海关监督下，货物从进口运输工具换装到出口运输工具，其进口和出口均在一个海关范围内办理。"公约规定海关对转船货物免税征进口关税，并提供进出口手续的便利。

转运货物的条件（必须满足其一）：
- 持转运或联运提货单的；
- 载货清单上注明是转运货物的；
- 持普通提货单，但启运前向海关声明转运的；
- 误卸进口货物，承运方提供证明的；
- 因特殊原因申请转运，获海关批准的。

2) 报关程序

在有转运货物的运输工具进境后，运输工具负责人应填写"外国货物转运清单"向海关申报，提供列明转运货物的名称、数量、起运地和到达地等内容的"进口载货清单"，经海关核实后，转运货物在海关监督下换装运输工具，并在规定时间内出境。

**3. 通运货物报关**

1) 通运货物概述

通运货物是指以船舶或飞机装载从一国境外启运，经该国设立海关地点不换装运输工具，继续运往其他国家的货物。

2) 报关程序

（1）持《国际航行船舶进口报告书》或《国际民航飞机进口舱单》申报（应注明通运货物的名称、数量）。

（2）在运输工具抵、离境时对申报的货物予以核查。需倒装货物时，应申请并在海关监管下进行。

过境、转运、通运货物比较如表6-1所示。

表 6-1 过境、转运、通运货物比较

| 货物类别 | 货物运输异同点 || 海关手续 |||
|---|---|---|---|---|---|
| | 相同点 | 不同点 | 申报 | 期限 | 其他 |
| 过境货物 | 由境外启运经我国境内运输继续运往境外 | 经境内陆路运输，不论是否换装运输工具 | 同经营人或报关企业填写《过境货物申报单》申报进出境 | 6 个月（可延期 3 个月） | 有允许过境和禁止过境的范围 |
| 转运货物 | | 不经陆路运输，需换装运输工具 | 由承运人在《进口载货清单》上列明货物情况申报进出境 | 3 个月 | 有转运必须具备的条件 |
| 通运货物 | | 不经陆路运输，不换装运输工具 | 由运输工具负责人在《船舶进口报告书》或《进口载货舱单（空运）》上注明货物情况申报进出境 | 由原运输工具载运出境 | 搬运或倒装货物，应向海关申请并在海关监管下进行 |

## 6.1.2 货样、广告品报关操作

### 1. 货样、广告品概述

进出口货样是指进出口专供订货参考的货物样品；进出口广告品是指进出口用以宣传有关商品内容的广告宣传品。

货样、广告品可进行如下分类：

货样、广告品 A，即有进出口经营权的企业价购或售出货样、广告品；

货样、广告品 B，即无进出口经营权企业（单位）进出口及免费提供进出口的货样、广告品。

进出口货样和广告品，不论是否免费提供，均应由在海关注册登记的进出口收发货人或其代理人向海关申报，由海关按规定审核验放。

许可证件管理：进出口货样和广告品属于国家禁止进出口，或者进出口实行许可证件管理的商品，应按照国家有关管理规定办理。

征免税范围：进出口无商业价值的货样和广告品准予免征关税和进口环节海关代征税，其他进出口货样和广告品一律照章征税。

### 2. 报关程序

（1）填写《进出口货物报关单》一式两份。

（2）交验有关的货运、商业单据。

（3）属应申领进出口许可证的：进口的应交验许可证；出口的，商品价值在人民币 5 000 元以下的免证税费，人民币在 5 000 元以上的按正常贸易规定办理。出口非许可证管理商品的货样，不限货值，一律免领出口许可证。

（4）没有进出口经营权的单位和企业，其进出口的货样、广告品数量合理并且进口的价值在人民币 2 000 元以下、出口的 5 000 元以下的交验主管部门（司、局级以上）出具的证明；对超出合理数量或价值在人民币进口的 2 000 元以上、出口的 5 000 元以上的应交验外经贸管理部门签发的许可证。此类出口许可证上有"样品"字样，每批出口货样价值不得超过人民币 1 万元。经海关审核后，按规定予以征税和免税放行。

（5）进口机电产品类货样、广告品，每批次货物价值在人民币 5 000 元（含）以下的，免予办理《机电产品登记表》，凭其他有效单证办理验放手续。

### 6.1.3 租赁货物报关操作

**1. 租赁货物概述**

租赁货物是指所有权和使用权之间存在一种借贷关系的货物，即资产所有者（出租人）按契约规定，将租赁货物租给使用人（承租人），承租人在规定期限内支付租金并享有对租赁物件使用权的一种经济行为。

国际租赁有金融租赁和经营租赁两种形式。

金融租赁：带有融资性质，采用这种租赁方式进境的货物，一般是不复运出境的，租赁期满，出租人会以很低的名义价格转让给承租人，租金是分期支付，租金的总额一般都大于货价。

经营租赁：进口的货物一般都是暂时性的，按合同规定的期限复运出境，租金的总额一般都小于货价。

**2. 报关程序**

1）金融租赁进口货物的报关程序

（1）按货物的完税价格缴纳税款。海关审查确定货物的完税价格计算税款数额，缴纳进口税费后放行。海关现场放行后，不再对货物进行监管。

（2）按租金分期缴纳税款。收货人或其代理人在租赁货物进口时应当向海关提供租赁合同，按照第一期应当支付的租金和按照货物实际价格分别填制报关单向海关申报。

海关审查确定第一期租金的完税价格计算税款数额，缴纳有关的税费放行；对于按租金分期缴纳税款的货物，海关放行后，还需要对货物进行监管。纳税义务人在每次支付租金后15日（含第15日）按支付租金金额向海关申报。

需后续监管的，在租赁期届满之日起30日内，向海关办结海关手续。

2）经营租赁进口货物的报关程序

经营租赁租金小于货价，所以纳税义务人只会选择按租金缴纳税款。按海关审查确定的第一期租金或租金总额的完税价格计算税款数额。海关放行后，还需要对货物进行监管。纳税义务人在每次支付租金后15日向海关申报。在租赁期届满之日起30日内，向海关办结海关手续。

租赁货物的分类、完税价格的确定、缴税方式及报关程序如表6-2所示。

表6-2 租赁货物的分类、完税价格的确定、缴税方式及报关程序

| 租赁形式 | 完税价格 | 缴税方式 | 报关程序 | |
|---|---|---|---|---|
| 金融租赁 | 可选择按货价作为完税价格 | 进口时按货价缴纳进口税 | 按一般进口货物办理放行手续，即结关 | |
| | 可选择以租金作为完税价格 | 按分期支付租金，分期缴纳进口税 | 按支付租金和实际货价分单申报，按海关审定的第一期租金完税价征税 | 租赁期满30天申请结关 |
| 经营租赁 | 按租金作为完税价格 | 一次性按租金总额缴纳进口税 | 按支付租金和实际货价分单申报，按海关审定的第一期租金完税价征税，留购、续租的应办理申报、纳税手续 | |

## 6.1.4 进出境快件报关操作

**1. 进出境快件概述**

进出境快件是指进出境快件运营人以向客户承诺的快速商业运作方式承揽、承运的进出境货物、物品。

进出境快件运营人（以下简称"运营人"）是指在中华人民共和国境内依法注册，在海关登记备案的从事进出境快件运营业务的国际货物运输代理企业。

进出境快件分为文件类、个人物品类和货物类三类。

文件类进出境快件是指法律、法规规定予以免税且无商业价值的文件、单证、票据及资料。

个人物品类进出境快件是指海关法规规定自用、合理数量范围内的进出境旅客分离运输的行李物品，或者亲友间相互馈赠的物品和其他个人物品。

货物类进出境快件是指除上述两类以外的快件。

**2. 报关程序**

1）申报场所

进出境快件通关应当在经海关批准的专门监管场所内进行，如因特殊情况需要在专门监管场所以外进行的，须事先征得所在地海关同意。

运营人应当在海关对进出境快件的专门监管场所内设有符合海关监管要求的专用场地、仓库和设备。

2）申报时限

进境快件自运输工具申报进境之日起 14 日内，出境快件在运输工具离境 3 小时之前，应当向海关申报。

3）提交单证

运营人应当按照海关的要求采用纸质文件或电子数据交换方式向海关办理进出境快件的报关手续。

运营人应向海关传输或递交进出境快件舱单或清单，海关确认无误后接受申报；运营人需提前报关的，应当提前将进出境快件运输和抵达情况书面通知海关，并向海关传输或递交舱单或清单，海关确认无误后接受预申报。

（1）文件类进出境快件报关时，运营人应当向海关提交《中华人民共和国海关进出境快件 KJ1 报关单》、总运单（副本）和海关需要的其他单证。

（2）个人物品类进出境快件报关时，运营人应当向海关提交《中华人民共和国海关进出境快件个人物品申报单》、每一进出境快件的分运单、进境快件收件人或出境快件发件人身份证件影印件和海关需要的其他单证。

（3）货物类进境快件报关时，运营人应当按下列情形分别向海关提交报关单证：

① 对关税税额在《中华人民共和国进出口关税条例》规定的关税起征数额（50 元）以下的货物和海关规定准予免税的货样、广告品，应提交《中华人民共和国海关进出境快件 KJ2 报关单》、每一进境快件的分运单、发票和海关需要的其他单证。

② 对应予征税的货样、广告品（法律、法规规定实行许可证件管理的、需进口付汇的除

外），应提交《中华人民共和国海关进出境快件 KJ3 报关单》、每一进境快件的分运单、发票和海关需要的其他单证。

### 思考与练习

1．简述过境、转运、通运货物的区别。
2．简述过境货物、转运货物、通运货物、货样、广告品、租赁货物、进出境快件的通关操作流程及注意事项。

# 项目 7

# 其他海关事务办理

## 任务 7.1　其他海关事务办理流程

### 学习目标

1. 了解海关事务担保的定义、分类及基本内容。
2. 了解海关事务担保的实施。
3. 了解海关知识产权保护的含义、范围和作用。
4. 掌握海关知识产权保护制度的基本内容

### 知识导图

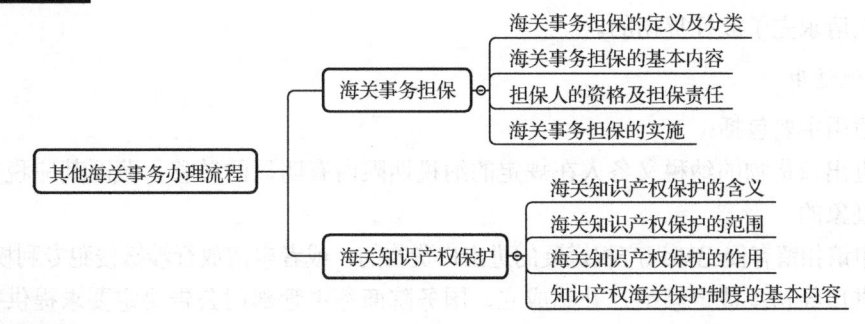

```
                           ┌─ 海关事务担保的定义及分类
                  海关事务担保 ┼─ 海关事务担保的基本内容
                           ├─ 担保人的资格及担保责任
                           └─ 海关事务担保的实施
其他海关事务办理流程 ┤
                           ┌─ 海关知识产权保护的含义
                  海关知识产权保护 ┼─ 海关知识产权保护的范围
                           ├─ 海关知识产权保护的作用
                           └─ 知识产权海关保护制度的基本内容
```

### 任务实施

### 7.1.1　海关事务担保

**1. 海关事务担保的定义及分类**

海关事务担保是指与进出境活动有关的自然人、法人或者其他组织，在向海关申请从事特定的经营业务或办理特定的海关事务时，以向海关提交现金、保证函等方式，保证其行为合法性，保证在一定期限内履行其承诺义务的法律行为。

海关事务担保的特点：

（1）履行性。担保人提供的担保，具有在规定期限内由担保人履行其在正常情况下应当履行其承诺义务（办理某项海关手续）的性质。

（2）惩罚性。若由于担保人的过错，不能履行担保事项所列明的义务，海关将依法对担保人给予惩罚，让其承担一定的法律责任，以达到惩戒和教育的目的。

（3）补偿性。对涉及税款的担保，无论是责令补交税款，还是将保证金抵作税款，或是通知银行扣缴税款，主要目的还是在于补偿关税的收入。

### 2．海关事务担保的基本内容

#### 1）一般适用

依据《海关法》的规定，在确定货物归类、估价和提供有效报关单证或办结其他海关手续前，收发货人要求放行货物的，海关应当在其提供与其依法应当履行的法律义务相适应的担保后放行。在通常情况下，下列情形可适用海关事务担保：

（1）海关归类、估价不明确，并因此未能办妥有关进出口手续，收发货人要求先放行货物的；

（2）进出口货物不能在报关时交验有关单证（如发票、合同、装箱单等），而货物已运抵口岸，亟待提取或发运，收发货人要求海关先放行货物，后补交有关单证的；

（3）正在向海关申请办理减免税手续，而货物已运抵口岸，亟待提取或装运，收、发货人要求海关缓办进出口纳税手续的；

（4）应征税货物，收发货人请求缓缴税款的；

（5）暂准（时）进出口货物（包括ATA单证册项下进出口货物）；

（6）经海关同意，将海关未放行的货物暂时存放于海关监管区之外的场所的；

（7）属于进口加工贸易保税货物的；

（8）除法律、行政法规另有规定外，有违法嫌疑，但依法不予以没收的进出口货物、物品，当事人请求先予放行货物的。

#### 2）其他适用

其他适用主要包括：

（1）进出口货物的纳税义务人在规定的纳税期限内有明显的转移、藏匿其应税货物及其他财产的迹象的；

（2）申请扣留有侵犯知识产权嫌疑的进出口货物的，或者申请放行涉嫌侵犯专利权货物的；

（3）进口经初步裁定倾销、补贴成立，国务院商务主管部门公告决定要求提供担保的产品的；

（4）有违法嫌疑，但无法扣留或不便扣留的；

（5）受海关行政处罚的境内没有永久住所的当事人，对海关的处罚决定不服或在离境前不能缴清罚款、违法所得和依法追缴的货物、物品或运输工具的等值价款的。

#### 3）免予适用

《海关法》在海关事务担保的有关条款中规定，如其他进出境管理的法律、行政法规根据实际需要规定"免除担保"的情形，则按照一般的法律适用原则，这种"免除担保"的特别规范优先于"凭担保放行"的一般规范。因此，在这种特别规范的适用范围内，因各种原因未办结海关手续的货物，可以免除担保而被收发货人先予提取或装运出境。

4）不予适用

国家对进出境货物、物品有限制性规定，应当提供许可证件而不能提供的，以及法律、行政法规规定不得接受担保的其他情况，海关不予办理担保放行手续。

### 3．担保人的资格及担保责任

1）担保人的资格

具有履行海关事务担保能力的法人、其他组织或公民，可以成为担保人。法律规定不得为担保人的除外。

具有履行海关担保义务能力是对法人、其他组织或公民作为担保人的基本要求。对于担保人而言，其履行义务的能力主要表现在它（他）应当拥有足以承担担保责任的财产。公民作为担保人还应当具有民事行为能力，无民事行为能力或限制行为能力的，即使拥有足以承担担保责任的财产，也不能作为担保人。

同样基于担保人应当具有履行能力的基本要求，《海关法》对担保人的资格又做了必要的限制，规定如其他有关法律对担保人资格已做出限制性规定的，则这种法人、其他组织或公民就不能作为担保人。

2）担保人的担保责任

《海关法》规定："担保人应当在担保期限内承担担保责任。担保人履行担保责任的，不免除被担保人应当办理有关海关手续的义务。"

（1）担保人的担保责任。担保人应承担的担保责任，主要是被担保人应当在规定的期限内全面、正确地履行其承诺的海关义务。根据担保个案的不同情况，其责任范围也有区别。

（2）担保期间的责任。这是指担保人承担担保责任的起止时间。担保人在规定的担保期间内承担担保责任。逾期，即使被担保人未履行海关义务，担保人也不再承担担保责任。鉴于法律规定可适用担保的范围内所涉及的事项千差万别，不可能对此做"一刀切"的规定。因而担保期间主要由海关行政法规来制定。

（3）担保责任的解除。被担保人如能在规定的期间内履行了其承诺的义务，担保人的担保责任则应依法予以解除，由海关及时办理销案手续，退还有关保证金等。

3）海关事务担保的方式

（1）人民币、可自由兑换的货币。人民币是我国的法定货币，支付我国境内的一切公共的和私人的债务，任何单位或个人均不能拒收。

可自由兑换的货币，指国家外汇管理局公布挂牌的作为国际支付手段的外币现钞。

（2）汇票、本票、支票、债券、存单。

汇票：是指由出票人签发的，委托付款人在见票时或在指定日期无条件支付确定的金额给收款人或持票人的票据。分为银行承兑汇票和商业承兑汇票两种。本票是由出票人签发的，承诺自己在见票时无条件支付确定的金额给收款人或持票人的票据。

支票：是指由出票人签发的，委托办理支票存款业务的银行或其他金融机构在见票时无条件支付确定的金额给收款人或持票人的票据。

债券：是指依照法定程序发行的，约定在一定期限还本付息的有价证券，包括国库债券、企业债券、金融债券等。

存单：是指储蓄机构发给存款人的证明其债权的单据。

此外，本项可担保的权利还包括外币支付凭证、外币有价证券等。

（3）银行或者非银行金融机构出具的保函。

保函，即法律上的保证，属于人的担保范畴。保函不是以具体的财产提供担保的，而是以保证人的信誉和不特定的财产为他人的债务提供担保的；保证人必须是第三人；保证人应当具有清偿债务的能力。

根据《中国人民银行法》的规定，中国人民银行作为中央银行不能为任何单位和个人提供担保，故不属担保银行的范畴。

对于 ATA 单证册项下进出口的货物，可由担保协会这一特殊的第三方作为担保人，为展览品等暂准进出口货物提供保函方式的担保。

（4）海关依法认可的其他财产、权利：指除上述财产、权利外的其他财产和权利。

**4．海关事务担保的实施**

海关在实施海关事务担保时，目前主要采用担保资金和保证函两种方式。

1）担保资金的使用

海关依法收取的担保资金，根据担保业务性质的不同分为保证金、风险担保金和抵押金三种。

（1）保证金。保证金适用于下列情形：
- 海关尚未确定商品归类、完税价格、原产地、进口货物物品数量等征税要件的；
- 正在海关办理减免税审批手续的；
- 申请延期缴纳税款的；
- 暂时进出境的；
- 进境修理和出境加工的；
- 因残损、品质不良或规格不符，纳税义务人申报进口或出口无代价抵偿货物时，原进口货物尚未退运出境或尚未放弃交由海关处理的，或者原出口货物尚未退运进境的；
- 对缉私、稽查查获的执行风险较大的追征补征税款情事的；
- 其他按照有关规定应当收取税款保证金的情形。

（2）风险担保金。风险担保金包括以下内容：
- 对实施联网监管的相关加工贸易企业收取的风险担保金；
- 对加工贸易货物物品备案征收的风险担保金；
- 对同一经营单位申请将剩余料件结转到另一加工厂收取的风险担保金；
- 对从事转关运输的企业收取的风险担保金；
- 对加工区之间往来的货物物品不能按照转关运输办理的企业收取的风险担保金；
- 对进口货物收货人在申请减免滞报金期间因故须先行提取货物收取的风险担保金；
- 对租赁进出口货物物品收取的风险担保金；
- 其他按照有关规定收取的风险担保金。

（3）抵押金。抵押金包括以下内容：
- 对无法或不便扣留的货物、物品或运输工具收取的等值抵押金；

- 对受海关处罚,在出境前未缴清罚款、违法所得和依法追缴的货物、物品、走私运输工具的等值价款的当事人收取的抵押金;
- 对涉及知识产权保护收取的抵押金;
- 其他按照有关规定收取的抵押金。

2)保证函的使用

除上述采用担保资金申请担保的外,担保人均可以保证函方式申请担保。在实施保证函担保时,因担保人所要担保的情况不同,在实际使用时,对担保人的身份亦有相应要求。

3)担保的做出

(1)担保申请。凡符合申请担保条件的货物,由担保人向办理有关货物进出口手续的海关申请担保,由海关审核并确定担保方式。

(2)提供担保。以担保资金方式申请担保的,应按下列规则交付:

- 当事人向海关办理资金交付手续应通过银行转账,无法办理银行转账或金额较小的以现金交付。
- 海关担保资金金额一般应按人民币计算收取,对能开设外汇(钞)账户的币种,可按其本位币收取,退还时按原币种退还。
- 海关业务部门向当事人收取担保资金后应开具海关保证金、风险担保金、抵押金收据,并注明担保资金的类别。

以保证函方式申请担保的,由担保人按照海关规定的格式填写保证函一式两份,并加盖担保人印章,一份交海关备案,一份留存。

4)担保的销案

担保人必须于规定的担保期限届满前,凭海关保证金、风险担保金、抵押金收据或留存的保证函向海关办理销案手续。在担保人履行了向海关承诺的义务后,海关将退还担保人已缴纳的担保资金,或者注销已提交的保证函。至此,担保人的担保义务予以解除。

对以担保资金方式提供担保的,其退还须按下列规定办理:

- 当事人在担保期内履行纳税义务的,海关业务部门应自纳税人履行纳税义务之日起3个工作日内书面通知当事人办理退款手续。退款应通过银行转账办理,无法办理银行转账的可以退还现金。
- 自退还通知书开出之日起超过60天当事人未办理退款手续的,海关业务部门负责发布公告。自公告之日起超过90天当事人仍未办理退款手续的,海关视同放弃资金,并将资金上缴国库。

(3)担保人的法律责任。

对未能在担保期限内向海关办理销案手续的,海关采取以下措施:

- 以担保资金担保的,海关应自担保期满3个工作日内办理担保资金的扣缴入库手续,缴库后尚有结余的,按规定退还原当事人。
- 按《海关法》第60条的规定采取行政强制措施。
- 按《海关法》第61条的规定采取税收保全措施。

### 7.1.2 海关知识产权保护

**1. 海关知识产权保护的含义**

《中华人民共和国知识产权海关保护条例》将海关知识产权保护定义为海关对与进出口货物有关并受中华人民共和国法律、行政法规保护的商标专用权、著作权和与著作权有关的权利、专利权实施的保护。

**2. 海关知识产权保护的范围**

世界贸易组织《与贸易有关的知识产权协议》将与贸易有关的知识产权的范围确定为版权与著作权、商标权、地理标志权、工业品外观设计权、专利权、集中电路布图设计权、未披露过的信息专有权。

我国的《知识产权海关保护条例》规定的范围为与进出口货物有关并受中华人民共和国法律、行政法规保护的知识产权，包括商标专用权、著作权和与著作权有关的权利、专利权。同时规定，侵犯受法律、行政法规保护的知识产权的货物禁止进出口。

**3. 海关知识产权保护的作用**

（1）通过保护与进出口货物有关的知识产权来履行我国作为世贸组织成员国应尽的义务。

（2）通过保护与进出口货物有关的知识产权来规范进出口秩序。

**4. 知识产权海关保护制度的基本内容**

1）申请知识产权海关保护的备案

（1）知识产权海关保护备案的申请人。知识产权海关保护备案申请人应为知识产权权利人或知识产权权利人委托的代理人。

（2）知识产权海关保护备案申请的文件及证据。

① 申请书及其内容。知识产权权利人可以将其知识产权向海关总署申请备案，申请备案时，应当就其申请备案的每一项知识产权单独提交一份申请书；申请国际注册商标备案的，应当就其申请的每一类商品单独提交一份申请书。申请书应当包括下列内容：

➢ 知识产权权利人的名称或姓名、注册地或国籍等；
➢ 知识产权的名称、内容及其相关信息；
➢ 知识产权许可行使状况；
➢ 知识产权权利人合法行使知识产权的货物的名称、产地、进出境地海关、进出口商、主要特征、价格等；
➢ 已知的侵犯知识产权货物的制造商、进出口商、进出境地海关、主要特征、价格等。

② 随附文件、证据。知识产权权利人在提交备案申请书的时候应当随附个人身份证件的复印件、工商营业执照的复印件、商标注册证的复印件等与备案有关的文件、证据，并缴纳备案费。

（3）知识产权海关保护备案申请的海关受理。海关总署应当自收到申请人全部申请文件之日起 30 个工作日内做出是否准予备案的决定，并书面通知申请人。不予备案的，海关须说明理由。

有下列情形之一的，海关总署不予受理：

- 申请文件不齐全或无效的；
- 申请人不是知识产权权利人的；
- 知识产权不再受法律、行政法规保护的。

(4) 知识产权海关保护备案的时效。

① 备案有效期。知识产权海关保护备案自海关总署核准备案之日起生效，有效期为10年。自备案生效之日起知识产权的有效期不足10年的，备案的有效期以知识产权的有效期为准。

② 续展备案有效期。在知识产权有效的前提下，知识产权权利人可以在知识产权海关保护备案有效期届满前6个月内，向海关总署申请续展备案，每次续展备案的有效期为10年。

知识产权海关保护备案有效期届满而不申请续展，或者知识产权不再受法律、行政法规保护的，知识产权海关保护备案随即失效。

(5) 知识产权海关保护备案的变更、注销和撤销。

① 知识产权海关保护备案的变更、注销。备案知识产权的情况发生改变的，知识产权权利人应当自发生改变之日起30个工作日内，向海关总署办理备案变更或注销手续。

② 知识产权海关保护备案的撤销。海关发现知识产权权利人申请知识产权备案未如实提供有关情况或文件的，海关总署可以撤销其备案。

2) 扣留侵权嫌疑货物的申请

知识产权权利人发现侵权嫌疑货物（已备案或尚未备案）即将进出口，或者接到海关就实际监管中发现进出口货物涉嫌侵犯在海关总署备案的知识产权而发出的书面通知的，可以向货物进出境地海关提出扣留侵权嫌疑货物的申请，并按规定提供相应的担保。

(1) 知识产权权利人发现侵权嫌疑货物的扣留申请。

① 申请扣留侵权嫌疑货物的文件。知识产权权利人发现侵权嫌疑货物即将进出口的，可以向货物进出境地海关提出扣留侵权嫌疑货物的申请，提交申请书及相关证明文件。申请书应当包括下列主要内容：
- 知识产权权利人的名称或姓名、注册地或国籍等；
- 知识产权的名称、内容及其相关信息；
- 侵权嫌疑货物收货人或发货人的名称；
- 侵权嫌疑货物名称、规格等；
- 侵权嫌疑货物可能进出境的口岸、时间、运输工具等；
- 侵权嫌疑货物涉嫌侵犯备案知识产权的，申请书还应当包括海关备案号。

② 申请扣留侵权嫌疑货物的证据。权利人或其代理人提出申请时，除填具申请书外，还应提供足以证明侵权事实明显存在的证据。知识产权权利人提交的证据应当能够证明以下事实：
- 请求海关扣留的货物即将进出口；
- 在货物上未经许可使用了侵犯其商品专用权的商标标识、作品，或者实施了其专利。

③ 申请扣留侵权嫌疑货物的担保。知识产权权利人发现侵权嫌疑货物即将进出口，请求海关扣留侵权嫌疑货物，应当在海关规定的期限内向海关提供相当于货物价值的担保。

(2) 知识产权权利人接到海关发现侵权嫌疑货物通知的扣留申请。

① 海关书面通知知识产权权利人。海关对进出口货物实施监管，发现进出口货物涉嫌侵犯已在海关总署备案的知识产权的，将立即书面通知知识产权权利人。

② 知识产权权利人的回复及其扣留申请。知识产权权利人在接到海关书面通知送达之日起 3 个工作日内应予以回复：
  ➢ 认为有关货物侵犯其在海关总署备案的知识产权并要求海关扣留的，向海关提出扣留申请。其扣留申请办法与知识产权权利人发现侵权嫌疑的扣留申请相同。
  ➢ 认为有关货物未侵犯其在海关总署备案的知识产权或者不要求海关扣留的，向海关书面说明理由。
经海关同意，知识产权权利人可以查看有关货物。
③ 请求扣留货物的担保。知识产权权利人在接到海关发现侵权嫌疑货物通知后，认为有关货物侵犯其在海关总署备案的知识产权并提出申请，要求海关扣留侵权嫌疑货物的，应当按照以下规定向海关提供担保：
  ➢ 货物价值不足人民币 2 万元的，提供相当于货物价值的担保；
  ➢ 货物价值为人民币 2 万至 20 万元的，提供相当于货物价值 50%的担保，但担保金额不得少于人民币 2 万元；
  ➢ 货物价值超过人民币 20 万元的，提供人民币 10 万元的担保。
④ 请求扣留货物的总担保。
  A. 总担保适用范围。总担保只限于知识产权权利人在一定时间内因接到海关发现侵权嫌疑货物通知，根据《知识产权海关保护条例》第十六条的规定，多次向海关提出扣留涉嫌侵犯其已在海关总署备案商标专用权的进出口货物申请的情事。
  B. 总担保的申请及随附材料。向海关总署提交知识产权海关保护总担保申请书，并随附已获准在中国大陆境内开展金融业务的银行出具的为知识产权权利人申请总担保承担连带责任的总担保保函和知识产权权利人上一年度向海关申请扣留侵权嫌疑货物后发生的仓储处置费的清单。
  C. 总担保的金额。应相当于知识产权权利人上一年度向海关申请扣留侵权嫌疑货物后发生的仓储、保管和处置等费用之和。知识产权权利人上一年度未向海关申请扣留侵权嫌疑货物或者仓储处置费不足人民币 20 万元的，总担保的担保金额为人民币 20 万元。
  D. 总担保保函的有效期及担保事项发生期间。总担保保函的有效期是指作为担保人的银行承担履行担保责任的期间，即总担保保函签发之日起至第二年 6 月 30 日。
担保事项发生期间是指知识产权权利人在向海关提出采取保护措施申请时无须另行提供担保的期间，即自海关总署核准之日起至当年 12 月 31 日。
知识产权权利人未提出申请或者未提供担保的，海关将放行货物。

3) 海关对侵权嫌疑货物的调查处理
(1) 扣留有侵权嫌疑的货物。
① 海关制发通知和扣留凭单。知识产权权利人申请扣留侵权嫌疑货物并提供担保的，海关应当扣留侵权嫌疑货物，书面通知知识产权权利人，并将海关扣留凭单送达收货人或发货人。
② 权利人或收发货人查看货物。知识产权权利人在按规定提出申请并提供担保后，可以在海关扣留侵权嫌疑货物前向海关请求查看货物；海关扣留侵权嫌疑货物，并将书面通知和扣留凭单送达收发货人。经海关同意，收发货人可以查看有关货物。
③ 收发货人的担保。涉嫌侵犯专利权货物的收货人或发货人认为其进出口货物未侵犯专

利权的，应当向海关提出书面说明并附送相关证据，可以在向海关提交放行货物的申请和货物等值的担保金后，请求海关放行其货物。

知识产权权利人未能在合理期限内向人民法院起诉的，海关退还担保金。

（2）海关对扣留侵权嫌疑货物的调查。海关在实际监管中发现进出口货物有侵犯备案知识产权嫌疑并通知知识产权权利人后，知识产权权利人请求海关扣留侵权嫌疑货物的，海关应当自扣留之日起 30 个工作日内对被扣留的货物是否构成侵犯知识产权进行调查、认定；不能认定侵权的，应当立即书面通知知识产权权利人。海关对被扣留的侵权嫌疑货物进行调查，请求知识产权主管部门提供协助的，有关知识产权主管部门应当予以协助。海关对被扣留的侵权嫌疑货物及有关情况进行调查时，知识产权权利人和收货人或发货人应当予以配合。

（3）放行被扣留货物。有下列情形之一的，海关应当放行被扣留货物：
- 海关根据知识产权权利人申请扣留的侵权嫌疑货物，自扣留之日起 20 个工作日内未收到人民法院协助执行通知的；
- 海关依职权扣留的侵权嫌疑货物，自扣留之日起 50 个工作日内未收到人民法院协助执行通知，并且经调查不能认定被扣留的侵权嫌疑货物侵犯知识产权的；
- 涉嫌侵犯专利权货物的收货人或发货人在向海关提供与货物等值的担保金后，请求海关放行的，但海关在调查期间认定侵犯有关专利权的除外；
- 海关认为收货人或发货人有充分的证据证明其货物未侵犯知识产权权利人的知识产权的。

（4）没收被扣留的侵权货物。

① 被扣留的侵权嫌疑货物，海关经调查后认定侵犯知识产权的，予以没收，并应当将侵犯知识产权货物的有关情况书面通知知识产权权利人。

② 侵权货物没收后的处理按以下规定执行：
- 被没收的侵犯知识产权货物可以用于社会公益事业的，海关应当转交给有关公益机构用于社会公益事业；
- 知识产权权利人有收购意愿的，海关可以将没收的侵权货物有偿转让给知识产权权利人；
- 被没收的侵犯知识产权货物无法用于社会公益事业且知识产权权利人无收购意愿的，海关可以在消除侵权特征后依法拍卖；
- 没收货物侵权特征无法消除的，海关应当予以销毁。

4）知识产权权利人应承担的责任

（1）海关依法扣留侵权嫌疑货物，知识产权权利人应当支付有关仓储、保管和处置等费用。知识产权权利人未支付有关费用的，海关可以从其向海关提供的担保金中予以扣除，或者要求担保人履行有关担保责任。侵权嫌疑货物被认定为侵犯知识产权的，知识产权权利人可将其支付的有关仓储、保管和处置等费用计入其为制止侵权行为所支付的合理开支。

（2）海关接受知识产权保护备案和采取知识产权保护措施的申请后，因知识产权权利人未提供确切情况而未能发现侵权货物、未能及时采取保护措施或者采取保护措施不力的，由知识产权权利人自行承担责任。

（3）知识产权权利人请求海关扣留侵权嫌疑货物后，海关不能认定被扣留的侵权嫌疑货物侵犯知识产权权利人的知识产权，或者人民法院判定不侵犯知识产权权利人的知识产权的，知识产权权利人应当依法承担赔偿责任。

### 思考与练习

就我国海关知识产权保护这一专题上网搜集资料并写一篇小论文，论述我国海关知识产权保护的现状及其对策。

# 项目 8

# 报检业务办理

## 任务 8.1　报检业务办理流程

### 学习目标

1. 了解出入境检验检疫的基本概念、业务内容和法律依据。
2. 掌握出入境检验检疫报检的基本流程。

### 知识导图

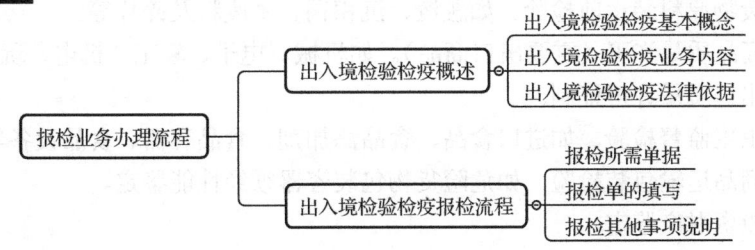

```
                          ┌─ 出入境检验检疫概述 ─┬─ 出入境检验检疫基本概念
                          │                      ├─ 出入境检验检疫业务内容
报检业务办理流程 ─────────┤                      └─ 出入境检验检疫法律依据
                          │                      ┌─ 报检所需单据
                          └─ 出入境检验检疫报检流程 ─┼─ 报检单的填写
                                                  └─ 报检其他事项说明
```

### 任务实施

### 8.1.1　出入境检验检疫概述

**1. 出入境检验检疫基本概念**

广义的出入境检验检疫是指海关以保护国家整体利益和社会利益为衡量标准，以法律、行政法规、国际惯例或进口国的法规要求为准则，对出入境货物、交通运输工具、人员及事项进行检验检疫、管理及认证，并提供官方检验检疫证明，居间公证和鉴定证明的全部活动；狭义的出入境检验检疫是指海关和下属机构对出入境货物进行检验检疫、管理认证、公证、鉴定证明的全部活动。

2018年6月海关总署相继发布了第60号公告及第61号公告，修订了《中华人民共和国海关进出口货物报关单填制规范》，修改了《进出口货物报关单和进出境货物备案清单格式》，并于2018年8月1日起实施。

自2018年8月1日起，原通过榕基、九城、QP等系统完成货物报检、报关申报的，将融合为统一报关申报（即关检融合统一申报）。申报企业只能通过"中国国际贸易单一窗口"或海关互联网完成货物（包含关务、检务）申报。该项业务改革影响主要集中在申报端，对于广大申报企业来说，虽然报关界面有较大改变，但对关务、检务人员影响不大（ECIQ、H2010通关流程没有变化，只整合了部分数据源、随附单据和监管证件）。

阅读材料：关检融合统一申报常见问题解答

### 2. 出入境检验检疫业务内容

（1）进出口商品检验（法检）。进出口商品检验（法检）是指出入境检验检疫机构依《中华人民共和国进出口商品检验法》，对列入国家质检总局制定、调整并公布的《实施检验检疫的进出口商品目录》（以下简称《法检目录》）的进出口商品，必须经过出入境检验检疫机构进行检验。未经检验合格不准进出口。

（2）进出境动植物检疫。为防止动物传染病、寄生虫病和植物危险性病、虫、杂草及其他有害生物（以下简称"病虫害"）传入、传出国境，保护农、林、牧、渔业生产和人体健康，促进对外经济贸易的发展，依照《中华人民共和国进出境动植物检疫法》等法律法规，对进出境的动植物、动植物产品和其他检疫物，装载动植物、动植物产品和其他检疫物的装载容器、包装物，以及来自动植物疫区的运输工具实施的检验检疫活动。

（3）进口商品认证管理（强制性认证的产品）。如电线电缆、低压开关、电动工具、电焊机、机动车辆、消防设备等。

（4）进口废物原料装运前检验。如融渣、沉积铜、木废料及碎片等。

（5）出口商品质量许可（重要出口商品）。如机械、电子、轻工、机电、玩具、医疗器械等类商品实施出口质量许可证制。

（6）食品卫生监督检验。如进口食品、食品添加剂、食品容器、食品设备等。

（7）出口商品运输包装检验。如危险货物包装容器须经性能鉴定。

（8）外商投资财产鉴定。

（9）货物装载和残损鉴定。

（10）卫生检疫与处理。出入境人员、交通工具、货物等实施医学检查和卫生检查（健康声明卡、预防接种证等）。

### 3. 出入境检验检疫法律依据

出入境检验检疫法律依据主要有《中华人民共和国进出口商品检验法》及实施条例、《中华人民共和国进出境动植物检疫法》及实施条例、《中华人民共和国国境卫生检疫法》及实施细则、《中华人民共和国食品卫生法》。

## 8.1.2 出入境检验检疫报检流程

**1. 报检所需单据**

箱单、发票、合同复印件、报检委托书（正本）、做检单位商检注册号。报检的箱单、发票可为复本，与其他报关单据一起向海关递单进行进口申报。

**2. 报检单的填写**

出境货物报检信息填写包括基本信息、商品信息、基本信息（其他）、集装箱信息，这里以出境检验检疫为例进行介绍。

1）基本信息

出境检验检疫申请"基本信息"页面如图 8-1 所示。

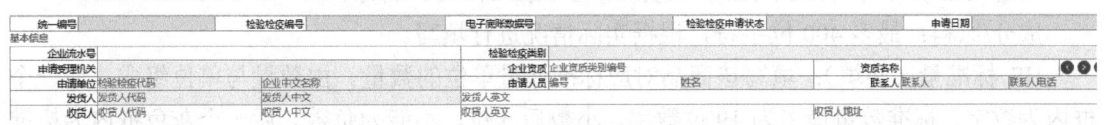

图 8-1 出境检验检疫申请"基本信息"页面

填写说明：

统一编号、检验检疫编号、电子底账数据号、检验检疫申请状态、申请日期置灰，不允许录入，暂存或申报后，系统自动生成。

企业流水号：最多 40 位字符，企业自行编辑，不可重复。

检验检疫类别（必填）：按空格键后选取，或者直接输入对应代码。

申请受理机关（必填）：在参数下拉表选择，也可录入代码、名称。

企业资质：可填写多个资质记录。单击名称字段后方蓝色按钮，在弹出的录入界面内进行编辑。录入保存后，显示在企业资质的界面字段中（录入多条数据时，主界面中默认显示第一条企业资质信息，可以通过单击蓝色方向按钮，依次查看所录入的企业资质信息）。

申请单位（必填）：填写企业在报检资质备案中的企业检验检疫代码与企业中文名称。

申请人员：姓名必填，其他可按照海关要求填写。

联系人、联系人电话（必填）：按实际情况填写。

发货人（必填）：填写发货人代码、发货人中文名称、发货人英文名称。

收货人：如实填写，按相应文本框内提示输入收货人代码、收货人中文名称、收货人英文名称及收货人地址。

2）商品信息

出境检验检疫申请"商品信息"页面如图 8-2 所示。

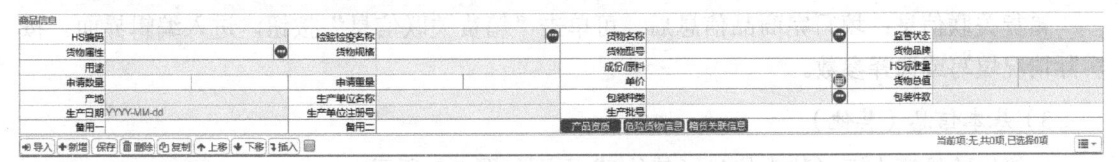

图 8-2 出境检验检疫申请"商品信息"页面

填写说明：

HS 编码（必填）：填写对应的 10 位商品编码，可输入商品编码前 4 位回车后选择，或者全部录入后确认。

检验检疫名称（必填）：长度为255位字符。填写商品编码对应的商品名称，也可以单击录入框右侧蓝色按钮，在弹出的检验检疫编码列表中重新选取，也可手工直接修改。

货物名称（必填）：长度为255位字符。按要求实际情况填写。该录入框可直接进行录入或修改。如该项有要求录入货物英文名称的，可以单击右侧蓝色按钮，在弹出的框内进行录入、确定。

监管状态：录入HS编码后，由系统自动返填。

货物属性：单击右侧蓝色按钮，在弹出的框内勾选"货物属性"后，单击"确定"按钮即可。

货物规格、货物型号、货物品牌：最多100位字符，根据实际情况及业务主管部门要求填写。

用途（必填）：在参数下拉列表选择，也可录入代码、名称。

成分/原料：最多400位字符，根据实际情况进行填写。

HS标准量（必填）：填写该商品对应标准计量单位的数量。由数量与单位组成。前一个框内为数字，标准数量最多为19位数字，小数后5位，不能为负数。后一个灰色框内为标准单位，由系统自动返填，不可修改。

申请数量、申请重量：按实际情况填写。前一个框内为数字，最多可录入19位数字，小数后5位。后一个框内为单位，在参数下拉列表选择，也可录入代码、名称。

单价：按实际情况填写。最多可录入20位数字。

货物总值（必填）：前一个框内为货物总值，最多可录入20位数字。后一个框内为币制，在参数下拉列表选择，也可录入代码、名称。

产地（必填）：在参数下拉列表选择，也可录入代码、名称。

生产单位名称（必填）：按实际情况填写。

包装种类（必填）：在参数下拉列表选择，也可录入代码、名称。

包装件数（必填）：按实际情况填写。

生产日期：在日期弹出框中选择日期，格式为yyyy-mm-dd。

生产单位注册号（必填）：填写生产单位的检验检疫注册编码。

生产批号：填写商品的生产批号。

备用一、备用二：填写主管业务部门要求填报的其他商品信息。

产品资质：填写完商品信息后，可单击"产品资质"按钮，进入编辑许可证信息界面。许可证信息与VIN信息按实际情况和主管业务部门要求进行填写。

危险货物信息：填写完商品信息后，可单击"危险货物信息"按钮，进入编辑界面。按实际情况填写或选择，如果非危险化学品，选中方框后单击"确定"按钮。

箱货关联信息：填写完商品信息后，可单击"箱货关联信息"按钮，进入编辑界面。按实际情况填写或选择参数。

3）基本信息（其他）

出境检验检疫申请"基本信息（其他）"页面如图8-3所示。

图 8-3 出境检验检疫申请"基本信息（其他）"页面

领证机关（必填）：填报领取证单的检验检疫机关，在参数下拉表选择，也可输入代码或汉字后选择对应机关。

口岸机关（必填）：填报对入境货物实施检验检疫的检验检疫机关，在参数下拉表选择，也可输入代码或汉字后选择对应机关。

离境口岸（必填）：在参数下拉列表选择，也可输入代码或汉字后选择对应口岸。

运输方式（必填）：在参数下拉列表选择，也可录入代码、名称。

运输工具名称（选填）：最多 50 字符，按实际情况填写。

运输工具号码（选填）：最多 32 字符，按实际情况填写。

目的机关（必填）：在参数下拉列表中选择，也可录入代码、名称。

贸易方式（必填）：根据实际对外贸易情况、按海关规定的《监管方式代码表》选择填报相应的监管方式简称及代码。

合同号（必填）：最多 32 字符，填报进出口货物合同（包括协议或订单）编号。

到达口岸（必填）：在参数下拉列表中选择，也可录入代码、名称。

输往国家（地区）（必填）：在参数下拉列表中选择，也可录入代码、名称。

存放地点（必填）：最多 100 字符，按实际情况填写。

报关海关（必填）：口岸海关代码，在参数下拉列表中选择，也可录入代码、名称。

海关注册号：录入企业的海关 10 位编码。

发货日期：在日期弹出框中选择日期，格式为 yyyy-mm-dd。

关联检验检疫号码、关联理由：根据实际情况与主管业务部门要求进行填报。

特殊业务标识（选填）：单击字段右侧蓝色圆形按钮，根据实际情况进行勾选。无相关特殊业务的不勾选。

特殊通关模式：按实际情况进行勾选、确认。

特殊检验检疫要求：根据主管业务部门要求进行填写。

标记号码（选填）：最多 400 字符，即标记唛码，填报标记唛码中除图形以外的文字、数字，无标记唛码的填报"N/M"。单击右侧蓝色圆形按钮，可上传附件。

所需单证：按实际情况填报。单击右侧蓝色按钮，进行选择、编辑。

随附单据：根据实际业务选择填写或咨询相关业务主管部门。须先将基本信息保存成功，才能继续进行随附单据的录入与保存操作。单击页面下方"随附单据"右侧蓝色圆形按钮，在弹出的录入界面中录入相关信息。

4）集装箱信息

出境检验检疫申请"集装箱信息"页面如图 8-4 所示。

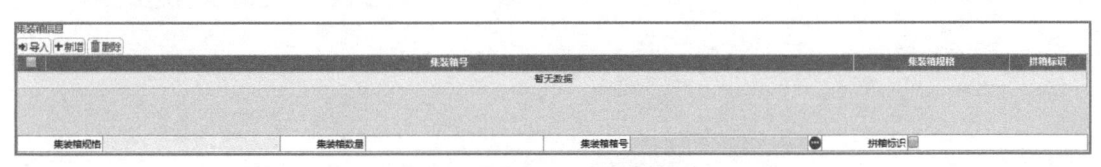

图 8-4 出境检验检疫申请"集装箱信息"页面

填写说明：

集装箱规格（必填）：在参数下拉列表中选择，也可录入代码、名称。现行《集装箱规格代码表》采用2位数字代码。

集装箱数量（选填）：按实际情况进行填写。

集装箱箱号：最多11位字符，按实际情况进行填写。单击右侧蓝色圆形图标，在弹出的集装箱详细信息录入界面中进行录入。录入后按回车键，返填至上方列表中，序号自动生成。

拼箱标识：请根据实际业务填写。勾选代表"是"，不勾选代表"否"。

入境检验检疫申请的填写要求与出境检验检疫申请的填写要求类似，这里不再赘述。

### 3. 报检其他事项说明

1）异地做检和口岸做检

（1）异地做检。工厂在当地做完商检后直接出通关单，然后直接进行报关；另一种出换证凭条，将换证凭条传真给报关行，然后到商检局换取通关单。

（2）口岸做检。货物运到场地后，报关行向海关递交全套的报检单据，提前一天跟商检人员预约，商检人员安排时间到场地验货。如无问题，一般三天可完成。

2）报检时间

（1）出口报检。货到场地到船开前至少一天前的这段时间报检。若货需要做检，货到场地后至少两天才能报检完毕。因此，请货主把握好送货时间。

（2）进口报检。货到目的港，换得提货单后即可报检。最快约需要一天时间报检完毕。进口货每一票都要查验，上午向海关申报，下午预约，次日上午查验。

3）商检内容

（1）对货做检。报检完毕，出植检证或食品卫生证等。与客户确认是否需要该证，若不需要，则可以不出。货到目的港后，当有的国家没有该证收货人就无法清关时，此时发货人无法在装运港补办。

（2）对包装做检。主要是针对木质包装、做检即熏蒸，但熏蒸前得先贴标签。例如，去欧美、澳洲的货的木质包装一定是要经加工后的木质，千万不能带有树皮、虫眼。否则，到了目的港会有扣柜、拆柜、木质要重新加工做熏蒸等麻烦事件，最后还得付上一笔罚金。

### 思考与练习

1. 简述出入境检验检疫的基本概念、业务内容和法律依据。
2. 简述出入境检验检疫报检的基本流程及注意事项。

# 附录 A

# 海关关区代码表

| 关区代码 | 关区名称 | 关区代码 | 关区名称 | 关区代码 | 关区名称 | 关区代码 | 关区名称 |
|---|---|---|---|---|---|---|---|
| 0100 | 北京关区 | 0404 | 廊坊海关 | 0904 | 连加工区 | 1595 | 图们邮办 |
| 0101 | 机场单证 | 0405 | 保定海关 | 0905 | 开北良办 | 1596 | 集安邮办 |
| 0102 | 京监管处 | 0406 | 石关邮办 | 0906 | 连保税区 | 1900 | 哈尔滨区 |
| 0103 | 京关展览 | 0407 | 秦加工区 | 0908 | 连大窑湾 | 1901 | 哈尔滨关 |
| 0104 | 京一处 | 0500 | 太原海关 | 0909 | 大连邮办 | 1902 | 绥关铁路 |
| 0105 | 京二处 | 0501 | 并关监管 | 0930 | 丹东海关 | 1903 | 黑河海关 |
| 0106 | 京关关税 | 0502 | 并机场关 | 0931 | 丹本溪办 | 1904 | 同江海关 |
| 0107 | 机场库区 | 0503 | 大同海关 | 0932 | 丹太平湾 | 1905 | 佳木斯关 |
| 0108 | 京通关处 | 0504 | 侯马海关 | 0940 | 营口海关 | 1906 | 牡丹江关 |
| 0109 | 机场旅检 | 0600 | 满洲里关 | 0941 | 营盘锦办 | 1907 | 东宁海关 |
| 0110 | 平谷海关 | 0601 | 海拉尔关 | 0950 | 鲅鱼圈关 | 1908 | 逊克海关 |
| 0111 | 京五里店 | 0602 | 额尔古纳 | 0960 | 大东港关 | 1909 | 齐齐哈尔 |
| 0112 | 京邮办处 | 0603 | 满十八里 | 0980 | 鞍山海关 | 1910 | 大庆海关 |
| 0113 | 京中关村 | 0604 | 满赤峰办 | 1500 | 长春关区 | 1911 | 密山海关 |
| 0114 | 京国际局 | 0605 | 满通辽办 | 1501 | 长春海关 | 1912 | 虎林海关 |
| 0115 | 京东郊站 | 0606 | 满哈沙特 | 1502 | 长开发区 | 1913 | 富锦海关 |
| 0116 | 京信 | 0607 | 满室韦 | 1503 | 长白海关 | 1914 | 抚远海关 |
| 0117 | 京开发区 | 0608 | 满互贸区 | 1504 | 临江海关 | 1915 | 漠河海关 |
| 0118 | 十八里店 | 0609 | 满铁路 | 1505 | 图们海关 | 1916 | 萝北海关 |
| 0119 | 机场物流 | 0610 | 满市区 | 1506 | 集安海关 | 1917 | 嘉荫海关 |
| 0124 | 北京站 | 0700 | 呼特关区 | 1507 | 珲春海关 | 1918 | 饶河海关 |
| 0125 | 西客站 | 0701 | 呼和浩特 | 1508 | 吉林海关 | 1919 | 哈内陆港 |
| 0126 | 京加工区 | 0702 | 二连海关 | 1509 | 延吉海关 | 1920 | 哈开发区 |

续表

| 关区代码 | 关区名称 | 关区代码 | 关区名称 | 关区代码 | 关区名称 | 关区代码 | 关区名称 | 关区代码 | 关区名称 |
|---|---|---|---|---|---|---|---|---|---|
| 0127 | 京快件 | 0703 | 包头海关 | 1511 | 长春机办 | 1922 | 哈关邮办 | | |
| 0128 | 京顺义办 | 0704 | 呼关邮办 | 1515 | 图们车办 | 1923 | 哈关车办 | | |
| 0200 | 天津关区 | 0705 | 二连公路 | 1516 | 集海关村 | 1924 | 哈关机办 | | |
| 0201 | 天津海关 | 0706 | 包头箱站 | 1517 | 珲长岭子 | 1925 | 绥关公路 | | |
| 0202 | 新港海关 | 0800 | 沈阳关区 | 1518 | 吉关车办 | 2200 | 上海海关 | | |
| 0203 | 津开发区 | 0801 | 沈阳海关 | 1519 | 延吉三合 | 2201 | 浦江海关 | | |
| 0204 | 东港海关 | 0802 | 锦州海关 | 1521 | 一汽场站 | 2202 | 吴淞海关 | | |
| 0205 | 津塘沽办 | 0803 | 沈驻邮办 | 1525 | 图们桥办 | 2203 | 沪机场关 | | |
| 0206 | 津驻邮办 | 0804 | 沈驻抚顺 | 1526 | 集安青石 | 2204 | 闵开发区 | | |
| 0207 | 津机场办 | 0805 | 沈开发区 | 1527 | 珲春圈河 | 2205 | 沪车站办 | | |
| 0208 | 津保税区 | 0806 | 沈驻辽阳 | 1529 | 延吉南坪 | 2206 | 沪邮局办 | | |
| 0209 | 蓟县海关 | 0807 | 沈机场办 | 1531 | 长春东站 | 2207 | 沪稽查处 | | |
| 0210 | 武清海关 | 0808 | 沈集装箱 | 1537 | 珲沙坨子 | 2208 | 宝山海关 | | |
| 0211 | 津加工区 | 0809 | 沈阳东站 | 1539 | 延开山屯 | 2209 | 龙吴海关 | | |
| 0220 | 津关税处 | 0810 | 葫芦岛关 | 1547 | 珲加工区 | 2210 | 浦东海关 | | |
| 0400 | 石家庄区 | 0900 | 大连海关 | 1549 | 延古城里 | 2211 | 卢湾监管 | | |
| 0401 | 石家庄关 | 0901 | 大连港湾 | 1559 | 延吉邮办 | 2212 | 奉贤海关 | | |
| 0402 | 秦皇岛关 | 0902 | 大连机场 | 1591 | 长春邮办 | 2213 | 莘庄海关 | | |
| 0403 | 唐山海关 | 0903 | 连开发区 | 1593 | 长白邮办 | 2214 | 漕河泾发 | | |
| 2215 | 虹桥开发 | 2313 | 张保税区 | 2918 | 杭关余办 | 3513 | 福现业处 | | |
| 2216 | 沪金山办 | 2314 | 苏工业区 | 2919 | 杭富阳办 | 3518 | 福关鳌办 | | |
| 2217 | 嘉定海关 | 2315 | 淮安海关 | 2920 | 金华海关 | 3519 | 福关马港 | | |
| 2218 | 外高桥关 | 2316 | 泰州海关 | 2921 | 金关义办 | 3700 | 厦门关区 | | |
| 2219 | 杨浦监管 | 2317 | 禄口机办 | 2931 | 温关邮办 | 3701 | 厦门海关 | | |
| 2220 | 金山海关 | 2318 | 南京现场 | 2932 | 温经开关 | 3702 | 泉州海关 | | |
| 2221 | 松江海关 | 2321 | 常溧阳办 | 2933 | 温关机办 | 3703 | 漳州海关 | | |
| 2222 | 青浦海关 | 2322 | 镇丹阳办 | 2934 | 温关鳌办 | 3704 | 东山海关 | | |
| 2223 | 南汇海关 | 2324 | 苏常熟办 | 2981 | 嘉关乍办 | 3705 | 石狮海关 | | |
| 2224 | 崇明海关 | 2325 | 苏昆山办 | 2991 | 杭加工区 | 3706 | 龙岩海关 | | |
| 2225 | 外港海关 | 2326 | 苏吴江办 | 3100 | 宁波关区 | 3707 | 厦肖厝关 | | |
| 2226 | 贸易网点 | 2327 | 苏太仓办 | 3101 | 宁波海关 | 3710 | 厦高崎办 | | |
| 2227 | 普陀区站 | 2328 | 苏吴县办 | 3102 | 镇海海关 | 3711 | 厦东渡办 | | |
| 2228 | 长宁区站 | 2329 | 通启东办 | 3103 | 甬开发区 | 3712 | 厦海沧办 | | |
| 2229 | 航交办 | 2330 | 扬泰兴办 | 3104 | 北仑海关 | 3713 | 厦驻邮办 | | |
| 2230 | 徐汇区站 | 2331 | 锡宜兴办 | 3105 | 甬保税区 | 3714 | 象屿保税 | | |
| 2232 | 船监管处 | 2332 | 锡锡山办 | 3106 | 大榭海关 | 3715 | 厦机场办 | | |
| 2233 | 浦东机场 | 2333 | 南通关办 | 3107 | 甬驻余办 | 3716 | 厦同安办 | | |

## 附录A 海关关区代码表

续表

| 关区代码 | 关区名称 | 关区代码 | 关区名称 | 关区代码 | 关区名称 | 关区代码 | 关区名称 |
|---|---|---|---|---|---|---|---|
| 2234 | 沪钻交所 | 2335 | 昆山加工 | 3108 | 甬驻慈办 | 3717 | 东办集司 |
| 2235 | 松江加工 | 2336 | 苏园加工 | 3109 | 甬机场办 | 3718 | 东办同益 |
| 2237 | 松江B区 | 2337 | 连开发办 | 3110 | 象山海关 | 3719 | 厦门加工 |
| 2238 | 青浦加工 | 2338 | 苏关邮办 | 3111 | 甬加工区 | 3722 | 大嶝监管 |
| 2239 | 闵行加工 | 2339 | 南通加工 | 3300 | 合肥海关 | 3777 | 厦稽查处 |
| 2240 | 漕河泾加 | 2340 | 无锡加工 | 3301 | 芜湖海关 | 3788 | 厦侦查局 |
| 2241 | 沪业一处 | 2341 | 连关加工 | 3302 | 安庆海关 | 4000 | 南昌关区 |
| 2242 | 沪业二处 | 2342 | 南京加工 | 3303 | 马鞍山关 | 4001 | 南昌海关 |
| 2243 | 沪业三处 | 2343 | 宁南加工 | 3304 | 黄山海关 | 4002 | 九江海关 |
| 2244 | 上海快件 | 2344 | 苏高加工 | 3305 | 蚌埠海关 | 4003 | 赣州海关 |
| 2245 | 沪金桥办 | 2345 | 镇江加工 | 3306 | 铜陵海关 | 4004 | 景德镇关 |
| 2246 | 保税物流 | 2347 | 苏园B区 | 3307 | 阜阳海关 | 4005 | 吉安海关 |
| 2300 | 南京海关 | 2900 | 杭州关区 | 3310 | 合肥现场 | 4006 | 昌北机办 |
| 2301 | 连云港关 | 2901 | 杭州海关 | 3500 | 福州关区 | 4200 | 青岛海关 |
| 2302 | 南通海关 | 2903 | 温州海关 | 3501 | 马尾海关 | 4201 | 烟台海关 |
| 2303 | 苏州海关 | 2904 | 舟山海关 | 3502 | 福清海关 | 4202 | 日照海关 |
| 2304 | 无锡海关 | 2905 | 海门海关 | 3503 | 宁德海关 | 4203 | 龙口海关 |
| 2305 | 张家港关 | 2906 | 绍兴海关 | 3504 | 三明海关 | 4204 | 威海海关 |
| 2306 | 常州海关 | 2907 | 湖州海关 | 3505 | 福保税区 | 4205 | 济南海关 |
| 2307 | 镇江海关 | 2908 | 嘉兴海关 | 3506 | 莆田海关 | 4206 | 潍坊海关 |
| 2308 | 新生圩关 | 2909 | 杭经开关 | 3507 | 福关机办 | 4207 | 淄博海关 |
| 2309 | 盐城海关 | 2910 | 杭关机办 | 3508 | 福榕通办 | 4209 | 石岛海关 |
| 2310 | 扬州海关 | 2911 | 杭关邮办 | 3509 | 福关邮办 | 4210 | 青保税区 |
| 2311 | 徐州海关 | 2912 | 杭关萧办 | 3510 | 南平海关 | 4211 | 济宁海关 |
| 2312 | 江阴海关 | 2916 | 杭州快件 | 3511 | 武夷山关 | 4212 | 泰安海关 |
| 4213 | 临沂海关 | 4701 | 宜昌海关 | 5122 | 内港洲嘴 | 5172 | 肇庆车场 |
| 4214 | 青前湾港 | 4702 | 荆州海关 | 5123 | 内港四仓 | 5173 | 肇庆保税 |
| 4215 | 青菏泽办 | 4703 | 襄樊海关 | 5125 | 从化海关 | 5174 | 肇庆旅检 |
| 4216 | 东营海关 | 4704 | 黄石海关 | 5126 | 内港赤航 | 5175 | 肇庆码头 |
| 4217 | 青枣庄办 | 4705 | 武汉沌口 | 5130 | 广州萝岗 | 5176 | 肇庆四会 |
| 4218 | 青开发区 | 4706 | 宜三峡办 | 5131 | 花都海关 | 5177 | 肇庆三榕 |
| 4219 | 蓬莱海关 | 4707 | 鄂加工区 | 5132 | 花都码头 | 5178 | 云浮海关 |
| 4220 | 青机场关 | 4708 | 武关江办 | 5133 | 萝岗石牌 | 5179 | 罗定海关 |
| 4221 | 烟机场办 | 4710 | 武关货管 | 5134 | 穗保税处 | 5180 | 佛山海关 |
| 4222 | 莱州海关 | 4711 | 武关江岸 | 5135 | 穗稽查处 | 5181 | 高明海关 |
| 4223 | 青邮局办 | 4712 | 武关机场 | 5136 | 穗统计处 | 5182 | 佛山澜石 |
| 4224 | 龙长岛办 | 4713 | 武关邮办 | 5137 | 穗价格处 | 5183 | 三水码头 |

续表

| 关区代码 | 关区名称 | 关区代码 | 关区名称 | 关区代码 | 关区名称 | 关区代码 | 关区名称 | 关区代码 | 关区名称 |
|---|---|---|---|---|---|---|---|---|---|
| 4225 | 威开发区 | 4900 | 长沙关区 | 5138 | 穗调查局 | 5184 | 佛山窖口 |
| 4226 | 青聊城办 | 4901 | 衡阳海关 | 5139 | 穗监管处 | 5185 | 佛山快件 |
| 4227 | 青岛大港 | 4902 | 岳阳海关 | 5140 | 穗关税处 | 5186 | 佛山保税 |
| 4228 | 烟关快件 | 4903 | 衡关郴办 | 5141 | 广州机场 | 5187 | 佛山车场 |
| 4229 | 德州海关 | 4904 | 常德海关 | 5142 | 民航快件 | 5188 | 佛山火车 |
| 4231 | 烟开发区 | 4905 | 长沙海关 | 5143 | 广州车站 | 5189 | 佛山新港 |
| 4232 | 日岚山办 | 4906 | 株洲海关 | 5144 | 穗州头咀 | 5190 | 韶关海关 |
| 4233 | 济机场办 | 4907 | 韶山海关 | 5145 | 广州邮办 | 5191 | 韶关乐昌 |
| 4235 | 济邮局办 | 4908 | 湘关机办 | 5146 | 穗交易会 | 5192 | 三水海关 |
| 4236 | 石龙眼办 | 5000 | 广东分署 | 5147 | 穗邮办监 | 5193 | 三水车场 |
| 4237 | 济通关处 | 5100 | 广州海关 | 5148 | 穗大郎站 | 5194 | 三水港 |
| 4238 | 威海快件 | 5101 | 广州新风 | 5149 | 大铲海关 | 5195 | 审单中心 |
| 4239 | 潍诸城办 | 5103 | 清远海关 | 5150 | 顺德海关 | 5196 | 云浮六都 |
| 4240 | 青保税处 | 5104 | 清远英德 | 5151 | 顺德保税 | 5197 | 机场旅检 |
| 4241 | 烟加工区 | 5105 | 新风白云 | 5152 | 顺德食出 | 5198 | 穗河源关 |
| 4242 | 威加工区 | 5106 | 小虎码头 | 5153 | 顺德车场 | 5199 | 穗技术处 |
| 4243 | 济曲阜办 | 5107 | 肇庆封开 | 5154 | 北窖车场 | 5200 | 黄埔关区 |
| 4244 | 青滨州办 | 5108 | 肇庆德庆 | 5155 | 顺德旅检 | 5201 | 埔老港办 |
| 4245 | 烟台邮办 | 5109 | 新风窖心 | 5158 | 顺德勒流 | 5202 | 埔新港办 |
| 4246 | 青加工区 | 5110 | 南海海关 | 5160 | 番禺海关 | 5203 | 新塘海关 |
| 4600 | 郑州关区 | 5111 | 南海官窑 | 5161 | 沙湾车场 | 5204 | 东莞海关 |
| 4601 | 郑州海关 | 5112 | 南海九江 | 5162 | 番禺旅检 | 5205 | 太平海关 |
| 4602 | 洛阳海关 | 5113 | 南海北村 | 5163 | 番禺货柜 | 5206 | 惠州海关 |
| 4603 | 南阳海关 | 5114 | 南海平洲 | 5164 | 番禺船舶 | 5207 | 凤岗海关 |
| 4604 | 郑州机办 | 5115 | 南海盐步 | 5165 | 南沙旅检 | 5208 | 埔开发区 |
| 4605 | 郑州邮办 | 5116 | 南海业务 | 5166 | 南沙新港 | 5210 | 埔红海办 |
| 4606 | 郑铁东办 | 5117 | 南海车场 | 5167 | 南沙货港 | 5211 | 河源海关 |
| 4607 | 郑安阳办 | 5118 | 平洲旅检 | 5168 | 番禺保税 | 5212 | 新沙海关 |
| 4608 | 郑加工区 | 5119 | 南海三山 | 5169 | 番禺东发 | 5213 | 埔长安办 |
| 4609 | 郑关商办 | 5120 | 广州内港 | 5170 | 肇庆海关 | 5214 | 常平办事处 |
| 4700 | 武汉海关 | 5121 | 内港芳村 | 5171 | 肇庆高要 | 5216 | 沙田办 |
| 5300 | 深圳海关 | 5700 | 拱北关区 | 6028 | 潮阳海关 | 6832 | 台烽火角 |
| 5301 | 皇岗海关 | 5701 | 拱稽查处 | 6031 | 汕尾海关 | 6833 | 台山旅检 |
| 5302 | 罗湖海关 | 5710 | 拱关闸办 | 6032 | 汕关海城 | 6837 | 台山稽查 |
| 5303 | 沙头角关 | 5720 | 中山海关 | 6033 | 汕关陆丰 | 6840 | 三埠海关 |
| 5304 | 蛇口海关 | 5721 | 中山港 | 6041 | 梅州海关 | 6841 | 三埠码头 |
| 5305 | 深关现场 | 5724 | 中石岐办 | 6042 | 梅州兴宁 | 6842 | 三埠水口 |

## 附录A 海关关区代码表

续表

| 关区代码 | 关区名称 | 关区代码 | 关区名称 | 关区代码 | 关区名称 | 关区代码 | 关区名称 | 关区代码 | 关区名称 |
|---|---|---|---|---|---|---|---|---|---|
| 5306 | 笋岗海关 | 5725 | 坦洲货场 | 6400 | 海口关区 | 6843 | 三埠旅检 | | |
| 5307 | 南头海关 | 5727 | 中小揽办 | 6401 | 海口海关 | 6847 | 三埠稽查 | | |
| 5308 | 沙湾海关 | 5728 | 神湾办 | 6402 | 三亚海关 | 6850 | 恩平海关 | | |
| 5309 | 布吉海关 | 5730 | 拱香洲办 | 6403 | 八所海关 | 6851 | 恩平港 | | |
| 5310 | 淡水办 | 5740 | 湾仔海关 | 6404 | 洋浦海关 | 6852 | 恩平港 | | |
| 5311 | 深关车站 | 5741 | 湾仔船舶 | 6405 | 海保税区 | 6857 | 恩平稽查 | | |
| 5312 | 深监管处 | 5750 | 九洲海关 | 6406 | 清澜海关 | 6860 | 鹤山海关 | | |
| 5313 | 深调查局 | 5760 | 拱白石办 | 6407 | 美兰机场 | 6861 | 鹤山码头 | | |
| 5314 | 深关邮办 | 5770 | 斗门海关 | 6700 | 湛江关区 | 6862 | 鹤山码头 | | |
| 5315 | 惠东办 | 5771 | 斗井岸办 | 6701 | 湛江海关 | 6863 | 鹤山旅检 | | |
| 5316 | 大鹏海关 | 5772 | 斗平沙办 | 6702 | 茂名海关 | 6867 | 鹤山稽查 | | |
| 5317 | 深关机场 | 5780 | 高栏海关 | 6703 | 徐闻海关 | 6870 | 阳江海关 | | |
| 5318 | 梅林海关 | 5790 | 拱监管处 | 6704 | 湛江南油 | 6871 | 阳江港 | | |
| 5319 | 同乐海关 | 5792 | 拱保税区 | 6705 | 湛江水东 | 6872 | 阳江车场 | | |
| 5320 | 文锦渡关 | 5793 | 万山海关 | 6706 | 湛江吴川 | 6873 | 阳江港 | | |
| 5321 | 福保税关 | 5795 | 横琴海关 | 6707 | 湛江廉江 | 6874 | 阳江东平 | | |
| 5322 | 沙保税关 | 5798 | 拱行监邮 | 6708 | 湛江高州 | 6875 | 阳江闸坡 | | |
| 5323 | 深审单处 | 5799 | 拱行监处 | 6709 | 湛江信宜 | 6876 | 阳江溪头 | | |
| 5324 | 深审价办 | 6000 | 汕头海关 | 6710 | 东海岛组 | 6877 | 阳江稽查 | | |
| 5325 | 深关税处 | 6001 | 汕关货一 | 6711 | 霞山海关 | 6878 | 阳江沙扒 | | |
| 5326 | 深数统处 | 6002 | 汕关货二 | 6712 | 湛江霞海 | 7200 | 南宁关区 | | |
| 5327 | 深法规处 | 6003 | 汕关行邮 | 6713 | 湛江机场 | 7201 | 南宁海关 | | |
| 5328 | 深规范处 | 6004 | 汕关机场 | 6800 | 江门关区 | 7202 | 北海海关 | | |
| 5329 | 深保税处 | 6006 | 汕关保税 | 6810 | 江门海关 | 7203 | 梧州海关 | | |
| 5330 | 盐保税关 | 6007 | 汕关业务 | 6811 | 江门高沙 | 7204 | 桂林海关 | | |
| 5331 | 三门岛办 | 6008 | 汕保税区 | 6812 | 江门外海 | 7205 | 柳州海关 | | |
| 5332 | 深财务处 | 6009 | 汕关邮包 | 6813 | 江门旅检 | 7206 | 防城海关 | | |
| 5333 | 深侦查局 | 6011 | 榕城海关 | 6816 | 江门车场 | 7207 | 东兴海关 | | |
| 5334 | 深稽查处 | 6012 | 汕关普宁 | 6817 | 江门保税 | 7208 | 凭祥海关 | | |
| 5335 | 深技术处 | 6013 | 外砂海关 | 6820 | 新会海关 | 7209 | 贵港海关 | | |
| 5336 | 深办公室 | 6014 | 广澳海关 | 6821 | 新会港 | 7210 | 水口海关 | | |
| 5337 | 大亚湾核 | 6015 | 南澳海关 | 6823 | 新会车场 | 7211 | 龙邦海关 | | |
| 5338 | 惠州港关 | 6018 | 汕关惠来 | 6824 | 新会旅检 | 7212 | 钦州海关 | | |
| 5339 | 深加工区 | 6019 | 汕关联成 | 6825 | 新会港 | 7213 | 桂林机办 | | |
| 5340 | 深关特办 | 6020 | 汕关港口 | 6827 | 新会稽查 | 7900 | 成都关区 | | |
| 5341 | 深惠州关 | 6021 | 潮州海关 | 6830 | 台山海关 | 7901 | 成都海关 | | |
| 5342 | 深红海办 | 6022 | 饶平海关 | 6831 | 台公益港 | 7902 | 成关机办 | | |

续表

| 关区代码 | 关区名称 | 关区代码 | 关区名称 | 关区代码 | 关区名称 | 关区代码 | 关区名称 | 关区代码 | 关区名称 |
|---|---|---|---|---|---|---|---|---|---|
| 7903 | 乐山海关 | 8622 | 西双版纳 | 8605 | 盈江海关 | 9409 | 红其拉甫 |  |  |
| 7904 | 攀枝花关 | 8623 | 昆丽江办 | 8606 | 孟连海关 | 9411 | 塔克什肯 |  |  |
| 7905 | 绵阳海关 | 8624 | 思茅海关 | 8607 | 南伞海关 | 9412 | 乌拉斯太 |  |  |
| 7906 | 成关邮办 | 8626 | 六库监管 | 8608 | 孟定海关 | 9413 | 老爷庙 |  |  |
| 7907 | 成都自贡 | 8800 | 拉萨海关 | 8609 | 打洛海关 | 9414 | 红山嘴 |  |  |
| 7908 | 成都加工 | 8801 | 聂拉木关 | 8610 | 腾冲海关 | 9415 | 伊尔克什 |  |  |
| 7909 | 公路场站 | 8802 | 日喀则关 | 8611 | 沧源海关 | 9416 | 库尔勒办 |  |  |
| 7910 | 非邮快件 | 8803 | 狮泉河关 | 8612 | 勐腊海关 | 9500 | 兰州关区 |  |  |
| 7911 | 泸州办 | 8804 | 拉萨机办 | 8613 | 河口海关 | 9501 | 兰州海关 |  |  |
| 8000 | 重庆关区 | 8805 | 拉萨现场 | 8614 | 金水河关 | 9505 | 天水监管 |  |  |
| 8001 | 重庆海关 | 9000 | 西安关区 | 8615 | 天保海关 | 9600 | 银川海关 |  |  |
| 8002 | 南坪开发 | 9001 | 西安海关 | 8616 | 田蓬海关 | 9601 | 银川现场 |  |  |
| 8003 | 重庆机办 | 9002 | 咸阳机场 | 8617 | 大理海关 | 9700 | 西宁关区 |  |  |
| 8004 | 重庆邮办 | 9003 | 宝鸡海关 | 8618 | 芒市海关 | 9701 | 西宁海关 |  |  |
| 8005 | 万州海关 | 9004 | 西关邮办 | 8619 | 保山监管 |  |  |  |  |
| 8006 | 重庆东站 | 9005 | 西安加工 | 8620 | 昆明机场 |  |  |  |  |
| 8007 | 九龙坡港 | 9400 | 乌关区 | 8621 | 昆明邮办 |  |  |  |  |
| 8008 | 渝加工区 | 9401 | 乌鲁木齐 |  |  |  |  |  |  |
| 8300 | 贵阳海关 | 9402 | 霍尔果斯 |  |  |  |  |  |  |
| 8301 | 贵阳总关 | 9403 | 吐尔尕特 |  |  |  |  |  |  |
| 8600 | 昆明关区 | 9404 | 阿拉山口 |  |  |  |  |  |  |
| 8601 | 昆明海关 | 9405 | 塔城海关 |  |  |  |  |  |  |
| 8602 | 畹町海关 | 9406 | 伊宁海关 |  |  |  |  |  |  |
| 8603 | 瑞丽海关 | 9407 | 吉木乃办 |  |  |  |  |  |  |

# 附录 B

# 常见贸易方式与征免性质的对应关系

| 海关适用监管制度 | 贸易方式 | 征免性质 | 条件解释 |
|---|---|---|---|
| 一般贸易 | 一般贸易（0110） | 一般征税（101） | 以正常交易方式成交的进出口货物 |
| | | 科教用品（401） | 大专院校及科研机构进口科教用品 |
| | | 残疾人（413） | 残疾人组织和企业进出口货物 |
| | | 鼓励项目（789） | 国家鼓励发展的内外资项目进口设备 |
| | | 自有资金（799） | 外商投资额度外利用自有资金进口设备、备件、配件 |
| | | 国批减免（898） | 国务院特准减免税的进出口货物 |
| | | 中外合资（601） | 中外合资企业出口本企业生产（加工贸易除外）的产品，并且出口成品全部由国产料件组成 |
| | | 中外合作（602） | 中外合作企业出口本企业生产（加工贸易除外）的产品，并且出口成品全部由国产料件组成 |
| | | 外资企业（603） | 外商独资企业出口本企业生产（加工贸易除外）的产品，并且出口成品全部由国产料件组成 |
| 易货贸易 | 易货贸易（0130） | 一般征税（101） | 一般征税进出口货物 |
| | | 鼓励项目（789） | 国家鼓励发展的内外资项目进口设备 |
| | | 国批减免（898） | 国务院特准减免税的进出口货物 |
| | | 例外减免（999） | 例外减免税进出口货物 |
| 加工贸易料件、成品放弃 | 料件放弃（0200） | 不填 | 加工贸易企业主动声明放弃的进口料件和加工成品 |
| | 成品放弃（0400） | | |
| 来料加工 | 来料加工（0214） | 来料加工（502） | 来料加工装配和补偿贸易进口料件及出口成品 |
| 加工贸易货物结转 | 来料深加工（0255） | 不填 | 指加工贸易企业将保税进口料件加工的产品转至另一加工贸易企业进一步加工后复出口的经营活动 |
| | 进料深加工（0654） | | |
| | 来料余料结转（0258） | | 加工贸易企业在经营来料加工、进料加工加工复出口业务过程中剩余的，可以继续用于加工制成品的加工贸易进口料件，结转到同一经营单位、同一加工企业、同样进口料件和同一加工监管方式的另一加工贸易合同项下继续加工复出口 |
| | 进料余料结转（0657） | | |

续表

| 海关适用监管制度 | 贸易方式 | 征免性质 | 条件解释 |
|---|---|---|---|
| 加工贸易料件复出 | 来料料件复出（0265） | 其他法定（299） | 来料加工、进料加工进口的保税料件因品质、规格等原因退运，以及加工过程中产生的剩余料件、边角料、废料退运出境 |
| | 来料边角料复出（0865） | | |
| | 进料料件复出（0664） | | |
| | 进料边角料复出（0864） | | |
| 加工贸易货物退换 | 来料料件退换（0300） | 不填 | 来料、进料加工进口的保税料件因品质、规格等原因退运出境，更换料件复进口 |
| | 进料料件退换（0700） | | |
| | 来料成品退换（4400） | | 来料、进料加工出口的成品因品质、规格或其他原因退运进境，经加工、维修或更换同类商品复出口 |
| | 进料成品退换（4600） | | |
| 加工专用油 | 加工专用油（0314） | 来料加工（502） | 指定国营贸易企业代理来料加工企业进口来料加工生产用柴油 |
| 监管年限内减免税设备结转 | 减免设备结转（0500） | 不填 | 进口企业在减免税设备监管年限内转让给另一享受减免税待遇的企业 |
| 保税区加工贸易内销货物 | 保区来料成品（0445） | 一般征税（101） | 按成品征税的保税区来料加工成品转内销货物 |
| | 保区进料成品（0444） | 一般征税（101） | 按成品征税的保税区进料加工成品转内销货物 |
| | 保区来料料件（0545） | 一般征税（101） | 按料件征税的保税区来料加工成品转内销货物 |
| | 保区进料料件（0544） | 一般征税（101） | 按料件征税的保税区进料加工成品转内销货物 |
| 补偿贸易 | 补偿贸易（0513）进口 | 来料加工（502） | 补偿贸易进口料件 |
| | 出口 | 来料加工（502） | 补偿贸易出口成品 |
| | | 一般征税（101） | 一般征税出口货物 |
| | | 国批减免（898） | 国务院特准减免税的出口货物 |
| | | 例外减免（999） | 例外减免税出口货物 |
| 进料加工 | 进料非对口（0715） | 进料加工（503） | 进料加工贸易进口料件及出口成品 |
| | 进料对口（0615） | 例外减免（999） | 例外减免税货物 |
| | 低值辅料（0815） | 进料加工（503） | 进料加工贸易进口料件 |
| 国轮油物料 | 国轮油物料（1139） | 其他法定（299） | 其他法定减免税进出口货物 |
| 保税区间及保税仓库间货物结转 | 保税间货物（1200） | 不填 | 指保税区、保税物流园区、出口加工区、出口监管仓库、保税仓库、保税物流中心（A、B）等海关特殊监管区域、保税监管场所间往来的货物 |
| 保税仓库进出境仓储、转口货物 | 保税仓库货物（1233） | 不填 | 指从境外进口直接存入保税仓库、保税仓库出境的仓储、转口货物，以及出口监管仓库出境的货物 |
| 保税区进出境仓储、转口货物 | 保税区仓储转口（1234） | 不填 | 指从境外存入保税区、保税物流园区和从保税区、保税物流园区运出境的仓储、转口货物 |
| 寄售代销贸易 | 寄售代销（1616） | 一般征税（101） | 一般征税进出口货物 |
| | | 国批减免（898） | 国务院特准减免税的进出口货物 |
| | | 内部暂定（998） | 享受内部暂定税率的进出口 |
| 进出境修理物品 | 修理物品（1300） | 其他法定（299） | 其他法定减免税进出口货物 |
| | | 自有资金（799） | 外商投资额度外利用自有资金进口设备、备件、配件 |
| | | 航材减免（888） | 经核准的航空公司进口维修用航空器材 |

## 附录 B 常见贸易方式与征免性质的对应关系

续表

| 海关适用监管制度 | 贸易方式 | 征免性质 | 条件解释 |
|---|---|---|---|
| 出料加工贸易 | 出料加工（1427） | 其他法定（299） | 其他法定减免税进出口货物 |
| | | 例外减免（999） | 例外减免税进出口货物 |
| 租赁贸易 | 租赁贸易（1523） | 其他法定（299） | 租赁期在一年及以上的进出口货物 |
| | 租赁征税（9800） | 其他法定（299） | 租赁期在一年及以上的进出口货物分期办理征税手续 |
| | 租赁不满一年（1500） | 其他法定（299） | 租赁期不满一年的进出口货物 |
| 免税品 | 免税品（1741） | 不填 | 指设在国际机场、港口、车站和过境口岸的免税品商店，按有关规定销售给办完出境手续的旅客的免税商品，供外国籍船员和我国远洋船员购买送货上船出售的免税商品，供外交人员购买的免税品，及在我国际航机、国际班轮上向国际旅客出售的免税商品 |
| 免税外汇商品 | 免税外汇商品（1831） | 不填 | 指由经批准的经营单位进口，销售专供入境的我国特定出国人员和驻华外交人员的免税外汇商品 |
| 外商投资企业投资进口设备、物品 | 合资合作设备（2025）外资设备物品（2225） | 中外合资（601） | 中外合资经营企业进出口货物 |
| | | 中外合作（602） | 中外合作经营企业进出口货物 |
| | | 外资企业（603） | 外商独资企业进出口货物 |
| | | 海洋石油（606） | 勘探、开发海洋石油进出口货物 |
| | | 陆上石油（608） | 勘探、开发陆上石油进出口货物 |
| | | 鼓励项目（789） | 国家鼓励发展的内外资项目进口设备 |
| 一般退运进出口货物 | 退运货物（4561） | 其他法定（299） | 其他法定减免税进出口货物 |
| 外国常驻机构进出境公用物品 | 常驻机构公用（2439） | 一般征税（101） | 一般征税进出口货物 |
| | | 其他法定（299） | 其他法定减免税进出口货物 |
| | | 例外减免（999） | 例外减免税进出口货物 |
| 暂时进出境货物 | 暂时进出货物（2600） | 一般征税（101） | 超过期限复运进出境需征税的进出口货物 |
| | | 其他法定（299） | 其他法定减免税进出口货物 |
| | 展览品（2700） | 其他法定（299） | 其他法定减免税进出口货物 |
| 货样、广告品 | 货样广告品A（3010） | 一般征税（101） | 数量合理且每次总值在400人民币以上的 |
| | 货样广告品B（3039） | 其他法定（299） | 数量合理且每次总值在400人民币及以下的 |
| 无代价抵偿进出口货物 | 无代价抵偿（3100）进口 | 一般征税（101） | 合同索赔期限内，超过原货进出口之日起3年 |
| | | | 合同索赔期限外，不超过原货进出口之日起3年 |
| | | 其他法定（299） | 合同索赔期限内，不超过原货进出口之日起3年 |
| | 无代价抵偿（3100）出口 | 其他法定（299） | 合同索赔期限内，不超过原货进出口之日起3年 |
| 其他免费提供的进出口货物 | 其他进出口免费（3339） | 一般征税（101） | 除已具体列名的礼品、无偿援助和赠送物资、捐赠物资、无代价抵偿进口货物、国外免费提供的货样、广告品等及归入列名监管方式的免费提供货物以外，进出口其他免费提供的货物 |

续表

| 海关适用监管制度 | 贸易方式 | 征免性质 | 条件解释 |
|---|---|---|---|
| 对外承包工程进出口物资 | 对外承包出口（3422） | 一般征税（101） | 经商务部批准的有对外承包工程经营权的公司为承包国外建设工程和开展劳务合作等对外合作项目而出口的设备、物资 |
|  |  | 其他法定（299） |  |
|  | 承包工程进口（3410） | 一般征税（101） | 在国外获取的设备、物资，以及境外劳务合作项目对方以实物产品抵偿我劳务人员工资所进口的货物 |
|  |  | 国批减免（898） | 国务院特准减免税的进出口货物 |
|  |  | 内部暂定（998） | 享受内部暂定税率的进出口货物 |